U0085940

陶百川全集㈢

困強回憶又十年

三民書局印行

國立中央圖書館出版品預行編目資料

困強回憶又十年／陶百川著.--初版.
--臺北市：三民，民84
面；　公分，--（陶百川全集；32）
ISBN 957-14-2195-2（精裝）

1. 中國-政治與政府-論文，講詞等

573.07　　　83009936

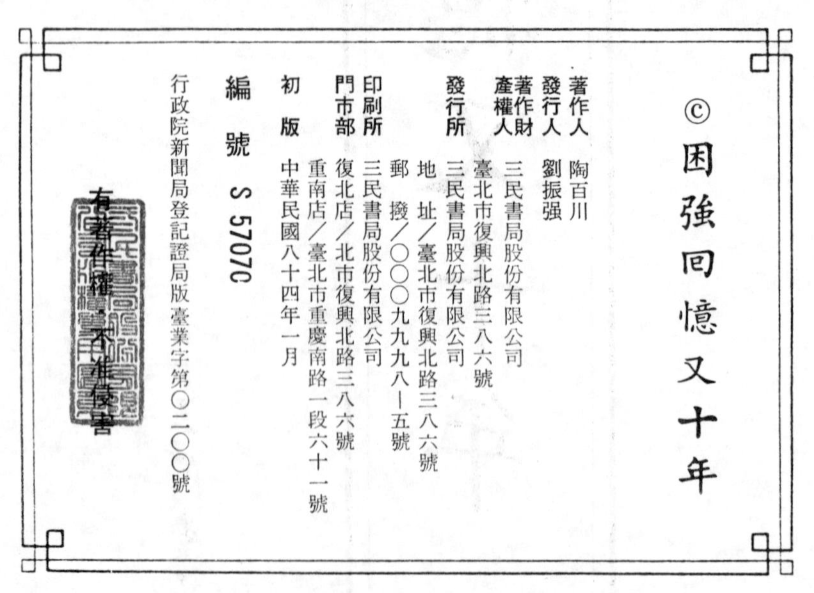
© 困強回憶又十年

著作人　陶百川
發行人　劉振強
著作財產權人　三民書局股份有限公司
發行所　三民書局股份有限公司
地址／臺北市復興北路三八六號
郵撥／〇〇〇九九九八－五號
印刷所　三民書局股份有限公司
門市部　復北店／北市復興北路三八六號
重南店／臺北市重慶南路一段六十一號
初版　中華民國八十四年一月
編號　S 57070
行政院新聞局登記證局版臺業字第〇二〇〇號

ISBN 957-14-2195-2（精裝）

本書作者夫婦民國八十年四月十五日攝於舊金山

祖父聲光安可恃！
衣冠門戶最難支。
賢有餘粟囊餘帛，
不惜分陰待幾時！
錄前人詩以誡天林兒
陶百川 六二、十一、七

陶百川勉勵五公子天林手跡

日行三千步
工作不過勞
以忍耐齊家
儉能常有餘
名利看得淡

宿睡七小時
飲食有節制
以和平處世
勤敬無難事
大事不糊塗

民國八十年二月二十二日中央日報航空版載有 陶百川伯伯九秩榮慶實況 遠隔重洋未能躬與其盛 至為歉憾 報導中錄有老年健康自律歌 簡易能行 此間子侄輩爭相傳誦 錄為座右 不揣固陋 兼書此幅 以同奉 陶伯伯伯母 藉申千里敬慕之忱 愚侄楊月恒 內子陳妙珍 謹呈 寄自檀香山

謀國公忠老益堅真知耿々見
常先共欽抗疏開言路更有靈
光享大年著作經綸充世用兒
孫瓜瓞裕家傳白頭梁孟齊
莊敬善慶端教福慧全
百川親家榮獲中國民主教育基
金會一九九一年度中國傑出民主人士
獎賦此奉賀並乞教正　黃麗貞稿

自序

距今十餘年前，我八十歲，寫了《困勉強狷八十年》，由東大圖書公司出版，對一部分年輕讀者不無一些啓發鼓勵，被選爲那年十本出版物的第三名，這也啓發鼓勵了我撰述這本《困勉強狷》續集的興趣和勇氣。

但是我已年老，無復當年精力，所以本書大部分雖仍是我親筆所寫，可是有些他人所寫而且較我寫得更客觀的報導和評述，我就照單全收，不再複述了。

本書敍述範圍，包含左列各項：

我與自由民主運動

我反對以監察改制閹割監察制度，破壞五權憲法

我搶救行政院長的人事副署權

我與蔣經國總統

我與李登輝總統

我鼓吹增設國民黨副主席

我與郝院長的《無愧》
我與中共問題
我與國家統一百年大計
我為國家統一綱領作先導
我的道德運動
我的三職三辭
我的為人為學
最後我抄錄明儒顧亭林先賢的兩句詩：「遠遊不須愁日暮，老年總自望河清」，願與讀者共勉之！

八十三年四月四日

困強回憶又十年 目錄

推薦臺灣傑出民主人士

承示弟薦貴會選舉爲一九九一年臺灣傑出民主人士，殊感光寵。弟曾推薦兩位青年才俊，建議改選其中一位，藉以增高其聲望，俾能爲民主運動更盡心力，但承示不能更改，於是只得受命矣。敬此道謝。附呈略歷，以供參考。

八十一年一月二十七日

中國國民黨往何處去？

本文是我在國家建設文教基金會「中國國民黨往何處去」的演講會所作的引言。從我整整七十年的黨員生活中，我體會到中國國民黨以前成功的因素是革命，但今後應走的方向則必須是民主。但我對這二者都不樂觀。因為民主須有度量，而中國國民黨的度量似乎不够大，革命須有力量，而中國國民黨的力量卻大不如前。我報告一些故事，以為佐證。我提醒中國國民黨須在民主方面而不可在革命方面加倍用力。

革命建功民主造福

首先，我最近應中央黨部邀約，參與十四全代表大會黨章修訂研究會議，議題之一是中國國民黨的屬性問題：應該把黨定位爲「具有革命傳統的民主政黨」，抑或「具有革命精神的民主政黨」，又或仍是「革命民主政黨」。我選擇了「革命傳統」。但多數同志卻堅持「革命精神」，於是中國國民黨乃被定位爲「具有革命精神的民主政黨」。那無異維持「革命民主政黨」的原狀，似非所宜。

但我不以爲奇，因爲中國國民黨自始就是一個革命黨，而賴有革命的使命和精神，所以能夠推翻滿清，建立民國，打倒北洋軍閥，抗拒帝國主義，遏阻共黨赤禍。但是革命具有破壞作用，它能對外建立功業，也會被用以對內自相戕害。中國國民黨內部過去一直是派系紛爭，內鬥不斷，它的旺盛的革命精神，未始不是惡因之一。現在潮流和環境都在變化，懲前毖後，它便不應再堅持革命了。

正副主席面臨歧路

其次，我要報告這次黨章修訂研究會議討論設置副主席的情形，包括副主席人數和產生方法，那也牽涉到民主問題。我主張人數明定爲一人或至多兩人，不要三人，由代表大會選舉產生，不必主席提名。我這意見，雖有在場人士不約而同，但未爲中央黨部幕僚人員所接受。據說副主席人數將爲三人，由主席提名。

我關心黨主席問題，遠在五年前，那時李總統尚未被選爲代理主席。我認爲總統不宜兼任主席。我提出三點理由：

第一、「黨同伐異」，情所難免，事必常有，而總統則應超然於黨派和政爭之外，成爲必要時的安定力量，但兼了執政黨的黨魁，就不能置身事外，對黨或有好處，對國家則反而有害。

第二、有人喜歡以美國爲例，認爲美國總統同時也兼任執政黨領袖。其實美國執政黨的中央領袖，不僅總統一人，而是採集體領導，包括總統和聯邦國會議員。美國兩黨都設有中央黨部，也有主席，但主席都另有其人，不由總統兼任，而且不管政治，僅管黨務。

李主席要設副主席

第三、中國國民黨究竟應否設置主席，也有問題。該黨在民國十四年孫中山總理逝世後，一直到民國二十七年臨時全國代表大會方選蔣委員長爲總裁，其間長達十三年，都實施集體領導，不置黨魁。

蔣總裁逝世後，中國國民黨改置主席，由蔣經國擔任。七十七年蔣主席逝世，中央常會推舉李總統兼任黨的「代理主席」，執行主席職權。

我那時預見黨內情勢不會很好，爲稍謀補救，立即公開呼籲設置副主席，並建議可置兩位，一由主席提名請全代大會同意，一由全代大會自由選舉。前者代表主席，使主席不必事事躬親，從而不必時時爲難；後者代表不同派系，以免主席被疑爲專權專利，可望稍收安撫平衡之效。但我這呼號未獲回應。

想不到四個多月前，報載：「執政黨主席李登輝有意在十四全代會修改黨章，設置副主席若干人，並屬意由郝柏村和林洋港出任，李主席已分別將這項構想告訴當事人。」

不可誤於革命作風

大家認爲那是一件好事，因爲它能疏導這次內閣總辭所釀成的不平不安的氣流，使政局安定，社會安和。我竊喜五年前的一系列構想，不無先見之明。

但我也必須指出，在長達九十九年的黨史中，中國國民黨僅有三次設置副座：先是同盟會在民國元年推舉黃興和黎元洪二人爲協理，民國二十七年，以汪精衞爲副總裁，民國四十六年又以陳誠爲副總裁。但是那三次四人的任職期間合計約僅十年，以其與九十九年的黨齡相比較，實在太短命了。而且那時設置副領袖的原因，無非想營造團結的氣氛，可是沒有發揮功能。孫中山總理與兩位協理一直貌合神離，他的總理職務委託宋教仁代理，汪精衞不久出走，陳誠也滿腹牢騷。原因何在？中國國民黨的革命作風，從而排斥民主制度，乃是爲厲之階。

這正是中國國民黨的弱點，當然不足爲訓，乃報載有人卻以此爲由，鼓吹不可設置副主席。我以爲這是因噎廢食，自將歧路亡羊。但我相信李主席不致違反首倡設置副主席的初衷。

六年民主歸功經國

最後，我應該也報告一些令人振奮的民主佳話。六年前，臺灣還在戒嚴時期，有報禁、有黨禁，又有三不之禁，人民沒有言論新聞和出版的自由，不許自由集會結社和遊行示威，更不許與大陸親友通信和交往。幸而蔣經國總統知道時代、環境和潮流很快要變，他跑在它們之前，毅然決然宣佈解除戒嚴，解除黨禁，解除報禁，摒棄「三不」。於是臺灣在經濟奇蹟外，更創造了民主政治的奇蹟。我曾說它是中國從商朝有信史以來的創舉，距今只有六年，所以我又認爲中國民主只有六年歷史。但它已爲中國和中國國民黨指出了往民主去的方向，我們不應再走旁門左道了。

八十二年七月十八日

(附載) 民主無量？

黑白集

「國家建設文教基金會」昨天以「中國國民黨往何處去」爲主題，舉辦座談會，總統府國策顧問陶百川在發言中指出：國民黨今後必須走民主的路。然而民主須有度量，而國民黨的度量似乎不夠大，所以他對走這條路的前景並不樂觀。

已九十高壽的陶百川，是目前黨齡最高的國民黨黨員之一。他說這話，應是語重心長。事實上，外界批評國民黨者，向來卽有「獨裁無膽，民主無量」的一種說法。國民黨革命的宗旨是建立一個「民主共和國」，它雖拖拖拉拉的延長「軍政」和「訓政」時期，但無論如何還要懸一「憲政」時期的目標。憲法的內容雖然不能令各方滿意，畢竟也得承諾給人民各種權利的保障，「獨裁無膽」倒不是壞事了。

然而國民黨執政數十年，不能容忍他人對其權力之監督與制衡，不聽忠言，打擊異己，度量之不足，卻也是有目共睹。

從短期來看，獨裁或半獨裁的政府做事較有效率，因爲一人一黨的話就是法律命令，想做什麼就做什麼，沒人敢掣肘。但是這樣的政府一定會做錯事，當「積錯難返」時，就會得不到老百姓的支持，統治力量就會消解，想獨裁或半獨裁都不可能了。

國民黨是這樣走過來的，今後能選擇的路已經不多，要不要有「度量」，似無待乎陶百川或任何人的指點了。

國民黨應走向民主但需要度量

夏　珍

國策顧問陶百川十八日在一項座談會中指出，過去國民黨不乏設置副領袖的前例，其原因都是爲了營造團結氣氛，可惜沒有發揮功能。他說：「這就是國民黨的弱點——革命作風，排斥民主制度，實在不足爲訓。」他並且強調，現在再談不設副主席是因噎廢食，因爲國民黨應該走向民主。

陶百川也表示，黨章研修將國民黨定位爲「具有革命精神的民主政黨」，他不贊成這個屬性定位，主張將具有「革命精神」改爲「革命傳統」；他說，國民黨過去是一個革命政黨，但革命也具有破壞作用，雖然對外建立功業，也會被用以對內自相戕害，現在潮流和環境都在變，不應再堅持革命了。

陶百川昨天在國家建設基金會舉辦的「中國國民黨往何處去？」座談會中發表上述看法；他

強調，國民黨應該由革命政黨的歷史體質轉爲民主政黨，避免走旁門左道，以民主精神整合力量，摒棄分裂。

陶百川說，早在五年前他看見黨內情勢不好，就曾公開呼籲設副主席，並建議設兩位，一位由主席提名，一位由全會選舉產生，但未獲回應；報載李登輝主席有意設副主席，並屬意郝柏村、林洋港出任，這是一件好事，可以紓解內閣總辭後的不平不安氣流，使政局安定。

他表示，他在建議設副主席的同時，也曾建議總統不宜兼黨主席，理由有：第一，黨同伐異，總統若不能超然於黨派與政爭之外，對黨可能好，對國則有害；第二，美國兩個政黨的主席都不由總統兼任。不過，對他的建議，當時李登輝總統僅回信致謝而已。

他表示，國民黨過去成功的因素是革命，革命需要力量，但國民黨力量卻大不如前了，未來國民黨應走民主的道路，民主需要度量，而國民黨的度量顯然不夠大。他表示，早在六年前，蔣經國先生進行一連串改革開放措施，創造了民主政治的成就，已明確指出國民黨的正確方向。

「具有革命傳統」抑或「具有革命精神」

臺灣南部一家報紙八十二年六月十八日報導：「國民黨十四全會黨章修訂研究組昨天上午開

會，在先後動用兩次表決的情況下，決定在黨章中增列『前言』，標舉『革命精神』，並通過該黨屬性為『具有革命精神之民主政黨』，而使國民黨的『革命精神』再度復活。……陶百川也堅持國民黨不能喪失革命精神，因為『歷史及傳統不能少』。」

但是事實正好相反，在兩案中我主張採用「革命傳統」，而非「革命精神」。

三民主義豈可迴避自由！

承寄吾兄與《自由中國紀事報》記者所談全文，收到謝謝。弟曾看過其中文本，今又奉讀原文，溫故知新，殊深欽佩！

吾兄文中以「自由民主均富」（有一處以「繁榮」代「均富」，弟以為不如仍用「均富」）詮釋三民主義，此較本黨十三全大「弘揚三民主義思想案」之以「民主均富統一」代表三民主義者，更為確當。

弟曾為此寫過「不要自由，而要革命，然則還要政權麼！」寄呈李總統。竊以為無論建國或反共，必須強調自由，此蓋為三民主義之使命及正解，但有時卻為部分同志所忽視、所曲解或所避諱。今讀尊論，如聞空谷足音，曷勝欣慰。

七十八年九月八日

異哉又想限制議員言論！

瞿德忻

國策顧問陶百川昨天以疑惑的口吻說，他不曉得執政黨中央修憲策劃小組為什麼決定要對中央民代的言論免責範圍做出限制。這是沒有必要的。他認爲，現在「應該是鼓勵民代多講話的時代」！

陶百川表示，民代的講話，哪些可以算是言論免責的範疇，哪些又不可以，相當複雜，很難認定，逕予限制，原則上就不對了，技術上更有困難。

但是，陶百川並不願就執政黨修憲策劃小組的決策背景來說明，僅表示以他目前的身體健康狀況，他不能對此事多加評論。

另外，在陶百川七十歲壽辰出版的《陶百川叮嚀文存》第八册有一篇名為「人民代表對不法言論應否負責」的文章中，他引用其自著《知識分子的十字架》一書的論點說：「憲法所保障的不必負責任的言論，是否包括不法的言論在內？照一般的解釋，包括不法的言論在內，當然也包括誹謗在內。……保障的範圍假使不包括不法的言論在內，那麼那條憲法（指第三十二條）就應該讀成這樣：『國民大會代表在會議時所爲之（合法）言論及表決，對會外不負責任。』這樣的解釋，對人民代表能有什麼（特別）保障作用呢？還有什麼意義呢？因爲合法的言論是本來有保障的，不慮法院或其他機關加以處罰，而且人人有這個保障，無所謂對人民代表的特別保障，何勞憲法特加規定？於是憲法該條規定，豈非等於廢話和衍文？制憲的人決不致如此無聊！」

八十三年四月十五日

發起國會觀察監督議員言行

長文吾兄：

昨日返舍，經就吾兄及朱教授所示各節，從頭考慮，夜以繼日，卒因年老、才盡、性迂、志短、氣餒，不能應召，有負雅囑，殊感不安，務乞諒之！

竊以爲吾兄既已發起該項國會觀察運動，且爲中外所共知，爲各方所肯定，似宜挺身而出，

親自主持，斯爲上策；否則邀請謝求公出面，而由吾兄以副董事長負實際責任，雖亦不失爲一辦法，然殊無此必要也。（下略）

國會觀察的組織問題

國策顧問陶百川九日表示，監督國會的「國會觀察運動」組織，其成員除需具備公正、超然、客觀的精神外，尚需有「年輕」的條件，方可有心神、體力緊盯國會的運作。至於他心目中適合的「國會觀察運動」組織成員包括那些對象？陶百川表示，新聞記者是其中之一。

據了解，陳長文有意籌組「國會觀察基金會」，經陶百川透露後，引起各界熱烈反應。這個基金會可能像消費者文教基金會一樣，聘請各種專業人士以科學方式對國會作持續性觀察，再由專業學者根據資料進行分析撰寫報告對外發表。

至於「國會觀察運動」組織的組成對象，陶百川出任的意願不高。他表示，他已九十歲，難有體力從事繁重的事務，他強調以陳長文最爲適當。

立法院使人失望而不應絶望

林慶祥

總統府國策顧問陶百川昨天指出強調依我國的憲法體制基本上可稱「立法院制」，如立法院不能自我節制，他將發起「國會觀察運動」加以監察並罷免不良議員。

陶百川昨天應中華民國憲法學會、中國行政學會、民主基金會之邀，出席「憲政改革與國家前途」座談會，以「公民如何導正國會的功能及立院的言行」爲題發表演說。

陶百川首先對社會應成立「政治的消費者基金會」的構想表示支持，並強調制度的改革固然重要，而「人」的本身，才是最重要的，唯有人與制度的配合良好，才能將制度的優點發揮。陶百川表示他是當年制憲國代之一，而憲法的基礎是民國二十五年的五五憲草，經過十年的爭執與政治協商後，才制定出中華民國憲法。

陶百川說，以制憲當時先總統蔣公任軍事委員會委員長，如依五五憲草的設計，傾向總統制，則蔣委員長將可享大權，但蔣公並沒有以其權勢堅持照五五憲草的方向制憲，而坦然接受政治協商的結果，這種襟懷令他佩服。

陶百川隨之指出，依憲法的設計，我國是內閣制卽國會制的國家，也就是立法院制，因此立法院的健全也就特別重要。但現在的立法院卻出現了五項毛病：一、廢弛職務、不務正業；二、毀謗他人；三、加暴於人，盛氣凌人；四、妨害公務；五、營私舞弊。陶百川舉立法院濫用行政院第二預備金，爲將餐廳與圖書館對調的裝修經費用了一億三千四百五十萬元，其中設計監工費用卽達八百三十五萬元，又公報印刷電腦化花了九千九百二十萬元。諸如此類的花用，都是由經費稽核委員會十幾個人商量後就做了，而行政院「畏懼」立院，只得照單全收。

陶百川因此表示他感到很傷心，要救立法院，也就是救民主政治，救內閣制。陶百川並對資深立委行將退職，而增額立委卻大肆揮霍的作法表示確是「前門送虎，後門進狼」。

陶百川指出，一個月前，陳長文曾向他提起是否共同發起「國會觀察運動」，共同籌措一千萬元基金，他覺得立意很好，也有必要。

陶百川認爲，事實上，立、監兩院本身都有紀律委員會，也有各自的懲戒辦法，如能鼓勵兩院自己監察改進，便用不著再由外界組織監察團體。但若兩院無法自我節制，自己監督，故態復萌，則須發起運動加以監察並罷免不良議員。

八十年十二月九日

中評委可任當然黨代表麼？

莫萱元同志等十五位中央評議委員聯名建議有關方面將中央評議委員比照中央委員納入十四全大會的當然代表。他們事前曾經邀我共同參與，而爲我所婉拒。但我內心則贊成他們的主張，希望中央予以採納。

中評委何以不能做當然代表呢！是因年齡太大麼？但中委年齡有較大於中評委的。是因過去貢獻不大麼？正好相反，他們爲黨效勞及其貢獻，多半大於中委。是因現在已經無益於黨國麼？但他們的社會地位和人際關係有較高和較好於中委的。將來如果省市議員都成爲當然代表，滿堂濟濟，而中評委則默坐一隅，殊非中央對待本黨先進之道。尚乞再思！

強調勞工人權貫徹早年心願

何善溪

一

國策顧問陶百川先生昨日得悉多位學者及民意代表擬發表「勞工人權宣言」的消息後，主動要求參加宣言的連署。陶百川認爲，這份宣言可促使各界重視勞工基本的權益，對他個人而言「也算了卻一樁心事」。

陶先生昨日透過朋友，找到勞工人權宣言的起草人臺大教授張曉春，他希望能以姓氏的筆劃順序排列方式，參加宣言的連署，張教授欣然允諾並且表示感謝。

陶百川年輕時曾在上海市政府勞工科工作，後與故立委陸京士先生等人籌組「上海市勞動協會」，陶百川出任第一任理事長並著有《中國勞動問題理論與實務》一書。陶先生多年來關心勞工問題，但是他認爲，近年來對勞工未有具體而明顯的貢獻，因此以行動參加勞工人權宣言的連署，等於了卻他個人的一樁心事。

從過去到現在，陶百川一直關心勞工問題中的勞資關係，他認爲處理勞資關係應本「在發展產業的立場來扶助勞工，在扶助勞工的立場來發展產業」的原則以爲因應，勞資雙方需兼籌並顧；不過當勞資雙方有所衝突時，應多顧及勞工，因爲勞資衝突時，「勞工面臨的是生活與生存的根本問題」，而「資方面臨的僅是發財多少的問題」。

二

國策顧問陶百川昨日在一項「勞動人權宣言」說明會中表示，從五十多年前的黑髮等到今天的白髮蒼蒼，我們的勞動條件未有改變，空有理想但大部分未眞正執行，實在有必要加強。

三十多位專家學者及民意代表昨天共同發表「勞動人權宣言」，呼籲政府重視勞工人權，這些人員包括胡佛、張曉春、黃越欽、謝深山等人。宣言中強調了十二項勞工權利，包持勞動者的生存權、工作權、爭議權等。

陶百川表示，這十二項宣言「平淡無奇」，但是五十多年來卻一直無法確實做到。

十二項主張分別是確保最低薪資、照顧退休生活、不得濫施加班、解僱應有法律依據、勞動者全體投保、健全福利制度、工作生命保障、工會自主、恢復罷工權。

三

國策顧問陶百川三十日在一項座談會中表示，罷工權是勞工的基本權利之一，勞工有了罷工權，勞資雙方才可站在較爲平等的地位協調合作，勞資關係可因此更爲和諧，不過罷工要爲公共利益的目的才實施。

陶百川昨日出席「勞工人權宣言」座談會，他在會中表示，許多人顧慮罷工可能帶來的損失而反對勞工有罷工權，陶百川認爲這種顧慮是多餘的。

陶百川表示，政府正推動開放黨禁、解除戒嚴，以後將不會漫無限制的禁止勞工擁有罷工權。

陶百川說，罷工權只是勞工的武器，也許是備而不用，也許雇主顧忌勞資雙方因有罷工而不和諧，但是，勞工若有罷工權，雙方反而可因爲地位趨於平等而容易協調合作。

政黨政治宏規遠模

提到今天這個題目，我要向《中國論壇》道賀，因爲它對黨禁的解除和一個新黨的出現，早已提供了鼓吹的力量。

回想六年前的座談

那應遠溯到六年以前，民國七十年的這個時候，《中國論壇》舉辦了一系列並分為三次的座談會，總題目是「加速推動我國民主政治」，其中有一個子題叫做「如何促進正常的政黨政治」。《中國論壇》在那政治風氣閉塞的環境中能夠舉行那麼有前瞻性的研討會，實在具備智仁勇的三達德，很可欽佩。

那時第一場座談會邀請了幾位年紀較大而分屬於各政黨的人士參加，如青年黨李璜先生及李公權先生、民社黨的王世憲先生等，而國民黨部分則請了我以及仲委員，由胡佛教授擔任主席。在那次座談會，大家都談得非常懇切而且深入，我那時大談政黨政治。我多年前就相信政黨政治是民主政治的一個重要環節，曾經陸續發表了一些言論及文章，而以那次座談會所發表的最完整也最滿意。但我同時也歉悵，因為我那些意見，不合時宜，為《中國論壇》帶來很大麻煩，久久不能發表。如在現時當然不成問題，足見政府也已進步了。

我那時發表鼓吹解除黨禁的道理共分三大部分，現在似乎仍可適用，因為有些人的心智現在猶未大開，所以我須重述一下。

我的第一部分是引述國父孫中山先生的遺教，那是政黨政治的基本理論。

第二部分介紹世界各國的政黨現狀，指出政黨政治是世界的潮流。

第三部分則討論有關我國組黨的規範。

重讀國父說過的話

關於國父遺教，我現在就向諸位讀一下孫中山先生民國二年三月一日在國民黨東京支部廣東同鄉會聯合歡迎會所講「政黨之要義在爲國家造幸福爲人民謀樂利」中的一些話。他說：「橫覽全球，無論爲民主共和國，爲君主立憲國，莫不有政黨。黨之用意，彼此助政治之發達。兩黨互相進退，得國民贊成多數者爲在位黨，起而掌握政治之權。國民贊成少數者爲在野黨，居於監督之地位，研究政治之適當與否。凡一黨秉政，不能事事完善，必有在野黨從旁觀察以監督其行動，可以隨時指明。國民見在位黨之政策不利於國家，必思有以改弦更張，因而贊成在野黨之政策者必居多數，在野黨得國民多數之信仰，卽可起而代握政權，變而爲在位黨。蓋一黨之精神才力，必有缺乏之時，而世界狀態，變遷無常，不能以一種政策永久不變；必須兩黨在位在野互相替代，國家之政治方能日有進步。一黨新得國民信仰，起而在位，以一番朝氣而促政治上之改良，其所得之功效，各國均有確據。今日講到民權更不能不要政黨，無政黨則政治必愈形退步，將呈江河日下之觀，流弊所及，恐不能保守共和制度。」

上面這一段話，講得十分深切著明，眞是「天下爲公」的襟懷。而且，孫中山先生也料想到，有了政黨，一定會有政爭，說是競爭也好，鬥爭也好，總是難免。他的見解，也很高明。他在同一次演講中說：「至於黨爭亦非不美之事，既有黨不能無爭。但黨爭須在政見上爭，不可在意見上爭。爭而出於正當，可以福國利民，爭而出於不正當，則遺禍無窮。……其求勝利之方法，須依一定之法則，不用奸謀詭計，是之謂黨德。如但求本黨之勝利，不惜用卑劣之行為，不正當之手段，讒害異黨，以弱本黨之敵，此種政黨，已絕無黨德。無黨德之政黨，聲譽必墮地以盡，國民必不能信任其政策，何能望其長久存在呢？」

以上兩大段都是從國父遺教中摘錄出來的。因為我認為它仍符合現在的需要，所以今天重新引讀，並請《論壇》重印出來，作為晨鐘暮鼓，以振聾發聵。

看各國選舉談啓示

其次，說到世界的潮流，正好在那幾個月前，民國六十九年，有五個國家舉行大選。第一個是西德十月的選舉，西德現在有十二個政黨，其中四個主要政黨分為兩個陣營互相競爭，一個是民主黨集團，一個是社會黨聯盟。其他八個小黨，對大黨尚不構成威脅。

第二個是美國十一月的大選。大家都知道那是共和與民主兩黨的天下。但如果我們查一下美國一九七六年大選的記錄（卡特當選的那一次），在全國五十個州選舉票上列有總統候選人的有三個黨，除了共和、民主兩黨外，還有自由黨，其他僅在某一州或數州選舉票上列有總統候選人的，尚有小黨十一個之多。因此，美國是有十四個黨的政黨政治。

第三個是我們中華民國十二月的選舉。那時李幼椿先生正好回臺，青年黨和民社黨的政治興趣也被鼓舞起來參加競選，結果還是執政的國民黨佔了勝利。

第四個是新加坡的大選，也是在十二月份舉辦的，李光耀領導的人民行動黨，自戰後獨立以來，一直就掌握政權，但是新加坡現在仍有八個政黨。人民行動黨雖是一黨獨大，但其他七個小黨在選舉人票中也佔了百分之三十，可是對大黨並不構成威脅。

第五個選舉是我印象最深刻的，就是南韓舉行的總統選舉。以全斗煥那樣用革命手段取得政權，他大可以獨斷獨行。可是不然，韓國的新憲法已經頒布施行，黨禁也已解除。後來向韓國中央選舉委員會登記成立的新政黨，共有十七個之多，不但以前的政黨都紛紛復活，還有人另組新黨。那次共有四個政黨提出候選人，全斗煥的民主正義黨得票最多。

從以上五個國家所辦的選舉看來，那時我就提出三點結論：

第一、可見多黨選舉或政黨政治乃是世界的潮流，不僅孫中山先生民初的看法早已如此，現在證以各國的選舉，我國更應該對它抱有信心。

第二、事實也說明，一個國家政黨雖多，但是，只要在朝黨做得好，它總是佔便宜的，不必怕會失掉政權。而因有他黨與它競爭，它而且不致退化。所以我們的執政黨膽子應該放大一點，信心應該增加一點，開始走正常的政黨政治的道路。

第三、五個國家大選的結果，只有一個例外，便是美國執政的民主黨失敗了，共和黨上臺。

我覺得這正可以證明政黨政治的奇妙作用。因爲假使卡特繼續當選，以他的懦弱、短視和無能，我看四年之內恐怕要發生世界大戰。因爲在他領導之下，蘇聯一定是步步進逼，到了美國民眾忍無可忍的時候，那只有打仗，卽使卡特不想打，也得打起來。幸而美國有政黨政治，像孫中山先生所說，可以交替執政，因此救了美國，也救了自由世界。假使美國是一黨專政，卡特一定繼續做總統，則盲人騎瞎馬，非把美國和世界弄垮不可。

由以上看來，我認爲從國父遺教，或是自由世界各國的潮流來看，政黨政治是非實行不可的。而且我以爲正是因爲有政黨政治，所以政治才將會是理性的、寬容的、和平的、民主的和講求公道的。爲什麼呢？因爲各個政黨彼此互相競爭，互相制衡，爲了爭取選民的支持而努力施政；如果只有一個政黨長久統治而無競爭，政治就不會是理性的、寬容的、和平的、民主的和講求公道的，唯有政黨彼此互相制衡、批評和監督，政治才會有進步。而且執政黨因恐一旦它不再執政，變成在野黨，另一黨就會以其人之道還制其人之身，那不僅是整個國家充滿紛爭，永無寧日，而且對它自己將來下臺以後也會身受其害，所以它一定會在執政的時候，推行寬容的、理性的、和平的、民主的和公道的政治。

政黨法應有的規範

因此，我認爲我國應當立卽開始努力實行政黨政治。我主張在兩年之內制定一個政黨法，兩年後讓人民依法組織政黨。我那時就政黨法應有的規定，舉出幾個要點：

第一、申請組織政黨的人數，我建議兩點：一、要有九萬人的聯名，即相當臺灣一千八百萬人口的百分之〇・五，方可申請組織政黨。二、上次立法委員或國大代表普選投票時的同類候選人包括當選人或落選人聯合起來得到三十萬票的（約當於六百萬投票選民的百分之五），也可聯合申請組織政黨。

三十萬選票比九萬人簽名要多得多，這是因爲九萬人聯合請求組織政黨，是很明白的表示他們需要政黨，而在選舉時投票的人，雖然也表示支持那些候選人，但未必一定是要組黨或加入政黨，所以人數應該增多。這兩種人數是否太多呢？但是國民黨現有二百萬黨員，比較起來，九萬或三十萬的數額就不太多了。

第二、新黨在申請時必須公開聲明服從中華民國憲法。這是保障國家安定和安全所必要的。

第三、政黨組織核准或宣告解散的權力機關，擬以中央選舉委員會充任，由它掌理政黨許可或解散等事宜。但其組織尚應更求民主化。

基本上，我個人不同意由內政部主管政黨，我認爲由中央選舉委員會主管較好。我們看看其他國家的作法，像美國的選舉委員會，稱爲聯邦選舉委員會，是由八人組成的，由參衆兩院各選出兩人，再由總統推薦兩人；另外加上參議院祕書長及衆議院祕書長，這兩人是當然委員，但無表決權。這八人中無論那個黨的成員都不得超過半數。南韓的選舉委員會則由國會提名三人，大理院提名三人，總統提名三人，共九人組成之。這些實例，可供借鑑。

第四、對於中央選舉委員會的裁決，如果不服，可向最高法院提起訴訟，由該院組織特別法庭來作最後裁判。

以上是我長久以來對於政黨政治的看法和主張。現在黨禁解除，民進黨且宣佈成立，我對它寄以厚望，容再貢其所見。

法院改隸不可損害法務行政

二月五日曾上燕函，建議法院推事及其審判業務應即改隸於司法院，但司法行政部及其所屬之調查、檢察及監所等機構與業務，則無隨同改隸之必要，且非所宜。

查推事之須改隸，係因憲法第七十七條明定審判爲司法院之職掌，並經監察院之申請及大法官會議之解釋而確定。但並不包括司法行政等機構及其業務在內，如果隨同改隸，乃是畫蛇添足，弄巧成拙。

且所謂司法獨立，係指審判獨立，自屬必要，但犯罪之調查及偵破（調查局所掌理）與偵查訴追以及罪犯之監禁及教誨，各國皆歸行政機關掌管而爲行政機關固有及剩餘之職權，自非職司獨立審判之法院及司法院所宜兼辦，以致反而妨害其獨立。

至司法人事之調劑，乃係技術問題，不難另作妥善之安排，不應任其阻卻法院審判之改隸也。

三月八日

大傳事業一些新問題

我已提出一份書面意見，就三個問題貢獻一些拙見。這三個問題：

一是貴會從最近蘇聯的解體想到它的大傳事業今後的趨向，同時也想到臺灣近四年來開放報禁黨禁對新聞媒體的衝擊和利弊，因而想請專家學者前往考察，以供參考。

二是臺灣近來發生電視第四臺以及電視干擾的問題應如何解決？

三是隨之而來的新聞和大眾傳播教育因而日益重要，應該如何培養人才和端正方向？

凡此我已在書面報告中略貢拙見，意猶未盡，現在再加口頭補充。

第一，我曾在五十七年前遊歷蘇聯，那是在它革命的第十八年，新經濟政策已奏效，新憲法草案正在大力宣傳，但「《眞理報》不講眞理，《消息報》沒有消息」。現在蘇聯解體，國協成立，但是僅把馬克斯列寧史達林主義擴充爲馬列斯戈巴契夫葉爾欽主義，共產主義陰魂未散，自由民主前途坎坷，大眾傳播改變了多少，我希望貴會的考察能帶來一些好消息。

其次，關於電視第四臺的問題，日前報載行政院快將完成立法程序，開放有線電視頻道一千多個，把全省分爲四十八區，准許設立有線電視臺，於是第四臺及其干擾都不成問題，而四十八個電視臺及其品質卻成爲問題了。

第三，更多的傳播教育問題自必隨著發生，特別是人才培養。我的書面報告提到我國二千多年前的教育思想，以孔子爲例，他提出「四毋」的金言：毋意、毋必、毋固、毋我。我以爲毋意是不可意氣用事，毋必是不可武斷爲必然如此，毋固是不可固執己見，毋我是不可以我爲中心而自私自大，自以爲是。孔子作《春秋》，「一字之褒榮於華袞，一字之貶嚴於斧鉞」，足見他非常鄭重和謹慎。現在大眾傳播的影響，更大於《春秋》，新聞記者格外須以「一言興邦」自勉，而以「一言喪邦」自警。

美國削減「立法否決」權

美國總統對國會享有否決權。在國會把法律案送請總統簽名公布時，他可以退回國會，表示反對，那時國會兩院必須各以三分之二的絕對多數方能維持原案，否則否決成立，法案無效。

近四十年來，國會對總統及其行政機關也取得了否決權。國會常在法案中規定，總統執行該法所採取的行政措施，必須通知國會，國會的兩院或一院有時甚或一個委員會各依該法的特別規定，如果決議反對，該措施就不生法律效力。

這個所謂「立法否決」權，最高法院已於一九八五年六月二十三日把它判決無效了。理由是它違反三權分立的憲法規定，而依該規定，國會必須以兩院一致通過並經總統公布或以三分之二的決議推翻總統的否決，方可用法律以制衡政府，而不得以上項簡易方法推翻行政部門的命令或行政措施，以破壞三權分立的大原則。

這樣一來，約有二百種法律所授予國會的立法否決權，以後不得再行使。例如以售臺武器而論，法律規定，總統在核定後必須通知國會，如果國會在一個月內不表示反對，該案方能確定，如果反對，便須作罷。但國會此後則無此權力了。

法院這項革命性的行動，出入重大，全美震驚。行使部門權力增強，私下竊喜，自不待言，國會則在尋求善後辦法，看來以後只好在法案中另謀補救，而不得再授權行政機關代它費心而同時又以簡易的違法手段以制衡政府了。

國大議政會怪胎的流產

《九十年代》月刊總編輯李怡先生要我談我在民國八十年中親身經歷的一些大事，並提示其中最大的兩事：憲法和統一。

這兩個的確是最重要的課題，而我有過一些貢獻，本來可以多談一點，但我近來血壓偏高，不敢多想多談，所以只談談我怎樣把五權憲法從「分割危機」中救了出來。

民國二十八年九月，國民參政會第四次大會決議設置憲政期成會，由議長蔣委員長指定二十五人充任委員，主要任務是研討國民政府的五五憲草。第二年第五次大會討論該會提出的修正草案，簡稱「期成憲草」，又因它的特色——主張設置國民大會議政會，又稱「議政憲草」。

議政會是國民參政會憲政期成會的創見，要點如左：

一、國民大會閉會期間，設國民大會議政會。議政會議政員為一百五十人至二百人，由國民大會互選之。

二、議政會議政員之選舉，不依地域分配，但每省最少應有二人，蒙古西藏及僑居國外之國民，最少應各有三人。

三、議政會議政員之任期爲三年，連選得連任。議政員不得兼任公務員。

四、議政會之職權如左：

㈠在國民大會閉會期間，議決戒嚴案、大赦案、宣戰案、媾和案、條約案；

㈡在國民大會閉會期間，複決立法院所議決之預算案、決算案；

㈢在國民大會閉會期間，得創制立法原則並複決立法院之法律案。凡經議政會複決通過之法律案，總統應依法公布之。

㈣在國民大會閉會期間，受理監察院依法向國民大會提出之彈劾案。

㈤議政會對行政院院長、副院長、各部部長、各委員會委員長提出不信任案，經議政會通過時，即應去職。

㈥議政會對國家政策或行政措施，得向總統及各院院長、部長及委員會委員長提出質詢，並聽取報告。

這樣政權治權大小統吃的議政會的重大構想，我從未前聞，國民黨黨團也從未討論。我看了很不以爲然。黨團幹事洪蘭友先生適在會場，我乃前去問他意見，並說：「一個執政黨怎麼搞出一個寡頭太上政府，以後中央政府在它牽掣之下怎樣尙能爲有效的運作！」

我指出：「這將不是五權憲法，而是一權憲法了。」

洪說：「這種構想，可能是仿效本黨的制度：以全國代表大會產生中央執行委員會（猶如國民大會），再由它產生常務委員會（猶如議政會），在中央委員會休會期間代行它的職權。」

我指出：「本黨是革命黨，權力可以那樣集中。但行憲的政府是要人民當家作主，雖然行的將仍是代議政治，由二千多人的國民大會去行使全部政權，已怕專橫，如果改交十分之一的議政員去代行，則將形成尾大不掉，使國大無權，政府無能。請你即刻代我報告中央，等一下討論本案時，我將發表反對意見。」

洪先生說：「這怎麼可以！你知道這是中央支持的憲草修正案。而且今天大會的主席是議長蔣委員長，他也支持議政會，你不要鬧得下不了臺。」

我不以然：「唯其因爲蔣委員長任主席，我不能錯過翻案的機會。但我會說得心平氣和，不把會場情勢弄得太緊張。」

洪先生隨即報告了葉楚傖先生，他是參政會本黨黨團的指導人。得他許可，我乃報告發言。隨即引起熱烈的討論。

對方以羅隆基參政員爲首，紛紛爲議政會辯護，而我則無人聲援，所以形成我「舌戰群儒」的苦鬥，但我理直氣壯，並未示弱。

我首先指出，理想的民主政治是全民政治，它的含義，依照孫中山先生的民權主義，是全體人民掌握選舉、罷免、創制和複決等四種政權稱爲直接民權，以制衡議會和政府，而政府所行使的五種治權，乃是間接民權。但因中國幅員廣大，人民不能直接行使政權，只得選派代表代爲行使，五五憲草乃委託國民大會去辦。國民大會已經是代表制，然每縣代表至少尚有一人，總數可能在三千人以上，如果准國民大會設置議政會代表行使國大職權，那是代表的代表制，在人民言乃是間接又間接，顯然太不民主。

我又指出，我國的憲法是五權憲法，立法權是交給立法院行使。因爲它受行政權和司法權的制衡，還不致獨裁專橫。如果讓僅有一、二百人的議政會享有那麼廣大的立法權、創制權和複決權，則那個憲法勢必變成議政會的一權憲法，而不是五權憲法，政府和人民還能受得了麼！

而且國民大會議政會的職權，竟大於它的母體（國民大會）。例如依照「期成憲法」，國民大會不能議決戒嚴案、大赦案、宣戰案、媾和案、條約案，而它的議政會卻竟有權議決。又國民大會對行政首長沒有不信任權，而它的議政會卻可對行政院院長、副院長、各部部長、各委員會委員長，提出不信任案，經議政會通過時，即應去職。

我又辯稱：有人說，國民大會代表人數太多，而又分散各處，集會不易，所以不得不用代表的代表去代行職權。但我認爲現在交通方便，坐飛機最遠的地方也能朝發夕至，不必過慮。

該案討論結束後，蔣議長提出處理辦法，經大會無異議通過：本會憲政期成會草擬之中華民國憲法草案修正案暨其附帶建議以及反對設置國民大會議政會者之意見，併送政府。

第二天晚上，陳布雷先生電話約我去談香港情形，那時我在香港辦報，回渝開會。他告訴我：「方才我看到委員長，說你昨天在參政會發言反對議政會，舌戰群儒，說得很好。他說可惜我沒有去聽，他要我請你對我再講一遍。」

後來政府研究結果，議政會的構想不予採納。在政治協商會議中，本來倡議或支持該案的執政黨和各黨各派代表，也沒有重提舊事。議政會那個怪胎便那樣流產了。

監察變法與歧路亡羊

監察院已被修憲國大修理而成殘障了，我們卻見死不能救，不待歷史論定，現已飽受輿論責難。我希望李總統能辦好新監委的人選提名，以稍加補救。這是「亡羊補牢」的機會。

辦好提名補牢機會

但是報載總統府將組織監委「遴選小組」，爲總統分勞分責，我以爲大可不必。因爲憲法增修條文既已授權總統乾綱獨斷，提出人選，則李總統便應當仁不讓，鼓足勇氣，負起全責，做好提名工作。

其次，關於監委的人選及其品質，我曾建議必須具有聰察強毅之才和正直中和之德。我和一部分同人曾以此自勉，所以幸未隕越。我建議李總統在提名方面尊重這個優良傳統，以急救監察院。

復次，監察院既已被貶爲不是國會了，則其委員的提名，便應以功能爲遴選的標準，也就是所謂聰察強毅正直中和，毋須斤斤計較其代表性和年資，例如必須曾任某職若干年和若干人，這乃是捨本逐末。

於是我想到《聯合報》日前所登「政府高層人士」和胡佛教授對記者所說今後監察委員的角色和任務。該高層人士認爲今後監委「必須要由行家來搞」，例如「未來監委人選（也）要有軍職人員」，「惟有專業軍職人員才可以監督國防」，「光靠高風亮節人品高尙是不夠的」。

監委職權風霜之任

但胡佛教授則認爲：「雖然今年憲法增修後，將監委產生方式做重大改變，但是監委的功能仍然是監督政府，特別是掌握國家資源的行政部門公務人員。在打老虎作用未改變的情況下，我們認爲監委條件亦不應有太大改變。」

我以爲這兩說本可兼採並存，但依照憲法，監察院畢竟仍是「國家最高監察機關」，它不是另一個立法院或國科會或中央研究院，它行使的是糾舉權、彈劾權、審計權和監視權（「監視權」這個稱謂是我依據憲法第九十五條和第九十六條所假定的），所以它乃是「風霜之任」，乃是「外科醫生」，乃是「清道夫」。它雖被強橫地改稱爲「準司法機關」，但它仍是國會的一院，則做監察委員者不重其爲諾貝爾，而重其爲包青天。可是諾貝爾常有，而包青天難求，所以我又想起羊的另一個寓言——「歧路亡羊」。

監察之羊終將亡失

依照《列子》，楊子的鄰居走失一羊，已派數人去追尋，又請楊子的兒子也去參加。楊子問：「走失一隻羊，何須那麼多人去追呢？」答：「歧路很多。」他們不久都空手而回，對楊子說：歧路中又有歧，他們人手不夠，不知往那條路追下去，所以只得放棄了。楊子因而深感，大道因多歧亡羊，求道的人也因事理複雜多變而易入迷途，他爲之終日不歡。

鑑於監察制度這次被那麼輕易地整成奄奄一息，而且又被剝奪了言論免責權和人身保護權，包拯縱使再生，也難成爲青天，則亡羊補牢又何能免於歧路亡羊！何況亡羊而尚不能補牢呢？

八十一年十月十一日

（作者陶百川先生係總統府國策顧問）

監察改制非國之福

近來輿論對監察院的批評，從監察委員之人的言行延伸到監察院的功過甚至禍延監察制度的存廢。《聯合報》記者迭次要我發表意見。他說，我對監察問題，不獨很關切，而且有多年經驗和閱歷，並有幾本專著，應該是當代最有資格和責任，在這危疑震撼之際，發表一些感想和提供一些辦法。

《聯合報》記者本來交給我四個問題要我答覆，但我日來較忙，無暇深思，容待來日，今天我僅指出一個比較嚴肅的基本問題以供參考。這乃是處理我國監察制度必須照顧到省與中央的關係，也就是省民對中央政治怎樣能夠掌有一些顧問的機會和監察的權力，以使中央能夠隨時顧到省民的意願和權利。

我對我國現行憲法的制訂，曾有三次親自參與的機會，先是戰時國民參政會審議五五憲草時，繼在戰後政治協商會議大幅修改憲法草案時，最後是在制憲國民大會制定憲法時。我的努力和了解，是我們那時有意將監察院演變成為國會的一院，行使一般民主國家國會所掌管的同意權、彈劾權、糾舉權、審計權、糾正權、監試權和調查權。憲法為保證監察委員能夠放膽放手行使其職權而無所畏懼，並以第一百零一條規定：他們的言論和表決在院外不負責任，又以第一百零二條規定：非經監察院許可他們不受逮捕或拘禁。

反之，如照現在一部分人員的規劃，將監察委員改爲「準司法人員」，監察委員自必不得再有這些人身保障和言論自由，則他們尚敢尚能糾彈大官惡吏麼！何況國家已有檢察官和刑警特工，如果只拍蒼蠅，何必再置那些「去勢」的「太監」呢！

更重要的，現行憲法，照我的體會，所以變更五五憲草由國民大會選舉監察委員的規定而改由省市議會選舉並把監察院視同國會，乃是蓄意要把監察院變成一般民主國家的上議院，以延伸省市議會的權力，使其及於中央政治，於是省市議會及其選民乃得假手於他們的代理人監察委員，用同意權和糾彈權去督責公務員，用審計權去監視財政，用調查權和糾正權去監視庶政。現在省市與中央同在一地，前者的耳目能及於後者，這種政治安排的好處尚未顯著，他日統一之後，相距遙遠，各省市議會如果在中央沒有代理人，自必喪失他們顧問和監察中央的功能，損失就很大了。我想這應該是現在臺灣省市議會大力反對監察改制的原因，而不僅是爲喪失投票機會這個區區的權利而已。

我爲預防他日統一後臺灣爲大陸所「吃掉」，近來勤於規劃兩者各取所需從而各得其所的長治久安之道，於是建議要用二元合作聯邦制。本這理念，對於時論要想解除省市議會選舉監察委員的職權從而將監察院貶爲又一個司法「檢察署」，連帶剝削省市議會參與中央政治的固有權利，我不免既憂且懼，期期以爲不可。

至於如何防止監委賄選和如何重振監院信望，殷鑑不遠，典型尙在，不患沒有辦法，所以不可懷憂喪志，因噎廢食，貪小失大。如有需要，容當續陳。

八十一年二月二十六日

監察殘障人閣揆歐巴桑

原本一再發表評論堅持總統選擧維持現狀的國策顧問陶百川，今早表示他並無成見。

據傳昨天總統府已有人與陶百川溝通，陶百川今早面對記者詢問溝通後他的意見有無改變時，做下述表示：「我不知道黨中央現在溝通的情形，或有無新的辦法。但是我的基本立場是——公民直選或委任直選實在都是直選，都可以，我並無成見，但最好還是三案並陳（包括維持現制），讓大家多個選擇。

我堅持的是，不論選擇哪種選擧方式，都不可以把行政院長弄成家裡的歐巴桑，也不可把監察委員變成殘障人士，所以總統對院長的任免應維持院長副署；監委仍應由省市議員選擧，且具有言論免責權。至於三中全會上我有發言權利，但還要看情形再說。」

八十一年三月十三日

搶救行政院長的人事副署權

（八十三年四月廿六日）

在上次修憲過程中，我曾努力搶救過監察權而失敗，以致五權憲法被閹割成爲四權憲法。現在行政權也面臨危機，有人力圖閹割行政院長的人事副署權，主張所有須經國民大會或立法院同意的行政院長、司法院正副院長和大法官、監察院正副院長、監察委員和審計長，以及考試院正副院長和考試委員的任命和免職，都由總統全權處理，不需行政院長副署。此說如果得逞，則他們尤其是行政院長便將成爲「歐巴桑」（女傭），可由主人招之使來，揮之使去，於是行政院就不可能成爲「國家最高行政機關」，而五院便流爲總統府的附屬機構了。

按吾國憲法第三十七條規定，總統如果要將他們免職，他這免職令須交行政院長副署，依照理論法則，行政院長有權拒絕，於是總統便須與行政院長溝通協調，以求順利，五權的獨立精神乃能貫徹。

行政院長所以有這特權，依照五權憲法，並不足奇。因爲五權憲法，不是一權憲法，是五院分權，不是總統集權。總統也不是「國家最高行政機關」的首長，他的權力僅有憲法明文列舉和限制的那幾種，此外都分屬於五院，而任免文武官員，則他須受行政院的制衡。這是五權憲法的特色，我們不可因圖一人一時的方便而任意更張。

辯者可能會說，這次建議免除副署的任命都經國民大會或立法院議決同意，已夠審愼和鄭重，所以無需副署。然則經立法院審愼鄭重制訂的法律的公布也不需要副署了麼！顯然不是！而且他們將來如果被總統中途免職，甚至如前考試院孔院長那樣任期未滿而不得不去職，那時行使同意權的國大和立法院當然不能過問，則只有行政院長尙可用副署權稍作制衡，使總統有所顧忌，不能爲所欲爲。於是那些蓄意爲總統擴權的人乃想修改憲法，使經國大或立法院同意的大批中央官員的任免都不在行政院長副署對象之列。

辯者可能又說，如果總統任免行政院長的命令都需行政院長副署，而他又可能拒絕副署，則總統不是喪失把行政院長免職的可能麼？後者不是要做多久就能照做麼？當然不是。以過去三位院長爲例，俞國華、李煥和郝柏村，他們未始不想多做一時，可是形勢所趨，他們都黯然下臺，副署權保護不了他們自己。所以爲使總統可以便宜行事而力圖削減行政院長副署權的人，大可不必輕冒不韙了。

但這顯然不能作爲削減行政院長副署權的理由，因爲行政院長如無副署權，則如上所陳，五院的重要官員，尤其行政院長，眞的將成爲總統（並不意指那一位）家中的「歐巴桑」了。

八十三年四月十六日

（附載）削減副署權修憲豈能謂「小修」

胡佛

執政黨爲籌劃第三次的修憲，在今年年初成立修憲諮詢顧問小組，我應邀參加，而得在歷次會議中表達我講授憲法學多年所累積的一些基本見解。執政黨對這次修憲的前提是「小修」，但自公民直選的定案，直到削減行政院院長副署權的決定，那已不是「小修」，而是「大修」了。我國憲法所規定的政府體制原是內閣制，在大多內閣制的國家，元首皆是「統而不治」的國家象徵，不須公民直選（如德、意），但也有由公民直選的（如奧地利）。我國憲法規定總統由國民大會選舉，本案就不必修改，現既改爲公民直選，還可維持內閣制的政府體制，如進而削減行政院院長的副署權，再標示出總統獨立行使的決策權。我國憲法所規定的內閣體制就會受到嚴重的破壞。在憲法學上，政府體制屬所謂的「憲章」，原則上「憲章」不得修改，如強而改之，則屬憲法革命的「制憲」行爲。法國的第四共和就是用修憲的方式將所規定的內閣制改掉，而成爲第五共和。我們姑不論一般比較憲法及政府學者都認爲內閣制無論在民主、安定及效能上，皆優於總統制或所謂的「雙首長制」，就從我們島內有獨、統紛爭，海峽有兩岸對抗的政治處境看，我們眞的要進行憲法革命，將中華民國改爲第二共和麼？

假如我們眞的要進行憲法革命，那是一個政治問題，我們就不必根據現行憲法談憲改，因爲愈談愈亂人意，且會引發若干奇談怪論，令人莫名所以。不過，假如我們對憲法概念缺乏清晰的認知，甚至用一般的情緒、直覺與常識修憲，最後卻搞出一場憲法革命，那眞是要愧對我們的憲法與中華民國了。老實說，我在諮詢顧問小組的各次會議中，很有這種憂慮，因而反覆陳詞，但望不是自說自話。現行政院院長的副署權正面臨削減，憲法所規範的內閣制能否維持，也呈現危機。將來我們的憲政會變成怎樣的態勢？現已難預料，但總得將一些基本概念，特別是有關副署權的，先加以闢清；否則，又如何談變，觀變？！現參酌我在諮詢顧問小組的發言，提出數點討論：

（中略）

上面所作的數項討論，主要在強調我們的修憲絕不能發展到削減行政院院長的副署權，而造成我國憲法所規劃的五權內閣制的破損。目前我們在政治上的一些運作已經牴觸到憲法有關內閣制及副署權的規定，最要檢討的則是總統對行政院院長及司法、監察、考試有關人選的提名，係運用咨文，而不經行政院院長的副署，這實已嚴重破壞行政權的完整與制衡權的行使。我們如再藉口上述人選既分別經立法院與國民大會的同意，即不宜由行政院院長副署，這完全是將錯就錯，一錯再錯。再說，行政院送請立法院通過的法案，在總統公布時，須由行政院院長的副署，爲何立法院所同意的行政院院長人選，在總統發布人事令時，就不宜由行政院院長副署了呢？這實在是說不通的。前面曾說，如行政院院長對上述人選擁有提名權，而副署在先，那麼在發布人事令時，又怎會拒絕副署呢？

最後我再引用一段我在諮詢顧問小組中的發言，以作本文之結：「本人誠懇呼籲，今日的政局，並非想像中的安定，過去有許多政潮，特別在副署權方面，曾任制憲國民大會代表，對憲法很有研究的陶百川先生即沈痛地公開說，如將副署權拿掉，行政院院長還不如他家的『歐巴桑』，個人非常憂國憂民，因此主張現在不要動，維持現制，以免牽一髮而動全身。」（本文作者胡佛為臺大政治系教授）

監委產生三種方式何者較好？

今日報載：省議會連日強烈反對變更監委產生方式，對中央逐步「架空」省議會權力一事表示極度不滿。我早已向中央預警此乃必然之反彈，可是中央繼續堅持必須改制。

但我反對監察改制的理由，與省市議會的動機和理由，並不相同，我早在去（八十）年十二月二十五日寫信指陳：「監委宜由總統提名麼？」（答：不宜！）繼又在本年一月十四日指出：「監委不必直選產生」，而以維持現制為宜。

又，我曾一度建議監委不妨改爲直選產生，以期減少賄選。可是我同時預料隨著文官制度的健全，糾彈事件自必減少，監察制度將僅爲對付總統副總統及法官而存在，此因總統副總統不受行政監督，而法官則因有審判獨立及終身職的保障，不受上級長官的懲處，故兩者尚需監察院予以監視。但鑒於他國情形，彈劾權將備而不用。於是監委便不必勞師動眾以爲直選了，所以現在我再強調維持現制。

八十一年一月十日

監察工作怎樣恰到好處？

日前承示經國先生與先生在高雄所談百之做法問題，殊感關切。國步艱難，年甚一年，百之憂懼當不下於二公。而因百對民隱民瘼及民情，所知較多，其憂懼或更過之。

監委猶如外科醫師，病症如須割治，自當負責開刀。但百亦知此一病者體力頗弱，必須謹慎從事，如其所患係屬險症，並當保守祕密，以免增其恐懼，故在美國考慮回國之時，即經決定做法三項：

一、語云：「猛虎在深山，藜藿爲之不採」，此言嚇阻之功能。現在世風日澆，法守日弛，貪污奸佞，肆無忌憚，百雖無能，願做「猛虎」，以期稍遏頹勢。故糾彈及批評，勢不可少。

二、但官之不宜彈劾者或事之不宜公開者，儘可能上書總裁請示解決方針。平時並願與中央黨部保持聯繫，尤願常向經國先生請教。

三、儘可能使「家醜不外揚」，以免損害民心士氣及國際聲譽。百嘗以矯治之與外揚猶如特效藥之與副作用，雖不可免，然仍當力求減少。

四個月來，百曾向總裁上書五次，幾等於過去二十餘年之總數。與經國先生雖少晤面，但常向中央黨部諸同志請益。

報章雖曾登載百在監察院總檢討會議所發表之意見頗爲辛辣，然自問多爲言乎其所不得不言，而且不妨公開言之者。例如以黃豆賄案而論，百支持法院拘捕孫、郝、于三委員之請求，但對林等五委員之未被拘捕，同案異辦，法院既不夠公正，庶人乃不能無議，監察院自不可再安緘默，然百未嘗爲孫等爭取保釋，且對檢察官之批評亦極溫和。

其次，臺北地方法院該一公開案卷中赫然列有中央信託局高級職員受賄十萬元及其他立委七人受賄二十萬元之涉嫌情形，但檢察處不獨未予起訴，而且不加傳訊。現在知之者漸多，且有人向百等公開檢舉，百不知將來如何可使此家醜之終不外揚也。

日前百在監察院一次檢討會議中力斥「拼」、「遁」、「混」不是辦法，而竊欲導之以正，故提出第四種態度卽「正」之呼籲，此卽抱正常之態度，做正當之工作。但稍加思索，卽此「正」

道亦復不易。百雖力勉為一正派人，做正經事，然在此低氣壓下亦覺動輒得咎，不合時宜。他人環境及條件之不如百者，自惟有「混」而已矣。

夫諱疾忌醫，足以亡國，藥石亂投，亦足喪生，遇事請示總統，對百雖最安全，究屬失職，且已取其易而使總統為難，亦非效忠之道。如何善用監察制度以修明政治，如何加強糾彈功能以嚇阻貪污，而又不使其發生過分劇烈之副作用，誠覺不易。先生賢達幸有以教之！

五十五年二月二十六日

邱案應否再彈劾？

彈劾的目的是在預防公務員的違法失職，對象包括特定的，即被彈劾人，和一般的，即其他公務員。以邱案來說，如果他繼續佔住公產，自當再予彈劾，現在既已搬遷，則已達到彈劾的目的，自可不再彈劾。而且一般公務員亦因本案而知強佔公產的不當而遭彈劾，可望他們知所悔改，自可認為發生了預防的一般作用，於是也沒有再彈劾的必要了。

耿直狷介老監委書生本色

記　者

資深監委是相當獨特的政治族群，他們迥異於增額監委的政治味道。老監委大多是文人從政，因此，過去監察院頗有書卷氣（院長于右任即是典型）。由下面這個小故事，可以了解這些讀書人的耿直狷介。

六十九年，尤清當選監委後，因素慕陶百川風骨，乃偕夫人赴陶宅拜訪。尤清久聞陶百川一介不取，不敢携禮前去，只買一束鮮花，聊表敬意。儘管如此，陶百川連鮮花都不收，經尤清堅持「連花都不收，就太不近人情了」。陶百川不便再推拒。但是在送尤清上計程車時，匆匆塞給司機一百元。

陶百川對政黨干預監察權的現象，甚爲痛心疾首，他是標準的「寧鳴而死，不默而生」。他所發表的〈一個監委的「狗生哲學」〉一文說：「監察委員發覺違法失職而糾彈，正像看門狗看見賊來而高吠。養狗的目的原是爲此，奈何人們竟然忘了這個目的，而反怪將他從『自我陶醉』的『清秋大夢』中叫醒來爲可恨呢！」民國六十六年，陶百川鑑於政治形勢使他有志難伸，乾脆告老辭職。

監委須有強矯精神但易挫折

以政治風氣而論，我政府今日所受的指責較甚於在大陸時期。不僅警察和稅務，舉凡法院、銀行、公營事業、地方政府，甚至一部分高級官員，也常為人詬病。為謀阻遏洪流、端正政風，監察院的任務乃特別重大，而人民對它的失望和期望也就特別敏感。

現在增額監委的選舉即將舉行，而且名額多至三十二人，監委陣容的調整和聲威的重振，從而促成政治清明和人民悅服，乃是一個好機會。但關鍵則在本黨的好惡和提名。

我常說，國民大會的任務，只是批准執政黨提名的總統副總統，立法院的任務也重在批准政府所提的法律案和預算案，所以國大代表和立法委員必須以「服從為負責之本」，使政權能夠穩定。但監察委員因為是「風霜之任」，好比清道夫和外科醫生，必須有強矯的性格和獨立特行的做法，如果也講柔順服從，以致把政治上的「官官相護」的痼疾帶入監察院，則監察院便成為聾子的耳朵而虛設了。

但是有人很怕監委如不柔順和服從，則因他們可以個別單獨行使職權，比較國大代表和立法委員更能妨害政府，所以吾黨必須掌握全部監委，使其聽命於黨云云。但這顯然是誤會和過慮。

因爲監委不能個別行使職權。他們的彈劾案須經九人以上的審查和決定，糾正案須經有關委員會的審查和通過，而且僅供政府參考。糾舉案須經三人以上的審查和通過，而且是送行政首長處理，最高懲罰只是調職。同意案由院會掌理，非單獨委員所能掌握；審計權則由審計部獨立行使，監委不得干涉；調查須經監察院指派。凡此都不能單獨行使，所以監委對行政權不可能有何大害。

相反的，現在監察院士氣不振，績效不彰，吾黨如果尙想運用監察院以端正政風，則須在提名作業上重視下列三點：

一、無論選舉或遴選的監委，吾黨只求半數，使社會人士也有當選機會，而他們較能發生監察的作用，以整肅政風。

二、不可提特別富有的同志作候選人，尤須嚴防賄選。

三、往昔每逢國家發生災變，政府下詔求賢，對象著重「賢良方正，直言極諫」。吾黨這次提名作業，選擇人選，也須以此爲法，寧缺毋濫，並請注重淸望，儘量徵召。

六十九年十二月六日

李登輝先生是遠見人物

民國七十七年十月《遠見》雜誌高社長和王總編輯函囑推薦遠見人物。函稱：「為拓廣國人視野，樹立恢宏典範，本刊自創刊以來，每年年底均敦請見解精闢、備受景仰之意見領袖，推選年度『遠見人物』。……茲隨函附上推薦書表乙份，懇請撥冗惠賜高見。」

我覆信推薦了李登輝先生。我認為他具備該刊規定的「推薦標準：一、見識深廣、思論恢宏；二、決策與措施具前瞻性，對國家前途與人民福祉，產生重大影響；三、其思想、作為，有助提高我國國際形象與地位。」

不僅符合那些標準而已，李先生還具備下列特點：

一、以務本務實，規劃大政方針；

二、以有為有守，推動政治革新；

三、以克勤克儉，樹立社會典範；

四、以立德立功，善盡總統職責。

希望李總統能做「大」總統

《天下》雜誌在李登輝總統就任第八任總統前夕，邀請王作榮、趙少康、朱高正和我四人舉辦一次座談會，討論：「在世界巨變，臺灣面臨巨大考驗的關鍵時刻，第八任中華民國總統就任後的第一要務爲何？應該有什麼樣的領導風格？」我幾次發言，茲摘錄於左：

一

十幾年前蔣經國先生擔任國民黨主席時我在美國，我寫了封信給他，提到今後的領導，我送給他一個「大」字，就是大氣磅礴、大度包容、大處著眼、有容乃大。我們在臺灣島上待得太久的人，一般比較容易看得小、放不開。我就是提醒他要從大的地方來注意，臺灣不可能成爲軍事、外交大國，但是我們可以做經濟大國、文化大國，所以也不要妄自菲薄，只是領導的人，心要能夠大。現在我也把「大」這個諍言送給李總統，希望他氣魄要大、格局要大、度量要大。這樣才可以在這個體制之下發展，國家也就有福了。

這次臨中全會發生總統、副總統推選方式之爭，我尚不憂慮是不是會分裂，但我希望、也相信李總統能想到這個「大」字，大而化之、大度包容，以消滅不平之氣。其實現在大家的矛盾都是黨內同志間的矛盾，不是敵我矛盾，不難消弭。由此來想，我就很放心，希望李總統順此而行，就不會發生如一些人所憂慮的分裂了。

二

李煥院長才做了幾個月，我希望總統繼續讓他做下去。中國有句老話「三年有成」，行政院有大責重任，至少要給三年時間，如果僅幾個月就換掉，這不是用人之道。我現在提這點，事先毫無準備，不是對李煥院長有何私心。

三

講到決策過程，很簡單，就是民主化，不要專斷。不要國家安全會議一通過，就要行政院、立法院、監察院，一切政府機關都必須照做。所以我曾建議，必須先以副署方式徵得行政院長同意，使他可對立法院負責。

至於溝通方式，希望以後副總統負起溝通的責任，以往都靠祕書長。今後希望副總統能負起較大的溝通責任，與各方面協調，則溝通效果就可加強。

四

在用人方面，總統的權力其實很有限。他只能提名副總統、審計長、考試委員、大法官、行政、司法及考試院院長等這些人，所謂總統的用人哲學，就是他要考慮這些人選，其他的人他不需太費心。但我要特別提醒，現在最迫切重要的是行政院長人選及其去留和授權問題。

五

我提出一個對李登輝總統的期許，就是希望他在六年的任期之內，能夠完成憲政的民主。

在這六年的時間，我建議一個實現憲政民主的時間表。今年如果李總統當選，那麼明年，第一個最該進行的就是解決國會結構的問題。這是一個很困難的問題，但是這杯苦酒，我想只好請他來喝了！

李總統也承諾過了，假如第八次國大會議，也就是今年沒有辦法解決國會改選問題，那麼明年也要加開臨時會來解決。

希望他在今年或明年國民大會臨時會裡，能修改臨時條款第六條，如果不能把它廢止，也須增加一個「但書」，爲第二屆國會預留一條活路，就是增額的選舉不要再辦了，在適當時候可以辦第二屆國會選舉，這樣才能順理成章地改選國會。

民國八十年召集國民大會，如能修改臨時條款，則八十一年剛好三個國會的增額代表一起須改選，資深代表也由於必須去職，則國會體制就符合憲法了。

六

憲法上還有另一個民主的問題。就是省長和北、高兩市市長民選的問題。我期望三年之後，也就是八十一年選舉的時候，能夠讓北高兩市市長開放民選。這個很簡單，只要立法院通過市的自治法，市長就可以民選了。但省長民選問題就痲煩，不是一個法律就可以解決，我估計要到八十四年才能做得到。我希望八十二年，立法院能訂省縣自治通則，因為憲法規定，省長民選，必須先制定自治通則和省民代表大會組織條例，然後由代表大會制訂自治法，依據自治法選舉省長。

七

雖然人民對國民大會、立法院不滿意，但在現有體制下，不能不講法律，仍然必須尊重立法院及國民大會的權限。如果另外召開修憲大會來修改憲法，它的法律基礎何在？中華民國憲法明文規定由國民大會來修改憲法，除非不要這部憲法，否則由另外一批人來修憲或制憲，都是不許可，也不可能的。所以，我們只能就現在的體制及憲法，謀求補救的方法。

另外還可採用朱委員和我的建議，由總統依據臨時條款第六項，辦理增加中央民意代表選舉，一次選出幾千名國民大會代表和立監委員，用稀釋的方法，增加國會的代表性，這無論在法律或政治上都是行得通的。

黨主席問題三個方式

昨上蕪函，附呈未經發表之拙作〈憂於未形恐於未熾〉，諒登記室。茲再就吾黨主席問題為吾公條陳三策：

一、上策為實施「集體領導」，中央設置五人主席團，由總統、行政立法司法三院院長及一位退除役之軍事首長組成之，而以總統為主席。

二、中策為以總統為黨主席，輔以一位副主席。

三、下策為推舉一人為黨主席而輔以由總統提名之一位副主席。

理由略陳於前上蕪函及拙作，茲不贅述。

治安一策最難上只是江湖心不灰

承寄李總統新年記者會問答兩份，收到敬謝。

離臺前曾就其答詞提供李總統三點拙見：所謂兩位高人之指點，似尚不敷治國之所需；地方自治應求回歸憲法；總統權責自有限度，不可逾越。

同時向李總統寄呈拙作四篇：一、憂於未形，恐於未熾——一個知識分子怎樣作出黨主席問題的靈烏之啼；二、總統權責及其制衡；三、總統與行政院長的相制相衡和相成；四、總統難做，怎樣做好？

日內如果精力許可，尚擬參考其記者會之答詞，就政黨政治、總統兼領黨魁以及大陸政策等問題寫陳拙見，以供其採擇。

於是猛憶康南海（有爲）之〈感時詩〉：「治安一策最難上，只是江湖心不灰」。弟因經國先生之逝，頗似呂伯牙之失去鍾子期，知音既亡，琴韻誰賞！我心幾乎盡灰了！

近來健康毫無進步，情緒從而更低，故不覺言之悲也。尚祈諒之！

七十七年二月十日

師法蔣總裁留住新連線

人才衰靡方當慮，士氣崢嶸未可非。
萬事不如公論久，諸賢莫與眾心違！
——陸放翁（游）

日前承新國民黨連線重要人士李慶華先生向我詳述新連線決定即將脫黨造黨以救黨保國。那時我的心情眞有如《中國時報》記者所道出的：「非常同情，萬分遺憾。」我基於對中國國民黨也對國家的愛護，勸他們稍忍多讓。但我無能爲力，乃卽向高層中央呼籲：「師法蔣總裁，留住新連線。」

所謂「師法蔣（中正）總裁」，就是要求中央現在快快學習蔣總裁在處理我們十位黨員監察委員彈劾行政院長俞鴻鈞案所表現的慈愛和忍讓的精神，使我們十人乃能免於脫黨或被開除黨籍，而黨也能免於分裂。

提出俞案脫黨邊緣

回憶遠在民國四十六年，我和其他十位監察委員，其中一位是青年黨的陳翰珍先生，提案彈劾行政院俞鴻鈞院長。那是一件大事，蔣總裁認爲是「奇恥大辱」，我們十人於是面臨被開除黨籍或被迫脫黨的邊緣。我曾揚言：「我如果因此被開除黨籍，那是求仁得仁，逼上梁山，我唯有另組新黨，但仍將信仰三民主義，以在野地位反共復國。」後來蔣總裁在中央常會一次訓話中透露，如果我們另組新黨，他不獨不反對，而且願做新黨的顧問。我想那可能是他有激而發。所以他又說：那樣一來，我們的政治生命也就完了。

蔣總裁對俞案最初不很注意，後來問過中央黨部張厲生祕書長是否需要他出面處理，張說尚無必要。等到彈劾案成立，他向多方面了解結果，知道問題複雜。他在一次檢討講話中指出：俞院長同志的彈劾案乃是中央常會誤導所致。

蔣總裁終於寬恕了提案彈劾的監察委員，而代之以黨員總登記。他說，我們追隨他來臺灣繼續革命，他不忍深責，但我們如願留在黨內，則必須服從紀律和黨的指導，否則不必參加登記，從此放棄黨籍。

三次讓步蔣公英斷

蔣總裁那樣出於至性至情的話，我們都很感動，都願意繼續留在黨內，但仍須看總登記辦法是否會與監察委員的職責相衝突。

按總登記辦法規定，監察委員的重要糾彈案都須先得中央同意方可提出，我認爲不無問題；如果束縛太多，不能行使監察職權，則我只好放棄登記，所以我竭力爭取辦案自由，包括下列三項：

一、中央對黨員的登記申請是否須加審查？是否保有不核准之權？我以爲登記者既已提出以後服從黨紀的承諾，所以不必也不應再加審查，而應一律照准。後來中央表示可行。

二、中央從政幹部規約第三條所稱，必須透過組織方可提出的重要糾彈案，是否包含糾舉案和糾正案，甚或審計案，我力主都不在內，後承中央一律同意。

三、所謂「重要糾彈案」，我建議以關於總統副總統的彈劾案爲限。後來中央決定也應包含行政、司法和考試等三院院長，於是共僅五人。

以上三項重大決策，如非蔣總裁乾綱裁斷，中央何敢讓步！他的慈愛和忍讓，保持了黨政的團結。

風雨同舟能共勉麼

我重溫這段歷史，覺得現在新連線對黨的「挑戰」和壓力，尚不及當年監察院的厲害，而威嚴顯赫的蔣總裁卻能本同志之愛多次忍讓，因能感動我們，大家團結合作，爲國效命。我從而也覺得，如果中央當局現在能夠師法蔣總裁那樣一再忍讓，十分眞誠，以處理新連線問題，而新連線諸同志也能像我們幾位監委當時那樣相忍爲國，共謀善後，則風雨同舟，事尚可爲。其共勉之！

八十二年八月六日

新同盟會的諍言

本黨一部分與中央相處不融洽的同志組織了新同盟會，曾邀我參加但爲我所拒。本月八日該會舉行成立大會慶祝酒會，我應邀赴會，帶回兩種印刷品（如附件），措辭雖嫌辛辣，但未始沒有可供當局省察參考之處，用特呈閱。

八十三年五月十七日

（附件一）新同盟會同仁的心聲

新同盟會籌備委員會

一年多來，我們全體新同盟會的同仁，在籌組這個政治團體的過程中，坦白說，曾經多所觀望、猶豫，甚至氣餒。因爲我們自己明白：非政治中人，與權力絕緣，但面對的卻是一個充滿權術和騙術的政治結構，這條路一定走得非常辛苦。「邦有道，危言危行；邦無道，危行言孫」，既然古有明訓，也有一些人認命，「明哲保身」，我們又何必招惹惡質政治上的是非？

但是，眼睜睜看到政治道德淪喪、政治良心泯滅、政治誠信破產、政治神經錯亂、政治感官痲木的局面，「亡黨亡國」的危機，愈來愈嚴重。「盛衰之理，雖曰天命，豈非人事哉」，我們不甘心、不放心，我們不能置身事外，「三軍可奪帥也，匹夫不可奪志也」，相信未來的歷史總會給我們一個公道。

原本一個安和樂利、朝氣蓬勃的大好環境，短短幾個年頭下來，被折騰成了什麼樣子?!「一人得道，雞犬升天」，上焉者派系操盤、排除異己、挑撥省籍、仗勢欺人；下焉者黑金交惡、魚肉地方、踐踏民主、狼狽爲奸。更且，上行下效、沆瀣一氣，完完全全是一幅古代朋黨禍國的寫照。再這樣下去，我們的希望在那裡？我們往後的日子又在那裡？

新同盟會依法登記成立的消息傳出，立即受到來自各方面的鼓勵和支持，惠賜函電、申請加入或解囊相助，使得我們目前有限的工作人員忙的喘不過氣來。我們深深理解，這是邦人君子長久憂國憂時之情的奔放，也是他們一種對黨政昏庸誤國之輩的抗議。新同盟會所憑藉的，就是這種肝膽相照的道義、同心共濟的志節。

不過，話又說回來，新同盟會雖然有崇高的理想、莊嚴的使命，衡情度勢，在運作上，還是應該從大處著眼、相忍爲國，我們所希望扮演的，仍然只是國家社會中一個平凡、積極、建設性的角色。因此，新同盟會究竟是一個什麼樣的組織就很清楚了：

一、一個良性的組織：凡事一本善意，把國家社會的利益放在第一位，不奔競於權力，更不鑽營於名利。對社會上任何團體、單位或個人，我們沒有成見、偏見或惡意，但問是非，不爭意氣。

二、一個超黨派的組織：我們是超黨派的政治團體，但不是政黨，基於憲法所保障人民結社的自由，任何政黨的黨員都可以加入這個愛國組織，不必脫離原屬政黨，也無涉原屬政黨的「黨紀」。尤其我們堅持國家認同，對於任何認同中華民國的政黨，我們決不爲反對而反對，凡是忠於國家、造福社會的事，我們都竭誠擁護，而且願意共襄盛舉；但對「一切危害中華民國生存發展之意識、政策與制度」方面，我們沒有絲毫妥協寬容的餘地。

三、一個理性溫和的組織：我們是以高級知識分子與社會精英爲基幹的結合，這個組織，先天上就是理性的、溫和的。以理性的態度論政，以溫和的方式表示意見，這是我們全體同仁堅定的共識。

四、一個社會大眾的組織：新同盟會，是屬於社會大眾的。謀求社會的公平與正義，我們義不容辭；尤其維護弱勢族群的尊嚴和權益，我們更將全力以赴。

新同盟會，宗旨光明正大，立意可鑑天日。「國之將興，必有禎祥」，我們深信，在愛國救國的大道上，多的是志同道合的朋友，我們永遠以作爲新同盟會的一分子爲榮；我們殷切期盼海內外仁人志士多方推薦、踴躍參加，共同奮鬥，相信最後的勝利，一定是我們的！

新同盟會發起人名單

1. 梁肅戎院長（總統府資政）
2. 許歷農上將（總統府國策顧問）
3. 陶滌亞將軍（全民民主統一會會長）
4. 高明敏校長（亞東工專校長）
5. 張潤書教授（政大社會科學院長）
6. 陳志奇教授（臺灣大學教授）
7. 徐靜淵將軍（國民黨中央評議委員）
8. 王志銘將軍（全民民主統一會臺中主委）
9. 丁介民教授（海洋大學教授）
10. 沈　野社長（獨家報導週刊社長）
11. 林憲同律師（前臺北律師公會常務理事）
12. 馮定國博士（文大教授、二屆國代）
13. 張一熙博士（清大教授、二屆國代）
14. 孫安迪博士（臺大醫學院醫師）
15. 龐建國博士（臺灣大學教授）
16. 馮滬祥博士（中央大學教授）

17. 戴萬欽博士（淡大俄國研究所長）
18. 劉端祺博士（技術學院教授）
19. 吳瓊恩博士（政治大學教授）
20. 賈毅然博士（文化大學教授）
21. 解宏賓博士（國防管理學院教授）
22. 張佐華教授（政戰學校教授）
23. 吳自甦教授（東海大學教授）
24. 陳應琮校長（國民黨十四全黨代表）
25. 朱子華女士（木蘭會會長）
26. 廖進興先生（國民黨十四全黨代表）
27. 謝質高董事長（湖南同鄉會會長）
28. 金仲良董事長（前四川同鄉會會長）
29. 邱鳳棲醫師（千田專科醫院院長）
30. 謝海濤先生（中華日報主筆）

（附註：原發起人衆多，內政部規定僅需三十人，且以登記爲序）

（附件二）新同盟會徵求創會會員公開信

親愛的朋友們：

一百年前，偉大的革命家孫中山先生在海外創立了中國國民黨，集合了衆多的仁人志士，爲中華民族的復興獻身奮鬥。歷經了艱苦的過程，犧牲了許多革命先烈寶貴的生命，終於推翻了滿清專制政權而建立了中華民國，使中國進入一個新的歷史時代，爲中國人展現了光明的遠景。今天，包括十二億大陸同胞在內的所有的中國人，都對中山先生懷有最崇高的敬意，對於他所昭示的民族、民權、民生的建國道路，都認爲是最適合中國國情的、唯一的康莊大道。

然而，今天臺灣的現況是如何呢？相信所有的愛國憂時之士，都會感到失望甚至絕望：

在政治上，我們幾十年奮鬥的總目標，就是追求自由民主，落實民主憲政。然而，目前的情況卻是：民主倒退了、中華民國憲法被踐踏了、監察院變質了、總統採用「公民直選」方式，瓦解了一個中國的代表性及象徵意義且造成總統一權獨大，已然結束「動員勘亂時期」還要利用增修條款設置國安會、國安局……，有人想在二十世紀九〇年代的臺灣，重演八十多年前的「洪憲帝制」、「新籌安會」的醜劇，政客們正忝不知恥的大力勸進，這是對全體臺灣人民的公然侮辱，我們能容忍坐視嗎？

在社會上，風氣之敗壞與人性的澆薄，已經使我們不再像是一個擁有數千年歷史文化的文明民族。我們被外人譏爲貪婪之島、殘忍之國、動亂之地，是一個「可能會被上帝的天火毀滅」的地方！自故總統經國先生逝世至今，短短幾年，貧富差距迅速擴大了十七倍，而且還在繼續擴大之中——一方面是高階層的窮奢極慾，在島上建了百多個高爾夫球場（大陸比臺灣大三百倍，高爾夫球場不到十個），以供政商權貴娛樂揮桿，終因水土流失而造成最近嚴重的水荒；另一方面，是基層民眾的生計日益艱難，「無殼蝸牛」欲求一席棲身之地而不可得。動亂正逐漸形成，一旦爆發，必然不可收拾，我們能坐視這一天的到來嗎？

再談到臺灣的未來，更令人憂心忡忡。無可諱言，臺灣的安危禍福，繫於我們與大陸的互動，互動關係良好，我們不僅足以自保，還可以對大陸的民主化、自由化產生積極的導向影響。在現代化的進程中，臺灣有資格站在全中國的前列，但是，如果兩岸關係逆轉到互不相容的地步，那就可能兵戎相見，那時候臺灣將遭受到怎樣的衝擊，眞令人不敢想像。因此，無論從民族前途、臺灣安危與個人禍福著想，我們都堅決反對臺灣當權派背離中山先生民族主義的大道，一方面縱容「臺獨」、執行「臺獨」政策，同時明裡暗裡走「獨臺路線」、挑撥省籍衝突、推動「不計名義進入聯合國」、放言改採「階段性兩個中國」政策、「公民直選」總統……，潛在的目標就是消滅中華民國，我們能坐視這樣的悲劇上演嗎？

先賢有言：「天下興亡，匹夫有責」，我們熱愛中華民國、熱愛臺灣，我們更熱切盼望中華民族的眞正復興，因此，我們決定成立超越黨派的政治團體——「新同盟會」，我們的共同理念是：

——根據民族主義，反對臺獨獨臺，追求國家統一！

——根據民權主義，反對專制特權，追求民主改革！

——根據民生主義，反對壟斷資本，追求民生均富！

我們的信念是堅強的——維護憲法，挽救危亡！我們的意志是堅定的——不達目的，絕不終止！我們的作法是理性、和平的。本此理念與作法，我們誠懇呼籲，海內外凡是熱愛中華民國的愛國志士，不論您在何方，都歡迎您踴躍參加本會，我們的初步目標是徵求會員一萬人，入會費定爲每人新臺幣壹仟圓，並歡迎各界自由捐助。（若不願具名者，本會絕對保密。）所有經費均敦請會計師與律師共同管理、定期公布，以昭公信。

親愛的朋友們，當夜深人靜，我們展望前途，就會發現個人與國家的前途息息相關，因此，我們深深盼望海內外所有的仁人志士，人不分男女老幼，地不分東西南北，均能共同參與這項劃時代的偉大救國運動！相信，結合中華民族所有愛國者共同的熱心與決心，必能扶危救亡、力挽狂瀾，爲國家伸公理、爲人民張正義，讓青天白日，重照中華！

新同盟會籌備委員會　敬上

黨主席問題的傻事同春

終日尋春不見春　芒鞋踏遍嶺頭雲
歸來笑撚梅花嗅　春到枝頭已十分

日前報載：「執政黨主席李登輝有意在十四全代會修改憲章，設置副主席若干人，並屬意由郝柏村和林洋港出任，李主席已分別將這項構想告訴當事人。」

大家認爲那是一件好事，因爲它能用以疏導這次內閣總辭所釀成的不平不安的氣流，使政局安定，社會安和。我從而想到，我在五年前曾提過執政黨主席問題的一系列構想，不無先見之明，但卻被譏爲「著實是做了一件蠢事和傻事」。日前李主席登高一呼，群山響應，我的「傻事」已有回春之望，我頗感欣慰。現在重讀當年幾篇舊作，我頗覺文中有些理念尙可參考，於是敝帚自珍，寫這回憶，大雅君子，幸弗見笑！

我所以被譏爲做了傻事的原因之一，是我認爲總統不宜兼任執政黨黨魁（主席）。我舉出了三項理由：

總統不宜兼任黨魁

第一、「黨同伐異」，情所難免，事必常有，而總統則應超然於黨派和政爭之外，成爲必要時的安定力量，但兼了黨魁，就不能置身事外，將何能成爲「譬如北辰，居其所而眾星拱之」！

第二、而且如能進一步研究，國民黨究竟應否設置黨魁（主席）也有問題。該黨在民國十四年孫中山總理逝世後，一直到民國二十七年臨時全國代表大會方選蔣中正先生爲總裁，其間長達十三年，都實施集體領導，不置黨魁，而那時國家歷經北伐、建國、訓政和幾次對日戰役，並未因爲沒有領袖制度而失敗。在那段時間中，國民黨何以不置而後來方選蔣中正先生爲黨魁，其故可供深思。

第三、有人喜歡以美國為例，認為美國總統同時也兼任執政黨領袖。其實美國執政黨的中央領袖，不僅總統一人，而是採集體領導，包括總統和聯邦國會議員。美國兩黨都設有中央黨部，也有主席，但主席都另有其人，不是由總統兼任，而且都不管政治，僅管黨務。

但是在我一再作出那樣呼號時，一部分立法委員卻迫不及待，連名建議先由中央常會推選李總統擔任「代理主席」，期以既成事實，讓李代主席在未來執政黨第十三次全國代表大會順利當選為主席。但我仍期期以為不可。我與李總統在總統府有賓主之誼，基於常情，我應作桴鼓之應，但我懍於黨內情勢，不贊成那樣活剝生吞，所以仍在一次座談會建議讓五個月後舉行的下次全代大會依法處理。我提出三點理由：

代理主席急而生變

一、蔣故主席逝世不久，國喪期間自以團結為重，這時討論主席人選，難免觸動政治波濤，對當事人或執政黨，都不是明智之舉。

二、李總統甫任新職，政務繁重，應該讓他在總統職權上放手發揮，對公對私，都較妥當。

三、在未來半年中，李總統推動政務，績效良好，而我深信一定會好，則水到渠成，黨主席一職自能順理成章，由他繼任。

但是言者諄諄，聽者藐藐，在經國先生逝世後第十四日，一月二十七日，執政黨中央常會推舉了李總統兼任黨的「代理主席」，執行主席職權。這就埋下了以後黨內爭執的一部分種子，例如蔣（宋）夫人一月二十六日的緊急呵阻。

兩副主席不同角色

我爲稍謀補救，立即公開呼籲設置副主席，在致某公的信中，我建議應置兩位，一由主席提請全代大會同意，一由大會自由選舉。我的理由，前者代表主席，使主席不必事事躬親，從而不必時時爲難；後者代表「黨意」和不同利益，以免主席被疑爲專權專利，從而稍收制衡之效。但我這呼號未獲回應，顯然也成爲傻事一件。現在李主席主張要置副主席若干人，行見我五年前所做的「傻事」迅將成爲團結安和的美事，那不獨是我個人之榮，更將成爲盛世之光，豈不美哉！

八十二年二月二十六日

（百州註）：臺北一家報紙報導：「陶百川表示，他個人並不反對設置副主席，但是若要設置則以一至二人爲宜，否則就不要設；此外，對於只設一個副主席即意味『接班人』，他不認同，因爲國民黨史中，副領袖從來沒有扶正過，做了副領袖，不必然就可以接掌黨的大權。」其中一句：「否則就不要設」，乃是該記者所擅加，我曾函請更正，但未獲回音。

黨副主席面臨歧路

一人正常三人下策

最近我應中央黨部邀約，參與十四全代表大會黨章修訂研究會議。我對該修正案第二十二條提出修正意見：一、將副主席明定爲一人或兩人，不要三人；二、副主席由代表大會選舉產生，不必主席提名經大會同意。我這意見，雖有在場人士不約而同，但未爲幕僚人員所接受。據說副主席人數將爲三人，由主席提名。

近五年來，我就副主席問題數次發表意見。我一向認爲一人最正常，也是世界各國的通例，乃是上策，兩人就不很適當，但尚好於三人，不失爲中策，至於三人則「大道以多歧亡羊，學者以多方喪生」，便淪爲下策了。

但以中國國民黨而論，與中會、同盟會前期、國民黨、中華革命黨以及中國國民黨前期，都以孫中山先生爲領袖，都未設置副座。同盟會後期則加推黃興和黎元洪兩人任協理。在民國十四年中山先生逝世後，總理一職沒有補選，而改由中央常會集體領導。直到抗戰第二年，方置總裁和副總裁，後者由汪精衞擔任，但不到一年因汪投日而廢除。民國四十六年重置副總裁，由陳誠擔任，但以後就不再設置了。

勉强安撫收效不大

在長達一百年的黨史中，中國國民黨僅有三次設置副領袖，而且期間一共僅十年，它一直是由領袖一人獨攬大權。而三次設置副座，都是出於安撫作用，但因都很勉強，所以收效不大。中國國民黨這次又要設置副主席了，我希望它能循名責實，實事求是，不要弄巧成拙，徒滋紛擾。其次，中國國民黨何以沒有培養出副領袖制，我在黨史中發現它的革命傳統可能是主要原因。中國國民黨自始就是一個革命黨，而賴有革命的使命和精神，所以能夠推翻滿清，建立民國，打倒北洋軍閥，抗拒帝國主義，遏阻共黨赤禍。但是革命具有破壞作用，它能對外建立功業，也會被用以對內自相戕害。中國國民黨內部過去一直是派系紛爭，內鬥不斷，它的革命特性未始不是厲階之一。現在潮流和環境都在變化，懲前毖後，它不應再堅持革命了。

強調革命乃其厲階

這次黨章修訂研究會議第二次集會，我們討論了中國國民黨「革命民主政黨」的屬性問題。我贊成把黨定位爲「具有革命傳統的民主政黨」，但多數同志卻堅持將「革命傳統」改爲「革命精神」，把中國國民黨定位爲「具有革命精神的民主政黨」。那無異維持「革命民主政黨」的原狀，似非所宜。

現在黨要設置副主席，那是民主的做法，但照過去的傳統和教訓，民主不能見容於革命，而因中國國民黨現在仍在強調革命精神，所以原想僅置一個副主席的，後來乃想一變爲二，再變爲三，所爲何來，路人皆知。所以如果黨的革命心態不改，內鬥將無已時，大道自將多歧亡羊，可不懼哉！

八十二年六月三十日

黨副主席問題的常理和庸言

本黨將設副主席已是箭在弦上不得不發，李主席不可三心兩意。

至於《中國時報》說：「陶百川：副主席一至二人即可，否則不如不設」，其中「不如不設」一句迴非我意，已請更正。

而且李主席也不必多所顧忌，因爲副主席畢竟是主席的副手，對主席應該忠誠，兩人的意見如有不同，自須聽命於主席。政治尙有倫理，社會尙有公論。

至於其人是誰，當然是郝資政柏村，他是必須安撫的，而且縱使李主席不喜歡他，但恐現已悔之晚矣！

本期《九十年代》載有郝柏村一則談話，他說：

問：你雖然有改變的意願，但事實上有沒有難以著力的無力感？

答：有心做事哪裡都可以做。我自己有一套想法，黨如果正式成立「政策指導小組」，確實可以做一些事。但這雖然是經中常會決議，寫得清清楚楚要成立政指組的，後來卻沒了下文。我離開行政院已經兩個多月，現在完全不提了。

黃臺之瓜不堪再摘了。心所謂危，請恕直言！

黨副主席一人最好不設不妥

何振忠

國策顧問陶百川昨天明確指出，國民黨副主席最好只設一人，至多兩人，三個人就不好了；至於現在又有不設的說法，可能不太妥當。他說，李登輝主席提議設副主席的用意就是為了安排郝柏村資政，所以副主席一席即已足夠，「沒有第二個郝柏村要安排」。

身兼國民黨中評委的陶百川，在黨章研修會議上曾兩次建議副主席最好只設一席，「因為設一個最正常」。如果設兩個也可以，但如果要設三個就不如不設。他說，由於日前外傳黨中央又有意將副主席名額增爲三人，陶百川特爲此寫信給黨祕書長許水德，重申不宜增設三人的主張。

執政黨黨章研修小組日前開會徵詢意見結果，以主張設一席及兩席副主席的意見爲最多，僅陳璽安一人贊成設三席。當時會議主席郝柏村則裁示以一至二人案送指導小組討論。但不久前又傳出黨中央仍執意設置三席，並準備在十四全大會中翻案，陶百川在看到相關報導後寫信給許水德反映意見。

至於昨天又傳出黨中央希望維持現制，不設副主席的說法，陶百川表示尚無所悉。他同時也對許祕書長並未回信，但不知由誰對外透露他寫信一事，表示不解。

陶百川昨天在接受記者詢問時說，國民黨的傳統並不設副主席，設副主席之議是李主席自己提出來，並經中常會通過；如果現在又說不要設，並不太好。他也明白指出，設副主席的理由就是爲了安排郝資政，所以一席就好，「沒有第二個郝柏村要安排」。

陶百川說，國民黨第一次設副黨揆是在同盟會時期，當時副主席是黃興和黎元洪；第二次是在民國二十七年抗戰時，蔣中正任總裁，汪精衞任副總裁，後者在七個月後又取消了。遷臺後，陳誠也曾擔任過副總裁，但在過世後此一職務也隨之消失；到蔣經國任主席，就不再設副主席。

八十二年七月十二日

黨副主席須有五人

中國國民黨須設置幾位副主席，現有一位、兩位或三位等三說。我一向反對三位，但聞中央黨部堅持三人，並將以連戰院長爲內定人選。於是我乃變更初衷，進而建議設置五位副主席；於李登輝主席提出的郝柏村資政和林洋港院長以及內定的連戰院長外，我建議更增加李元簇副總統和一位婦女同志爲副主席。理由正大而明顯。因爲三位院長都可任副主席，李副總統位階較高，更應有這權利，而婦女應有保障名額，乃是執政黨的優良傳統，自應繼續採行。

關於副主席人數三說的比較之下，我本來以一人爲上策，二人爲中策，三人爲下策，但現在則以五人爲上策，希望能蒙採納。至於外傳根本不設副主席，則是爲黨史開倒車，爲李主席幫倒忙，自是下下之策，不應胡來！

八十二年七月二十六日

與黨外應怎樣相處？

《政治家》半月刊本期以我做它的封面人物，並訪問了五位政治人物對我有所評述。其中有一位黨外發言人江春男先生（筆名司馬文武），就我與黨外人士交往的動機和限度，說得公正正確，這就是我的政治立場和風度。我這樣的做法是否正確和妥當？我願乘機就教於本黨同志。茲將該文一段剪附於左：

（上略）

至於他跟黨外的關係，很多人有所誤解。

林宅血案發生後，他的摯情表現，完全是爲了人道奔走，根本與政治無關。他深知中國遲早要走上民主的路，所以一直希望政黨政治能正常運作，基於這個理想，他才跟黨外有所接觸，但並不是密切的來往。國民黨以爲他跟黨外走的很近那是不正確的。其實，陶百川是最忠貞的國民黨員，但他同時也是三民主義和民主政治的虔誠信徒。

陶百川不愛黨外愛民主

這些年，他一直想提昇黨外的政治理想，鼓勵他們走向更有規範更健康的道路。他是君子，也是前輩，對任何求助於他的人都很誠懇，我們與其說他愛黨外，不如說他是愛民主。當今能像陶百川這樣同受黨（海）內外尊敬的人，我看已經快要找不到了。以陶百川當前的聲望、精神和身體，堪稱得上是「國寶」，如果政府還不重他、用他，那眞是國家的損失。

陶百川的形象，對年輕一代、對黨外、對所有關心政治的人，都是很大的道德鼓舞。八十歲的他仍能不改其志，剴切陳辭，我們不難想像，年輕時的他該是如何的奐發有爲了。當初國民黨所做的諸多貢獻，難道不是得力於吸收了如許多的這樣黨員嗎？

（下略）

七十一年二月二十二日

中介溝通化解對立

李鴻禧

自從我們四人安排「溝通」以來，不但引起海內外人士的注意，各方期待之深厚，反對聲音之激烈，皆出乎我們意料，對於溝通過程的期待或誤解，有必要在此作一說明。尤其是部分黨外人士說我們爲國民黨「收買」，替人作「說客」，我想以我們的爲人任事，還不致於被人收買，也不必為國民黨背黑鍋。事實上「溝通」是社會上大多數人所支持的，我們透過陶百川先生向國民黨建議進行溝通，也徵詢黨外人士的意見，因而促成雙向溝通，絕非國民黨或黨外單方面的主動要求。

溝通亦非自今日始，去年初黨外地方勢力有擴充傾向，執政黨仍基於國家客觀情勢，不願在野黨勢力過度膨脹，因而有拆除公政會招牌的說法，其時內政部長吳伯雄一再強調取締公政會非法社團的決心，我們不願見到朝野對立的昇高，引起社會不安，我們包括張忠棟教授、社會賢達及國民黨政策會人士開始嚐試努力化解朝野的尖銳對峙，透過「溝通」將對立消弭於無形。

後來適逢去年底選舉，溝通事情因而延擱，黨外獲得總平均百分之三十選民的支持，特別是臺北市有近四成的票支持黨外，更加增進黨外的信心，此種信心與今年底中央民代選舉銜接起來，加速了黨外組織化的欲望，於是從去年底迄今年初一直有成立公政會地方分會的動向，再度引致執政黨的緊張。

今年二月，內政部長吳伯雄再次申明公政會非合法團體，如黨外要籌備設立地方分會，政府將把地方分會連同公政會一併取締。我個人深信政黨政治為必走之路，黨外選票若達到百分之四十以上，執政黨沒有執意黨禁的必要，強行取締容易導致更大的歷史悲劇，不僅黨外漸行成長的力量會被摧毀，同時國民黨的體制也會愈趨硬化，對國家社會皆非幸福之事。當時胡佛教授、楊國樞皆有同感，剛好陶百川先生參加三中全會，有一機會與當局會面，轉達了此種憂慮，以後即有國民黨對溝通之事表示支持的態度，並派出政策會的蕭天讚、梁肅戎、黃光平三位先生從事溝通。

因爲當時我們較憂慮的是，因黨外並非一有紀律而且統一的團體，「黨外」只是綜合名詞，人事結構複雜，幾經考慮才邀請八位人士參加。黨內外間互不信任，相互猜疑，由來已久，兩者站在兩條平行線上，勿寧可看作正常之事，也因爲這樣，才有需要進行溝通，總是希望大家能把自己的觀點和立場表明，互相辯難，說服和妥協，調解彼此的觀點，以求冷卻雙方的兩極對立。

第一次溝通，相當令我們驚訝雙方竟能產生那麼多共識，黨外明白表示對中華民國憲法有共識，執政黨也首次明白對公政會與地方分會的存在表示認可。雖然黨外同時也要求即速廢除臨時條款，停止戒嚴，以落實憲法；國民黨也要求黨外公政會和地方分會必須登記，「黨外」名稱必須更改，這些，留下繼續磋商的條件。但第一次即有如此共識，應是很大的成就。

臺灣社會多元傾向已極爲清楚，以一黨的價值觀，要涵蓋全部的民意已不容易。因而我們認爲有促進雙方溝通的必要。當然，我們明白執政黨和黨外中都有少數鷹派，他們不「堅持」、「好戰」，不足以顯示其重要性，不容易爭取他們發言的地位，不過我認爲目前民主政治發展，只有兩條路，一條是走不寬容不妥協，堅持立場，絕不放水的路；這種情形只有造成有權力的政黨壓制無權力在野勢力，沒有權力的人也只有訴諸暴力和恐怖行爲，這在開發中國家或後進國家極爲常見；另一條路是：執政黨隨著社會多元化漸進改革，逐漸接受不同的意見，作些必要的讓步，在野黨也借此爭取人民支持來獲得權力。

但像中國國民黨忠貞愛國自救行動委員會那樣不喜歡溝通的人，發出聲明說我們如同大陸淪陷時代的羅隆基、沈君復，「居心叵測」，借溝通之名來掩護黨外成立公政會地方分會云云；而黨外激進者也有說我們被國民黨收買，替國民黨做說客，我認爲恐怕都是一偏之詞。

我們深知擔任協調溝通工作一定極爲吃力，花錢、花時間、花精神而不能討好各方，我在此呼籲黨外較有代表性的領導人物，希望能更有智慧，做個政治家，以寬容、妥協、互讓的態度來解決政治上的糾結，不要怕人家寫文章批評，依違兩端；同時也希望國民黨政策會人士勇於轉達黨外多年的委屈與不平待遇，解決不公平、不公正的事，以換得歷史的令譽。

轉讓國統會委員以利團結

彥士先生祕書長：報載民進黨如能獲得國家統一委員會四個委員名額，就將參加國統會。按國統會已有兩個民進黨名額，不妨增加一名以上，另聘一位研究委員，如此便是四人。如果可行，弟願以老病爲由，自動請辭委員，以其遺缺改聘民進黨人繼任，如此公私兩便。擬請評估情勢，報告總統核辦何如？

八十二年十二月二十四日

（附載）陶百川先生慰問絶食雪中送炭

許榮淑

日前美麗島受難人黃信介、張俊宏、姚嘉文、林弘宣等四人，爲喚起民衆的積極關懷以及喚醒當權者的良知，在牢內進行絶食行動，承蒙先生關心慰問，爲建立一個自由民主正義繁榮的社會、爲我們子孫的幸福而努力，榮淑謹以受難人家屬的身份，向先生致上崇高的敬意和深忱的謝意。

七十三年五月二十八日

絶食風波警總無情我們無奈

高雄事件受刑人的絶食目的，黨外人士說是促進民主，維護人權，但黃信介等當事人及其家屬，則沒有提出這樣大的目標，也沒有要求赦免，而只是要求改善待遇。如果如此，則問題應該不難解決。

據說他們要求改善事項，共二十四點，而警總認為其中十三點有道理，可以做。但不知已否著手改善，其餘十一點的內容如何？「老虎一進城，家家都關門，雖然不吃人，日前壞了名。」政府如能改善獄政，並使中外社會人士了解眞相，對政府形象應有好處。此我所以願因黨外人士的邀請而注視這個問題。

黨外請我參加探訪絕食情形時，聽說美國國會又要舉行聽證會，且聞有人要到華盛頓我國使館去絕食示威，而來臺採訪總統就職新聞的外國記者又日益增加，我不應袖手旁觀。適因黨外聯絡人黃宗文君電請餐敍，我乃請他先徵求吳三連先生的意見，因他與政府素有聯絡，明瞭行情，於是昨日乃有自立晚報的會談。

我們決定之一是拜訪陳總司令交換打開僵局的意見。請吳三老接洽。

第二點，不用黨外邀請者的身份，而採個人自告奮勇的方式去見陳總司令。

第三點，看過陳總司令後，如有必要，請警總准許我們七人（或加杭理事長立武和團結自強協會新任祕書長鍾榮吉委員）進入看守所，以了解絕食情形並力勸停止絕食。

我表示警總前曾拒絕我旁聽美麗島案的審判，對我顯無好感，我願自動退出，立法委員張俊雄也表示可以不去，以免連累大家都不能去。

我又表示，我擬建議警總准許家屬星期三照例接見（現已停止）。回憶從前雷震、陳菊、林義雄先後絕食時，警總都請他們的父母妻女等入內苦求，動以親情，收效很大，而今乃反其道而行之，並且變本加厲，一般社會都不直其所爲。不知警總何以如此絕情。但後據吳三老見告，我們想見陳總司令的請求，已遭拒絕。但是如此僵持下去，眞是爲親所痛，爲仇所快了。

七十三年五月十五日

寫在林妻呈文之後

前（二）日林義雄君之妻打電話說要來看我，但昨（三）日來的卻是兩位女士，她們說她「精神耗弱」，不能出門。

我生平與林君僅在三年前同席吃飯時晤見一次，交談不滿十句。與他太太我更根本不認識，去年在他被捕後她方來託我將一函轉呈總統。

高雄叛亂案已成定局，我不想再向總統陳言。卻不料五月一日林君重被羈押。林妻又來託我這個「地下監察委員」（社會對我的謔稱）轉呈一信。那時我適看完總統的《難忘的一年》，想起其中一句：「一般人民要有申訴困難的機會。」（七月二十七日日記）而林府家破人亡，丈夫又突被拘囚，且恐又被拷打，這樣的困難乃是世間所少有。但在總統之外，她能向誰申訴呢！她能請誰轉呈她的申訴書呢！

對於林君可否再被羈押，我不想在此多說。但他是奉總統之命交保的，而交保原因迄尚存在，似乎不可因爲一些小節而把他再羈押，而違反總統的德意。而且林君遭受巨變，精神幾已耗弱，有些日常小動作難免不爲「保護管束」人員所諒解，但要了解他是一個「病人」，對病人要有十足的愛心和耐心，何必與他過分計較呢！林挺生先生和沈雲龍先生二人的女兒最近不是都因婚變而精神不勝負擔而自殺麼！可不懼哉！可不愼哉！

六十九年五月四日

請將美麗島案犯減刑假釋

去年我在美國，有人要求我也要求吳三連先生，趁蔣總統連任喜慶，爲美麗島案犯謀大赦特赦或減刑。我們商定回臺研究。

前日看到一位立法委員在立法院呼籲爲罪犯減刑。我建議政府切實考慮一下。

以減刑假釋，與赦免比較，後者（赦免）從此根本無罪，完全自由，而前者則罪刑尚在，而且沒有公權，如果出獄後行爲不好，政府隨時可將他們拘回監獄繼續執行所減之刑。

以美麗島案犯來論，如果減刑三分之一，則原判十二年者，可以減爲八年，而他們都已關了四年餘，符合假釋條件，可以交保出獄。

但對貪汚罪犯，我以爲不必減刑。

七十三年二月二十九日

勸費老分居而不離婚

俊宏兄：

晤費老，勸其將退黨視爲「離婚」，但爲求他日或能破鏡重圓，則目前不妨「分居」，不宜離異。費老不作正面回答。不知卓見何如。請轉報信介兄參考。順頌

雙福

陶百川敬啓

十二月二十五日

彭府「時代」悲劇落幕

明敏先生：

分別多年，音問久疏，頃接小兒轉來手書，快同面晤。

尊府遭遇，乃一時代悲劇，此次得以喜劇作一小結，完全出於蔣總統之美意，弟不過順水推舟而已，不足掛齒。

惟念世亂如麻，魯難未已，如何演出一幕「大團圓」之大喜劇以救國救民，幸先生有以教之！

書不盡言。祇頌

大安

弟陶百川敬啓

八十年八月八日

「政黨外交」的嘗試

英國大選結果，保守黨獲勝，柴契爾夫人出任首相。新人新政，可能會有一些新觀念與新作風。我國似可乘機試探及聯絡，以期照「美國模式」開拓中英實質關係。「美國模式」並未激怒中共，或可減少英國或他國與我國交往之顧慮。

至於具體做法，似可以賀其選舉勝利爲由，通過適當途徑，向其新政府人員及保守黨總部表達賀意。並應擬訂中程及遠程計劃，參照對美做法妥爲運用。此種「政黨外交」如果實驗有成，且可推行於他國。

總辭是畫蛇添足逼退是撥草尋蛇

——爲請協調維持現行政治體制致蔣祕書長函

遙知天上桂花孤，為問嫦娥「尚要無？」
月中幸有閑田地，何不中央種兩株？
桂花詞意苦叮嚀，唱到嫦娥醉便醒。
此是世間斷腸曲，莫教不得意人聽！

——白居易：〈桂花詞〉

彥士先生：

回示和英文書都收到了，費神敬謝。

前請轉呈總統的意見書提到郝院長明春應否總辭的問題當依據法律、慣例和學理三者去研判，茲又想到人情和形勢二者。

人情何以可作決策的依據？因爲「法律不外於人情」，故有所謂「情理法」之說，自也不能忽視。至於形勢，則有所謂「形勢比人強」，法律、慣例、學理和人情，有時不能不向它遷就而有所變更。

落實到郝院長的總辭問題，弟在前函中已就法律、慣例和學理三者略加論列，茲就人情和形勢加以申論。

回憶前年五月十九日國是會議籌備會舉行第五次會議，張博雅女士提議由全體委員簽名致函郝柏村先生支持他出任行政院長但須退除其一級上將的軍籍。當時多數委員贊成原則，但對具名寫信則不無爲難。弟乃發言修正，請先生轉達郝先生，而不必寫信。當日下午先生與郝先生會面轉達這一決議，他允次日就申請除役。

日前獲讀香港《九十年代》月刊訪問郝院長的談話，他對放棄一級上將的終身榮銜表示不無惋惜。他說：「有些人士仍把『軍人從政』與『軍人干政』，混爲一談。所以，我爲了避免不必要的誤解，決定自動放棄一級上將的終身榮銜，請求除役。從某種角度看來，這也應算是一種犧牲。」於是二年前促成郝院長除役的爾我和張署長三人便不能不感到歉疚了。

如果行政院更須在明春第二屆立委就職後提出總辭，而如果郝院長竟未獲總統提名或雖提名而未獲同意，則郝院長的犧牲自必更大，反感自必更甚，而我們勸其除役的人也將更感歉悵了。

至於郝院長兩年多來的政績以及他個人的識見和能力，總統自必知之甚諗，可供留任與否的參考，不便瀆陳。

但這個問題究竟將怎樣發展，可能也將取決於形勢，包含李總統與郝院長的關係，立委選舉的結果，朝野激盪的幅度，甚至海峽局勢的變化以及中美關係的發展。弟對此所知不多，不敢贅陳。

但弟仍有不能已於言者，爲著鞏固「李郝體制」，也爲杜絕挑撥離間，現敬建議　先生在請示總統後，對郝院長表示：明春行政院如須總辭，總統將再提名郝院長並助其獲得立法院同意；而郝院長也應對總統表示最高敬意，大事請教，隨時報告，以增高總統的尊榮。不知先生以爲何如。

此函是爲向總統建言而寫，擬請轉呈，但不擬使他人知之。

瀝膽敬陳，順頌

籌祺

陶百川叩

八十一年十月十九日

愧對《無愧》

——讀郝資政從政感想的回憶

承《遠見》雜誌總編輯王力行女士把她的新著《無愧》送給我先睹爲快。它是郝柏村資政的「政治之旅」，是王女士與郝資政面談四十六次以及參閱他的日記和相關資料而寫成。精彩要目計有：

爲什麼政治之旅只走了兩年九個月就半途而廢

李郝四次關鍵性談話

府院關係理不清

蔣仲苓事件始末

如何對無法治社會開刀

核四、五輕、六輕興建經過

對二十一世紀中國人前途的思考

看了郝資政的《無愧》，我卻不免有愧了。何以言之？在郝資政出任行政院長前，我與他本不認識。三年前五月十九日國是會議籌備委員會舉行第五次會議時，張博雅女士提出臨時動議，主張全體委員簽名致函郝柏村先生支持他出任行政院長但須退除其一級上將的軍籍。當時多數委員贊成原則，但對具名寫信則不無爲難，一時形成僵局。那時我不認識郝先生，但知他允文允武，有勇有謀，可望成爲一位有爲有守的行政院長，我樂觀其成，於是卽席建議，推請蔣彥士先生向郝先生口頭轉達同仁的意見。那天下午，他們二人達成共識，郝在次日就申請除役，放棄其尊隆優厚的終身待遇。

但在郝擔任行政院長兩年後，政壇傳出行政院須在立法院改選後向總統提出總辭，而由總統向立法院提出人選請求同意，並說李總統不會再提郝院長。

我不以爲然，曾在一文中指陳：「總辭是畫蛇添足，逼退是撥草尋蛇」。爲著鞏固「李郝體制」，也爲杜絕挑撥離間，妨害團結和諧，我在八十一年十月十九日致函蔣彥士祕書長請其向李總統進言，然後代他對郝院長表示：明春行政院如須總辭，總統將再提名郝院長並助其獲得立法院同意。

但是事與願違，在位僅兩年九個月，郝院長乃辭去行政院長。他雖表示無愧無悔，然總不免有怨有憤，這是人情之常，不足爲怪，於是我們當初促其除役的人就不免有愧有歉了。

日前報載政壇人士表示：「將在看完全書內容，了解個人被涉及的部分後，再決定是否提出必要的說明與澄清」。「兼聽則明，偏聽則闇」，我將拭目以待。

八十三年一月二十七日

（附載一）留下一頁真實的歷史紀錄

——寫在《無愧》出版時

郝柏村

我沒有想到會以文職卸任，也沒有想到，在八十二年三月退職之後，會立刻接受《遠見》雜誌總編輯王力行女士的建議，很用心的來敍述三年在行政院所做的工作。

近幾年來，在省籍情結與統獨情結的挑撥與爭論中，黑白可以被顚倒，是非可以被扭曲，原則可以被放棄，人物可以被抹黑，在這大是大非混沌不淸的時局中，必須留下眞實的歷史記錄，這是我接受王女士建議的主要動機。

目前一個令人痛心的現象是：社會愈開放，「眞實」居然愈難得。面對這種畸形現象，我們不應當再保持傳統上卸職之後淸高的沈默，而應善意又理性的把一些自己的體認忠實的給公眾一個交代。

我堅信政者正也，民主政治絕非高明的權術或騙術，政治人物無我無私的抱負與奉獻犧牲的誠信，是政治家與政客的分野。我自信在不夠作政治家，但絕不作政客：政治權位是用來爲國家社會服務的，當我體察到我不能再爲人民服務時，我決定放棄權位。

我離職前後，支持我的海內外各方人士，自動自發的舉行各種活動，希望我留任，從遊行請願到簽名致意，使我萬分感動，我益發有責任應當把事實眞相告訴支持我的同胞，也許他們對我並非政治逃兵的辭職能加以諒解。

因此，在敍述中最重要的要求是「眞實」。在這個要求下，由我討論自己的施政理念，施政過程中重大政策的推行，遭遇到的重大阻力，以及對今後國家前途的展望。我所要強調的是，這些經驗包括不和諧的經驗，或能增進今後全民的民主共識與落實民主素養，也或許對淨化民主品質稍有助益。

根據我的體認，三年來，臺灣地區民主政治變化的速度很快，但民主政治的品質令人憂心。我們知道：今天沒有人能以槍彈來取得政權，但我們還不知道如何能有效的防範銀彈來贏得選舉。

我對民主政治的信念堅定不移。率直的提出這些觀察，或許是一個退休的政治人物對國家與人民所做的最後貢獻。

令我感動的是，在院長任內，去馬祖、去金門、去澎湖、去臺灣每一個角落，舉行一萬人次以上基層幹部座談，鼓吹發揮四十年前「便當精神」，都受到了當地民眾熱烈的歡迎；卸職之後，在洛杉磯、休士頓、紐約、芝加哥、華盛頓以及德國、義大利和希臘，也都同樣受到了當地僑胞學人的熱烈歡迎。根據我的判斷，他們所歡迎的，絕不是我的職位，而可能是我一貫的言行，在做事上有所為，有所不為；在做人上，寧為平民，不為政客；在國家重大政策上，堅持大是大非；在民族前途上，主張一個中國。

自八十二年三月初開始，我每週抽出幾個上午，根據我的日記及其他資料，同王總編輯敍述在行政院二年九個月的經驗。我們的敍談達四十次以上，這些談話就變成了她撰述本書的素材。我無意褒貶任何一位政治人物，更不會為自己辯護。從這些眞實的敍述中，王總編輯完全獨立自主的撰述這本書。

由於職務的關係，我一生不便接近媒體。直到五年前，在參謀總長任內，第一次接受了媒體的訪問，當時訪問我的就是現在寫這本書的《遠見》雜誌王總編輯，相信在她高度的專業素養及鍥而不捨的努力下，本書兼具正確性與可讀性。

我堅信民主政治是治國大道，近三年行政院長任內，無不時時刻刻推動實踐。這三年也是中華民國民主政治史上重要的關鍵，我總希望，凡政治人物應以理以德以才服人，才令人心悅誠服，而非以權術、以名利籠絡為用。身為軍人，我與任何政治人物沒有個人的恩怨與衝突，但深信民主的理念必建立在大公無私的領導上以及融入尊重法制的精神中。

戰場有勝負，政海有沈浮，在歷史的長河中，個人一時的進退與榮辱就如滄海之一粟。檢驗自己一生，最重要的是：

當我是軍人時，為國家生存，我曾流汗流血；

當我是文人時，爲了人民福祉，我曾費心費力；

人格是用兵的至高無上要義，更是從政的至高無上要義。

回顧從大陸到臺灣，從治軍到從政的半世紀公務生涯，在每一個工作崗位上，我都盡了所有的心力，捫心自問，無悔更無愧。

(附載二) 郝柏村的「無愧」和陶百川的「有愧」

《明報》社論

「無愧」是一種心態；《無愧》是一個書名。

曾在臺北擔任行政院長兩年九個月的郝柏村在去年三月退職後，接受《遠見》雜誌總編輯王力行訪問四十六次，並提供其日記和相關資料。王女士根據這些素材撰寫這本書，從郝柏村的觀點陳述他退除其一級上將的軍籍、出任行政院長然後被迫辭職的這一段「政治之旅」的經歷和感想。這本書的出版及其節錄，在臺灣和海外引起不少人注意：尤其書中對郝柏村與李登輝在若干關鍵時刻的對立爭議，敍述得相當坦誠，不免令讀者感到：郝柏村顯然眞正自覺「無愧」，而李登輝先生是否同樣自覺「無愧」，就似乎暫時應屬「待考」之列。

但這問題實在屬於無法考察之列；因爲，如前所述，「無愧」乃是一種心態。一個人的言行，可能在別人看來是「應該有愧於心」，而在他本人卻覺得「眞正無愧於心」。爲什麼呢？基本原因在於「無愧」可以分爲兩個層次。孟子說：「仰不愧於天，俯不怍於人，二樂也。」此處所謂「天」，不需採取形而上學的解釋，而可以逕自解釋爲「天良」，即是「天生的自己的良心」。此處所謂「人」，可以指個別的人，也可以指一個社會人羣。而「天」和「人」這兩層次，一般來說，有高下之別：「仰不愧於天」高於「俯不怍於人」。換句話說，如果一個人眞誠地自覺「對得起自己的良心」，那麼卽使他認識到「對不起某些個人」或「對不起一個社會人羣」，他也可以達到「無愧」的高層次的主觀境界。

從《無愧》這本書所透露的李登輝與郝柏村對立爭議的情況來看，大概有許多李登輝的批評者認爲他「應該心中有愧」，因爲他「對不起先後兩位蔣總統，對不起郝柏村，也對不起在臺灣的非本省社羣」。李登輝在公開言論中不會承認這樣的指控；在淸夜捫心自問時是否會承認，外界自然不得而知。但卽使他承認，他仍可能自認「無愧」，因爲他可能認爲自己的作爲雖然未能「俯不怍於人」，卻乃是「仰不愧於天」。

以上的分析是爲了指出一點：單憑一個人的是否「無愧」，來判斷他的行爲，是很靠不住的事。用一個極端的例子來說：當年張獻忠立「七殺碑」，文曰：「天生萬物以養人，人無一德以報天。殺殺殺殺殺殺殺！」假定這代表張獻忠的眞誠信念，那麼他卽使自認不能「俯不怍於人」，卻認爲自己的濫殺行爲是替天行道，完全可以「仰不愧於天」。

因此，評析國事和臧否人物，似乎應該盡可能從客觀角度就事論事、實事求是，避免企圖探測個別人物的主觀心態。所謂「誅心之論」是一種相當危險的評論方式：「有愧或無愧」是一個既難運用、又未必對判斷價值有用處的標準。

《無愧》出版後，夙享清譽的資深政論家陶百川發表了一篇讀後感，題爲「愧對《無愧》」。陶老先生之所以有愧，是因爲三年前他曾在「國是會議」上積極促請郝柏村退除其「一級上將」軍籍、出任閣揆，所以現在自覺對被迫辭去行政院長的郝柏村「有愧有歉」。其實，陶老先生當年促請郝柏村轉職，是出於實事求是的立場；發展到今天地步，他仍是完全不必對任何人感到「有愧」的。

一九九四年一月三十一日

公經與我國報論言

我與總統源遠流長

我認識蔣總統經國先生，遠在民國三十二年，時當中日戰爭，地在陪都重慶。那時我任三民主義青年團中央常務幹事，他任幹事。但他在江西擔任行政督察專員，直到那年該團召開全國代表大會時，他去重慶開會，我們方始會晤。

民國三十四年抗戰勝利後，他在南京供職，我在上海客串上海市黨政軍聯席會議祕書長，他有時赴上海，後又在上海督導財經改革，我們曾有晤談機會。但談得較多而相知較深，則在他任國防部長任內。

到我應聘爲總統府國策顧問以後，十餘年來，我有思有感，旣顧且問，自更常對他和政府建言或補闕拾遺，或正偏救弊。他虛懷若谷，能受盡言。他與我晤談時，經常只有我們兩人在座，隔著茶几對話，無人旁聽，所以我少所顧忌，常能暢所欲言，卽使對極敏感的問題，我幾乎也無所不談。

如果把書面報告合計在內，我對總統或其他政府當局所上條陳，在最初幾年中，平均每星期大約一次，現在則減爲十餘日一次。「書生報國無他道，只把毛錐當寶刀」，我已稍盡言論報國之責。但因年老力衰，智窮才盡，以後當然難以爲繼了。

民國七十四年二月，我去美國考察，深感健康不佳，情緒不好，乃向總統請求辭職。這是九年來的第三次。我與張前祕書長寶樹和沈（昌煥）馬（樹禮）兩祕書長函件往還歷時三個月，我還是打消了辭意。

我辭職的主要原因不外兩項：

前承厚意，囑任國策顧問。原欲為國家畫策建言，為政府補偏救弊，但因年老才盡，形格勢禁，未能多所貢獻，常感疚慚，四年來曾經兩次表達辭意，茲值假期屆滿，用敢補敍理由，重申前請，務乞惠予批准。

按百川今年八十三歲，一生憂患，早已未老先衰。近復耳鳴加劇，妨害睡眠，血壓偏低，常感昏眩。醫謂必須減輕精神負擔，安心靜養，以期帶病延年。此為不得不辭職者一。

復查政海險阻，愛國痛苦，多年來屢遭橫逆，幸有貴人扶持，方能化險為夷。今後難免再遭不幸，更非衰朽所能承受。「無可奈何花落去」，此為不得不辭職者二。

回憶八年前辭去監察委員後，復任公職，勤勞國事。現在健康及處境雖皆大不如前，但此心此志，未嘗改移。今後有生之年，仍當關懷鄉邦，並祝國運長好，我公長健。

以大治小、以小抗大

民國六十五年蔣經國先生當選中國國民黨主席，我從美國馳書道賀，並提出「以大治島」之說，致其拳拳之殷。我說：

溯自本黨締造以來，賴有總理倡導革命，肇建民國，總裁完成北伐，擊敗日寇。現在先生繼起領導，深慶得人。但因大陸之赤燄仍熾，國際之姑息未已，先生任務之艱鉅，當較二公尤有過之。

其中最當注意者：總理總裁之領導革命，其基地皆在大陸，與全國同胞血肉相連，聲氣相通，用能迅奏衆志成城之功，今則偏處海嶠，形格勢禁，面對頑敵，竊恐事倍功半。

島國孤懸海中，足以自保，此為優點。然易導致苟安而無遠圖，孤立而無大志，馴致眼光淺短，胸襟狹小，觀念陳腐，思想保守。此為革命建國之大忌。

所幸「事在人為」，「人傑地靈」，於是領導乃益見重要。針對島國狹小之弱點，似宜藥之以「大」。例如為政當格外尊重「大信」，取才當格外「放大圈子」，對人當格外「大度包容」，對事當格外「照顧大眾」。凡此皆屬常談，而此地此時，則須格外勉為其難。先生賢明，必已籌之熟矣。

第二年，我由美回國，就去拜謁蔣主席。他告訴我，他最關心的問題乃是團結，而發展和增進團結之道，乃是公正。他說無論用人或施政，他都一秉公正，力避偏私，所以團結可望增強。

我對他提到抗戰初期先總統蔣公所講「以大事小」的道理，迄今仍有適用的必要。我現在引述他所說：

總理從前常引中國古時「以大事小，以小事大」的兩句格言，來指示我們，以為中國古來的倫理觀念，對人處世，實在是公恕忠誠，面面俱到。我們現在就要一刻不忘總理這個遺教，要拿「以大事小」的道理來對待各黨各派。本來我們中國，在中西交通沒有開闢的時候，一向就是拿這個態度來交接鄰邦，領導東亞。所謂不侮鰥寡，不畏強禦；所謂與人為善，責己以嚴；這是中國歷史上固有的傳統精神。本黨同志要站在執政黨的地位，發揚這種固有的精神，寬宏大度，至公至正。在三民主義最高原則之下，來接納各黨派人士，感應全國國民，使共循革命正道。

在這以前，六十六年十一月，我在夏威夷以越洋電話與《中國時報》記者曾作這樣問答：

記者：蔣經國先生繼任中國國民黨的領導人，這是一件具有歷史意義的大事，您對此有何高見？

陶委員：我爲本黨深慶得人。蔣主席老成練達，政績久著，已有足夠的聲望和資格來領導本黨。

記者：您對於蔣主席今後領導國民黨，有什麼樣的建議，提供他作參考？

陶委員：我要對蔣主席提供一個「座右銘」，那就是：「以眾人之知爲知，則無所不知矣；以眾人之能爲能，則無所不能矣。」這一句話如果引用政治學上的術語，便是：民主集中制。這本來是本黨的組織原則，我認爲蔣主席必能很認眞地遵行。

記者：當前國家處境，內而遭逢大故，外而目擊越、高悲劇，您認爲在國民黨今後的作法上，對於能使國人不驚不惑，並使國家無憂無懼，這些方面，是否有何具體的原則，作爲國民黨努力的方向？

陶委員：我願意提出四項原則，給本黨參考：

一、爲親所愛，爲敵所畏；

二、擴大團結，統一戰線；

三、增選立委，特赦政犯；

四、加強國防，鞏固協防。

記者：能否請您將這四項原則，說得具體一點？

陶委員：第一個原則應該是一切用人行政的守則。今後我們每用一人，每做一事，應該先問它是否爲親者所愛或所痛？是否爲仇者所畏或所快？我們必須努力做到爲親所愛，爲仇所畏。

第二個原則的意思是竭力求取反共大團結，以建立同仇敵愾的心防和社防，並以之抵制毛共對我們的挑撥離間和滲透顚覆。

第三個原則卽是增選立委，特赦政治犯。關於增選立委，我認爲兩年多前所選出的立法委員，不獨都須要改選，而且最好應再增加名額，以進一步擴大政治基礎，引進青年才俊。至於特赦政治犯，因爲有些政治犯本無多大惡性，予以特赦正可以消除戾氣，導致祥和。事實上我們這個安定繁榮的社會，還怕那些爲數很少的毛頭小伙子麼？

在此，我要向政府當局奉獻古人一首詩：「人才衰靡方當慮，士氣崢嶸未可非。萬事不如公論久，諸賢莫與衆心違！」

說到第四個原則，實爲當前最感迫切者，包括四「防」，就是海防、空防、心防以及與美國的協防。

這些「以大治島」，「以大事小」以及「爲親所愛，爲敵所畏」的道理，都與蔣主席的所信所守不謀而合。

至於統一國家和制勝統戰的方針和方略，我國本有「反攻大陸」、「漢賊不兩立」、「以不變應萬變」、「三民主義統一中國」以及「不接觸、不談判、不妥協」等。但其中只有「三民主義統一中國」一直應該持續不變，其餘各項則因形勢變化，多半已不合時宜。今後世變更亟，我國所受衝擊自必更甚，如何「以小抗大」，必須使出奇謀高招，我忝任國策顧問，而這乃是最高最大的「國策」之所在，我當然應該「顧」之「問」之，也曾向蔣總統相機建言。其中一部分構想，我將寫在〈統一統戰千絲萬縷〉一章中，現不贅陳。

總統難做怎樣做好

遠在民國四十年三月，我在香港《自由人》三日刊發表一文：〈百餘年來一個大問題〉。那時我有感於顧孟餘先生一篇〈平坦之路〉，討論中國怎樣能夠產生一個「有能力適應世界新環境的統治階級」。他以為「中國目前需要是民主革命」。他指出民主革命的目的「是使任何統治階級不能再壟斷國家權力與社會財富」。新的自由民主制度的「兩大柱石是地方自治與經濟民主。地方自治是代替官僚軍閥的主要力量。經濟民主是新制度中實現自由與平等的保障」。對於顧文的結論，我很有同感。

我在文中指出過去統治階級失敗的原因以及救治的方法，其中一段是指出目前亟需民意的監督。我說：

其次，自我努力之外，統治階級的健全還有待於外來的監督。民意機關、輿論、友黨甚至反對黨，都是統治階級的諍友，它們的批評和指摘，都可供統治階級的參考而促其反省和克治。它們的作用，有時較大於自己的黨的作用。相傳鄭人要燬鄉校，子產以為不可，因為鄉校的輿論乃是政府的藥石，應該歡迎之不暇。現代統治階級假如不是愚不可及，就應該培養黨外的民主力量，歡迎社會的民主監督。只有如此，才能促成和長保統治階級的健全，由此走上平坦之路。

民國六十七年，經國先生當選總統，我寫了〈總統難做但能做好〉，將國家元首在憲法上和在動員戡亂時期臨時條款上的兩種權力加以比較而主張對後者稍加制衡。我指出：「如果在平時，依照中華民國憲法授予的權力，我國總統並不難做。因為他的職務和權力，在憲法中是列舉的，是有限度的，是須受行政院和立法院的制衡的。而且總統在執行職務時尚有行政立法兩院甚至五院的輔佐，他真的可以垂拱而治，安享太平。但在動員戡亂時期就不同了。」

「可是現在的情形是大不相同了。因為我國總統的權力，並由此所加於他的責任和作為，隨著動員戡亂時期臨時條款的授權而大加擴張和充實。請看左表：

戡亂時期總統大權	權源	所受制衡或所得輔佐
主持動員戡亂機構	臨時條款第四項	不受制衡而單獨負責
決定動員戡亂有關大政方針	臨時條款第四項	同右
處理戰地政務	同右	同右
調整中央行政機構人事機構及其組織	臨時條款第五項	同右
訂頒辦法充實中央民意代表機構，在自由地區增加中央民意代表名額，定期選舉。	臨時條款第六項	同右
決定國防重大政策	動員戡亂時期國家安全會議組織綱要第二條第二款	同右
決定國家建設計畫綱要	同右第三款	同右
策定及指導總體作戰	同右第四款	同右
決策及指導國家總動員	同右第五款	同右
以命令行使動員戡亂時期臨時條款第四項及第五項之職權	同右第四條	同右

負擔這樣大責重任的總統，因爲形勢逼人，可能即將由他躬踐力行，則曠觀國內，蔣經國先

生自是最適當的人選。」

於是發生一個重要問題：

上引國家安全會議組織綱要所規定的任務，在平時本應由立法院完成立法程序，而現因動員戡亂的需要，由國民大會依照制憲程序授權總統來決定，於法於理原無不合，但我以爲應有一種「刹車」的裝置，以策萬全。

我建議仿照臨時條款第二項，在第四項後增訂一項，如下：前項動員戡亂大政方針，立法院得依憲法第五十七條第二款之程序變更之。

這是說：立法院對於總統決定的有關動員戡亂大政方針及其政策不贊同時，得以決議移請行政院轉請總統予以變更。行政院得經總統核可，移請立法院覆議。覆議時如經出席立法委員三分之二維持原決議，行政院應即接受該決議或辭職。（參照憲法第五十七條第二項和臨時條款第二項。）

這裡又發生一個重大問題：

總統不對立法院負責，後者不能強制總統服從它的決議。所以它只能找行政院長代負責任。我想立法院執行憲法第三十九條（解嚴）或第四十三條（解除緊急處分），大約也只能照第五十七條第二項責成行政院負責。

於是有一前提，就是行政院長應該而且必須有權副署總統有關動員戡亂大政方針的命令，而依照現行辦法則他不能副署。我認爲很不合理。

世界通例，副署是負責的表示，也是科以責任的張本。這種負責，包括連帶負責甚至代爲負責。它不僅是爲限制總統命令權的行使而已。因此，總統如須行政院長代他負責，應讓他有副署之權，因此，憲法第三十七條明定：「總統依法公布法律，發布命令，(必)須經行政院院長之副署。」動員戡亂大政方針的命令，似乎也應依此遵行。

然則行政院長可以拒絕副署麼？當然可以，但他必須隨卽辭職。

他如果不辭，總統應可將他免職。公務員的職位本有保障，總統不能任意免職，但以政策爲進退的政務官如行政院長者，總統自應有免職之權。

可是因爲拒絕副署而辭職或免職，總是一個嚴重問題，可能引起政潮，於是總統在決策時自須徵求行政院長的意見甚或從而變更或放棄他原來的主張，這可使決策更爲鄭重和妥善，以收相制相衡而相成之效。

指引評鑑以何爲準

民國六十七年六月一個下午，在與國策顧問舉行茶會後，蔣總統通知蔣祕書長邀我到他(總統)辦公室晤談。他先問我對於政治的意見。我說：「總統，你今天眞的把我考倒了。過去我們談話，我事前總有一點準備時間，但今天這樣匆促，我不知從何說起。」

總統說：「你一定有許多意見。」

我說：「我突然想到你在五月二十日的就職詞中多次提到三民主義，可謂念念不忘，現在我想用三民主義作爲施政的指導原則和評鑑標準，略貢淺見。」

我說，民族主義要求國家對外獨立和對內統一。但對外獨立不能依靠外國的好感和武器支援。現在好多武器我國已能自己製造和發展，但質和量都尚不夠。面臨大陸共黨的武力威脅，這是國人所最關切的。國人如果確信我國已有充足的和新銳的武器足以擊敗進犯的敵人，或如果我國也像以色列那樣自製新式的戰機和戰艦，則我們的民心士氣決不讓以色列專美。

其次，民族主義還得要求對內統一。這須靠政治，所以先總統蔣公手訂的政略，是「七分政治，三分軍事」。

於是我對總統指陳，我們必須強調民主（而非中共的專制）、自由（而非奴役）、法治（而非獨裁）、平等（而非特權）、均富（而非集產）、共享（而非獨佔）、團結（而非鬥爭）、博愛（而非仇恨）、開放（而非封閉）以及和平（而非造反），作爲統一的基礎和方法。這是三民主義的而不是共產主義的統一，乃是我們所當堅持的目標和力行的對象。

其次，以民權主義作爲政治的指導原則或評鑑標準，我對總統說，我欣見最高行政機關有權有勢有力有爲，但我更願立監兩院能夠進一步自尊自強盡力盡責。所以我渴望能夠多多選出「賢良方正」的立法委員和「直言極諫」的監察委員。惟有大家恪遵民權主義和五權憲法，方能恢宏民主憲政，俾在非常時期仍能做到「人民有權，政府有能」，以鞏固團結，革新政治。

說到民生主義，我的感慨更多。我指陳：

一、民生主義的主要經濟結構，應該是公營事業和合作事業，但這二者現在辦得都很差勁。

二、三民主義的三個主義具有連環性，所以民生主義是民族主義和民權主義的民生主義。基於民族主義，民生主義的企業對外應有更多的保護。基於民權主義，政治應該廉而且能，而後公營事業方能發展。

三、勞力和資本，都是生產的要素，二者缺一不可。我們既在多方放縱資本，以獎勵資本生產，則對勞力以及供給勞力的工人，政府也應給更多的照顧。

四、我國早已不許有農村和農業的大地主，這就是民生主義平均地權的道理，但是我國卻還有都市和工業的大地主，佔有超過自用所需的大量土地。

五、「朱門酒肉臭」，金錢外逃，「笑貧不笑娼」，色情氾濫，少年犯罪，我們都怪人心不古，教育失效，其實多年來的經濟制度和財稅政策，也應任其咎。

民國七十三年六月，我感觸更深，特向政府呼籲：「要防財經政策背離三民主義！」我列陳：

近來政府高唱國際化和自由化。見之於宣傳者，有減低進口關稅、取消國內工業自製率的鼓勵，甚至國內做得很好的機車也將開放進口。

其次，我們一向在大力吸引外人投資，但近來則鼓勵投資於外人。以我國財經紀律的敗壞，這無異爲國內資金開放合法逃走之門。

還有，我政府正在籌組四個採購小組，赴美採購四類消費物品。美國廠商不派人來推銷，而由我們移樽就教，而且買的又都是消費品，也有奢侈品，但政府還在沾沾自喜，不斷宣揚。

這種國際化和自由化的取向，勢將發生下列流弊，不可不思患預防：

一、違背三民主義：國際化違背民族主義，自由化違背民生主義，保護政策和計畫經濟，「商人掛帥」違背民主主義。

二、鼓勵逸樂，打擊勤儉，助長浪費奢侈之風，危害民族工業掙扎求生之路。

三、如此崇洋，足使志士短氣，人民喪志。

然則對政府外交有無幫助呢？可能有一點，但不會很大。以日本爲例，我們以前待它說得上德惠兼施，仁至義盡，但它還是絕我而去。將來中美關係如果衰退，也決非平衡貿易所能挽救。我國可大可久的政策，仍在切切實實的推行三民主義，以鞏固國本，振奮人心。

本這原則，政府亟應把現行財經措施及其政策與三民主義對照一下，便知我們差錯之所在和努力之所向。

元首繼承模式原則

民國七十年五月二十一日，各報登載蔣總統接受《遠東經濟評論》的訪問問答以及安克志大使在美國眾議院的作證聲明，都談到我國總統的繼承問題。這個問題一向視爲禁忌，今後想可稍稍公開討論了。鑒於它直到現在還是那麼爲人所重視，我乃向總統略陳一些原則性的意見：

一、國家元首的崛起，不獨靠他們的才能和品德，也須靠經驗和機會，於是時間也很重要。所以談何容易！因此，偉大的元首古今中外，並不常有。他們未始不想在他們的晚年物色他們的領導繼承人，但是他們心目中的人選未必具有才能、品德、經驗和聲望，而且有時因爲世變日急，時間已嫌太遲了。

二、元首繼承的危機，常發生在開發中國家，因爲那些國家多滯留在人治階段。至於現代化的民主國家多數實施內閣制，元首不負重大責任，而由內閣秉承國會掌握實權。所以元首的進退生死，不致對國家發生震撼。而因國會定期改選，生生不息，適者生存，劣者淘汰，國家乃能長治久安。

至於施行總統制的國家，元首負擔雖重，但因有健全的政黨做靠山，黨的關係重於元首個人，所以個人的生命雖短，但因政黨的壽命較長，後者乃成爲安定的重心。

三、而且民主國家一定實行政黨政治。在朝黨如果退化，在野黨便起而代之，而因兩黨勢均力敵，互相競爭和監督，從而養成和平共存和相得益彰的傳統，政權乃能和平移轉，不致中斷或發生震撼。

鑒於一黨獨大容易導致腐化和無能。又鑒於「人存政舉，人亡政息」，賢人政治不能常有和永在，政治學者幾乎無一不主張政黨政治。因爲在朝大黨因有競爭而能上進，如果它竟不能力爭上游而被淘汰，則尙有他黨可以接棒，國脈民命不致斷絕。

以上只是一些原則，我希望有心人準對我國現狀加以研究，看看能否有助於我們元首繼承問題的妥善解決。

到了民國七十四年，我國元首繼承問題，更是逼人而來，爲中外人士所關切。那年六月，我在美國應《北美日報》記者之請，公開談到這一問題。兩個月後，《聯合報》記者也以此相詢，我又不揣冒瀆，予以答覆。兩次大意，自較七十年所談的較爲具體而顯明，如左：

蔣總統向《時代周刊》記者談到保護憲法的決心，中華民國元首依憲法產生，他澄清了所謂的政治接班問題。這項消息將在海外獲得良好的回應。

今年六月間，我接受紐約一家報紙的訪問，提及總統繼承的問題。我覺得仍值得複述一番。我認爲蔣總統身體健康情形不錯。他的年齡與雷根差不多，而鄧小平卻比他大多了。他最近還到飛機場歡迎歡送國賓，而且他還遠赴金馬慰勞國軍將士，所以他絕對可以繼續領導政府。

而且，中華民國依據憲法，已由國民大會依法選出李登輝副總統，他就是總統的法定繼承人。

人。他和其他許多才俊之士都克當大任。將來經過「幾次」選舉和新陳代謝，臺籍和外省籍的青年才俊最後必然挑起政治重擔，成爲政府的重心。我敢說，這也是蔣總統的願望和安排。

至於外傳蔣總統有安排蔣氏家屬接班的謠傳，現在已經不攻自破了。我早就說過，如果他在安排他的公子擔負大責重任，蔣公子早在政府機關任要職。這是我對總統政治智慧的信心，如今已得到充分的證實。

那年十二月二十五日，中樞舉行行憲紀念大會，蔣總統親臨主持並致詞。他在口頭補充致詞中，對大家關心的總統繼任者的問題，做了明確的說明。他說：「這一類的問題，只存在於專制與獨裁的國家。在我們以憲法爲基礎的中華民國，根本是不存在的。因爲我們立國的基礎是以憲法爲依據的，所以下一任總統，必然會依據憲法而產生，那就是，由貴會代表先生們代表全國國民來選舉產生之。有人或許要問，經國的家人中有沒有人會競選下一任總統？我的答覆是，不能也不會。」

蔣總統這個以「天下爲公」的賢明的聲明，自是安定人心，開拓光明。但他仍恐僅是他的善意尚不能保證民主憲政的穩定和貫徹，所以他又提到一般開發中國家所常見的軍人政變和軍事統治，廢止憲法，解散國會，推翻政府，於是他又昭示這在我國也是「不能也不會」的，他說：「我們有沒有可能以實施軍政府的方式來統治國家？我的答覆是：不能也不會。執政黨所走的是民主、自由、平等的康莊大道，絕不會變更憲法。同時，也絕不可能有任何違背憲法的統治方式產生。」

對於蔣總統的知人之明，謀國之忠，信道之篤，我有深切的體會和信心。我相信他已有明智的籌謀和妥善的安排，不致人亡政息。於是只有推行民主政治，奠定法治基礎；有如我上文的建議，方能生生不息，長治久安。

任滿再連卸任優遇

民國七十二年，國民大會召開前夕，國大代表醞釀修訂戡亂時期臨時條款，有人主張廢止該條款第三條，以恢復憲法第四十七條原有規定——「總統副總統之任期爲六年，連選得連任一次，不得再連任」。我頗以爲然，後在《民眾日報》一次座談會中加以引述。不約而同的，一位黃教授也有這主張。但我隨卽指出，依照美國制度，蔣經國總統可以不受這項限制。至於他是否再連，乃是另一問題。

按美國總統從華盛頓到胡佛，每人至多僅做兩任，於是就成爲總統不得超過兩任的傳統。後來羅斯福總統爲應第二次世界大戰的需要，打破傳統，再三連任。

杜魯門總統繼任後，國會在一九四七年通過憲法修正案，恢復任期限制，但又規定那時在職或該修正案生效時在職的總統不在此限。譯文如次：

美憲第二十二條第一項：「任何人被選爲總統者，不得超過兩任。任何人繼任爲總統或代行總統之職權者，其期間如超過一任中兩年以上，任滿後僅能獲選連任一次。本條對於國會提出本修正案時之總統不適用之；本條對於施行時已繼任爲總統或代行總統職權而補足原任期間者，亦不適用之。」

此外，我更想就卸任總統及其遺孀和副總統的禮遇問題略述我參與作業的情形。

民國六十六年，總統快將改選，國大代表顏澤滋先生前來看我，要我爲他蒐集美國總統卸任禮遇的資料。他說：「現在嚴總統是否連任雖不可知，但卸任總統的禮遇，乃是民主國家崇德報功應有的制度，我們一部分國大代表正擬加以創制。而且黨部和政府一直不讓國民大會實施創制權，我們如果提出這個法案，大家應無可反對，那麼我們就爲創制權建立一個先例了。」

後來我請臺大憲法學教授胡佛先生蒐集了大批資料，顏代表也寫了一個提案。但立法院知道這個消息以後，捷足先登，快速通過了一個禮遇條例。顏代表等的創制嘗試雖仍好夢難圓，但禮遇制度終於賴以確立，也總算是功不唐捐了。

在立法院討論那個議案時，我走訪陸京士立委，建議他在法案中加入總統遺孀的禮遇辦法。這本來也是美國制度，而以蔣夫人宋美齡女士輔助先總統蔣公，功在國家，國家對她極應有崇報的表示。我並以此建議於一位黨國元老。但可能因爲時間匆促，立法院未能把它加入。

至於卸任副總統的情形，與總統大不相同，自無特別禮遇的必要，世界各國莫不皆然。但我以爲政府應該特聘謝前副總統爲資政。

難忘一年重大一任

民國七十三年四月四日，一家書局邀我替它所擬出版的《逆流中的勇者——我看蔣經國》寫一文，以慶祝經國先生就任第七任總統。無論爲公爲私，我都不應推辭。但我不知怎樣寫法方能恰到好處。

那天是先總統蔣公逝世九週年紀念，我因而想到經國先生那年（民國六十四年）所寫以及民國六十九年五月二日他七十誕辰所發表的全年日記，《難忘的一年》。我乃把它重讀並且精讀，從而頗有所悟，於是寫了這篇〈從「難忘的一年」看重大的一任〉，用他日記中的話，來觀察和推論他第七任總統任內的利鈍甘苦。可是那本慶祝專集後來未見發刊，現在我乃把那篇未曾問世的拙作摘錄於此。

蔣經國總統在發表《難忘的一年》的前言中指出：

> 父親生前，時常訓勉我：「只要有利於國家社會的建設，有助於福國利民的事業，任何艱苦，都是試煉，任何責難，都是箴規，任何險阻，皆當在所不辭。」多年來，我對國家、對社會、對人、對己，都是以此自信自勉，總期身體力行，無時或懈；而一行一事，往往都寫於日記，以期時時自反，刻刻自勵。

因此亦深感日記所記，雖多為個人心曲，卻無不可以對人言，尤無不可以為同胞同志言。所以將民國六十四年日記，刪節無關的瑣事，摘略以公之國人。……是要在懷念親恩、踐履「試煉、箴規、險阻不辭」之庭訓的同時，期望同胞同志，知我自省自勵的深切，而對我倍加督責，也使我和同胞同志們更能精誠互感，情分交流，觀念相通，心心相印。

對政治來說，以蔣總統所處地位的重要，我們能藉以展望國家今後發展的指標。

蔣總統最重視民生，在日記中提得也最多。例如：

十月十三日：「外國人想來學我們的政治，他們或可學到形式上的制度，但是極難學到我們『仁民愛物』的心念。但如無此心念，卽無政治之內容可言矣。」

一月一日：「在經濟上，務使民間豐衣足食。以最大之努力，穩定物價。」

三月二十五日：「總之，政治應以國利民福爲依歸。」

他這種痌瘝在抱，人溺己溺的襟懷可與他青年時期所受的苦難和磨鍊不無關係。三月十五日日記寫道：「今日爲我夫妻結婚四十週年紀念日，回憶四十年前彼此相識，共同工作於工廠，由彼此相愛，在極爲困苦的生活情況之下結爲夫妻。居一小間內只容一床一桌，每爲臭蟲所擾，夜夜不得安眠。一個月難得配給肥皂一塊，一週難得有一小塊牛肉吃，我夫妻皆自食其力，雖苦難而值得回憶。」

請恕我引用我在本年二月十七日二中全會閉幕後所寫〈申論蔣主席的民本思想〉中一段話：

「七年多前，我從歐美考察回臺，那時蔣主席尚任行政院長，他告訴我，他很重視民生建設。他說，孫總理曾經一再昭示：『建設之首要在民生』，蔣先總裁更以民生爲施政的重點。」

我聽了他的話很感欣慰，也很欽佩，我對他追述他在贛南擔任縣級首長時的一段佳話，但我的〈申論〉文中並未寫上。我對他說：「你在贛南有很多建樹，我最欣賞你關心民生建設的四句口號：『人人有飯吃，人人有衣穿，人人有書讀，人人有工做。』」

我告訴他：臺灣現在已經實現了他那「四有」的理想，但似應加上新的「兩有」——人人有屋住，人人有車乘。前者我指平民住宅，後者我指大眾交通工具。他聽了很以爲然，於是這「兩有」現在也大有進步了。

那天晤談時，我也對蔣總統指陳：「依總理遺教『民生是人民的生活，國民的生計』，但不僅這兩者而已，民生也是『社會的生存，羣眾的生命』。

於是我乃指出，靠著政府的領導和社會的勤勉，現在人民生活寬裕，國民生計暢達，但是利之所在，弊亦隨之，有些妨害社會生存和群眾生命的經濟流弊和精神污染，也隨伴而來，尙待政府急起直追，除弊清污，以求美善，而固國本。」

現在重讀他的日記，發現他爲此憂慮得比我更早更甚。六月十九日日記說：「吾人在臺，社會進步繁榮，其副作用乃形成一種苟安而腐敗的生活，這是我們最可怕的現象，因此務必從加強心理建設和改革生活做起。吾人能不謹愼、小心、勤奮、努力乎！」一月十一日他又記下：「富裕生腐化，久安失鬥志，爲吾等爲民服務者最忌之現象，余願從政者共勉之。」

但蔣總統自己的生活是夠節儉甚至夠淸苦的。九月十九日他記下：「黃昏抵達溪頭，適逢雷雨，在走廊稍事休息，已有寒意，喝了一杯熱茶，覺得很舒適。晚餐吃完一碗蛋炒飯，即進房休息。」不獨在旅途，在臺北也常吃蛋炒飯。九月十三日他在慈湖寫道：「宿於慈湖，黃昏薄暮，獨坐東廊，一面看青山，一面進晚餐，一碗蛋炒飯，一碗淸湯，一片西瓜，簡單有味。余每以生活上的奢侈，乃是浪費；多一份浪費，就多一份痛苦；生活上的簡樸，乃是精神上的快樂也。」

但是他那樣的言教身教，猶不能挽回奢侈浪費的頹風，我想他一定很失望和很痛苦。我建議一個拔本塞源的辦法：緊縮消費預算。這是在言教身教之外尙須實施政教和法教，如此四管齊下，方可望立竿見影，以收宏效。

例如年來各機關競造衙門，以我所見到的三個中央機關而論，不獨踵事增華，而且新建的房屋，體積都大於三十多年來一向所使用的。又如機關業務並未增加，有的甚至較前縮減，但員額則年年膨脹。凡此二者，簡直已到有求必應的田地。凡此必須大力阻止。

反之，有些必要的建築和人員，例如國民小學的校舍和員額則政府反吝於撥款，以致一、二年級尙在實施二部制，學童只能上課半天，而應家長之請，下午留校的學童只好雜處一室，乏人管教。最近發生慘案的螢橋國小，便是一個教訓。政府還可坐視嗎！

從他的日記，我發現臺灣現在是經濟爲先，政治掛帥，前者已如上述，後者略舉於左：

他認爲政治重在領導。六月十八日：「所謂事在人爲者，乃是在於領導之是否得法，卽是否能得民心，而爲國所用。」

五月四日：「日來研究許多問題，認爲領導不是權利和享受，而是責任和犧牲，願吾黨同志勵行之。」

他又認爲爲政首在得人，所謂「得人者昌，失人在亡」。他提出領導人物的條件是：「調整政府中之部分人事，頗費苦心。要以賢能、忠貞而負責者爲其先決條件。」（一月三日）又「至於人才問題，當以無私無我爲先。」（六月一日）

至於爲政之道，日記寫得頗多。例如：八月三十一日：「安定民心，必須『平』民之心，使無怨言，天下決不可能做到均富之全平地步，故必須以法律爲共同遵守之標準，政府必須做到法律之前人人平等，公正的政府，才能使人心服。自來民心得之不易，失之則極易。而人各有私，亦各有所欲。今後要當在團結民心士氣方面多下功夫。」

提到民心士氣，的確十分重要，必須多下功夫。這兩者之中，我以爲：「民心易得，士氣難求。」我曾以此爲題寫過一文可供參考。日記對此也有啓示：「吾人從事於正大光明和廉能的政治，使人人都能參與，大家都願意與政府合作，則政治自可安定矣。吾人對國家之奉獻是一片忠

心，對國民之奉獻是一番誠意，復何憂何懼！」（三月一日）

但是現在做得已否夠了呢？我以為尚須革新再革新，進步再進步。惟有革新進步，方能鼓舞民心，激勵士氣。

可是何處尚須革新？何事尚須進步？以及如何革新和進步？則須廣開言路，察納雅言，以洞明時弊，不致隔靴搔癢，且可經過討論和傳播而蔚成風氣，形成風俗，以求一勞永逸。蔣總統也以此自勉，十二月十日寫道：「當政者應多設法聽取別人對自己的批評和諍言，而不要聽別人的鼓掌、歡呼和誇讚。要知誇讚聽得多了，可以使人『不省人事』，失去知覺，而終致僨事。」善哉言乎！國家有福了！

怎樣回應中共的兩次建議

中共曾於去年六月七日以「中央臺灣工作辦公室負責人」名義，就海峽兩岸正式結束敵對狀態，實現和平統一，發表有關談話，向臺灣提出三點建議：

一、由海峽兩岸有關部門和授權團體或人士，盡快商談實現直接三通和雙向交流的問題，擴大交往，密切連繫，繁榮民族經濟，造福兩岸人民。對於臺灣當局有利於直接三通和雙向交流的主張和措施，我們都予以歡迎。

二、中國共產黨和中國國民黨派出代表進行接觸，以便創造條件，就正式結束兩岸敵對狀態，逐步實現和平統一進行談判。還可以在堅持一個中國原則的前提下，討論臺灣當局關心的其他問題。在商談中，可以邀請兩岸其他政黨、團體有代表性的人士參加。

三、中共中央歡迎國民黨中央負責人以及國民黨中央授權的人士訪問大陸。可以先來看一看，也可以來交換意見。我們都熱情歡迎，以禮相待。如果國民黨邀請中共代表，我們願意應邀前往臺灣，共商國是。希望國民黨對此嚴肅、認眞地考慮。

我方自須重視和回應

我自始就重視那個建議，認爲應該予以回應，因爲：

第一、它來自中共最高統戰機構；

第二、它用「負責人」名義，比較用「發言人」或個人名義更有代表性；

第三、它不是沒有「新意」；

第四、我方應該因勢利導，用它這個建議，順水推舟，與其溝通（但不是談判）；

第五、雙方接觸，勢不可免，而且利於多做，則我方便不應置之不理。

於是我曾在公開和私下場合一再以此爲言爲念。但我方仍以「並無新意」，「無須置評」，而不加回應。

然則對它應該怎樣處理呢？我自始就認爲「六七」建議中有些部分應可採用，例如它的第一項第一句：「由海峽兩岸有關部門和授權團體或人士盡快商談」。這並不是黨對黨或政府對政府的談判，而是「有關部門」和「授權團體或人士」之間的「商談」。

那時我和國家統一委員會一部分人員已就「三邊會談」或「三邊座談」與有關各方面交換過意見，且有在香港舉行的可能，中共上引一句的建議是否與三邊會談相呼應，我不得而知，但我則不無似曾相識的感覺，所以建議給以回應。

中華共同體策進統合

時間相隔僅一年，我方可能已把這事忘懷了，可是中共卻仍念茲在茲，據本年六月二十四日聯合、中時兩家報導，中共爲了回應簽訂互不侵犯條約問題，近又建議：「由兩岸代表性人物組成類似委員會形式，共商結束兩岸敵對狀態。」這較「六七」建議更爲具體而有彈性。中共對這方式似乎相當堅持，所以報導又稱：如果我方再不理會它的建議，它不會再提出新建議。這是把球踢到我們這邊了，我以爲我方應可把它接下來，從而與它商談怎樣「組成類似委員會形式」以作前進一步的溝通和商談。

我現在參考去年所擬三邊會談的構想，提供左列三項意見：

一、鑒於政府當局還未作出回應，我建議國家統一委員會委員和研究委員本於「匹夫有責」和具備中共所要求的「有代表性」的資格，發起組織一個委員會，徵得當局默許，透過適當管道，與中共方面共策進行。

（按：去年我們為舉辦三邊會談，建議三方面各出六人，我們方面假定了包括馬樹禮、高育仁、康寧祥等「代表性人物」，大陸方面六人由其自定，第三方面六人，由兩岸雙方各提三人。這個構想似尚可行。）

二、商談的議程，可由兩岸雙方人員先行協訂，包含兩岸如何化解敵意，如何保持和平，如何互助合作。

三、商談如有共識，可由雙方報告他們各自的政府進一步合組中華命運共同體，採取歐洲共同市場模式，作爲策進統一的過渡方法。

維持現狀創造條件

古人有言：「創業難，守成亦不易」，我也說：「統一難，維持現狀也不易」。所以我曾提醒我政府須與中共好好地維持現狀，以創造統一條件。我從而呼籲，我們要：

一、給它面子，也好要它給我們面子；

二、給它好處，也好要它給我們好處；

三、給它希望，也好要它給我們希望。

現在我所以建議要給中共回應，便是想給它面子、好處和希望，以期維持現狀，進謀統一。這是一個嘗試，但雙方何妨嘗試一下！「『嘗試成功自古無』」，放翁此言未必是。我今為下一轉語：『自古成功在嘗試』。」（胡適）

為了化解僵局，消弭危機，我們似須勇於嘗試，對中共作出回應，以觀後效。

八十一年七月三十一日

兩岸就應接觸談判

在中美共同防禦條約被美國廢除後，我就呼籲要重定對共策略，建議「和為上策」，「拖為上策」，「動為上策」，「聯為上策」，「統為上策」，並引用毛澤東、周恩來和鄧小平的話：「統一可能需要一百年」，而寫「中國統一的百年大計」，登載在中共在香港的一家機關報，要求中共不可急躁。

國統綱領的三個過程：近程、中程和遠程，我早先主張是用初階、中階和高階，我並向國統會建議：「在綱領通過前與中共人員和海內外學者在香港舉行三邊會談」，以尋求共識，但爲我黨部和陸委會所阻撓而胎死腹中。

但是兩岸關係的許多問題逼人而來，必須接觸、談判和妥洽。「和爲上策」，「聯爲上策」，最後則以「統爲上策」，形勢逼人，不能再拖了。

八十一年十月十日

與中共接觸談判的時機和利弊

四月二十三日寄上蕪函，諒登記室。月底之演講已經取消，拙作亦不發表，可釋厪念。

承寄〈假定我是毛澤東〉之隱名大作，議論正大，態度誠懇，殊深欽佩。但竟未能收說服之效者，似非全因毛之頑固自大，而時機不適，似亦爲一重大原因。蓋彼時（一九七三年）毛共已進聯合國，毛正「勝利冲昏了頭腦」；自不願接受我方之忠告。故竊以爲該文如果發表於一九五六年周恩來向我呼籲和談合作之時或在一九五八年金門砲戰之後，則結果或已不同矣。於此足證機不可失，而遲做不如早做也。

尙有進者：理論固爲行動之母，但亦須恃妥善之方法以爲落實，方能發生力量。該文精於理論，自甚可貴，但對如何「共謀建國之久遠大計」，則僅提出毛、周親去臺灣一端，且在彼時已無可能。竊以爲如能預示雙方談判之綱領，以供對方之研究，或能引起其興趣而突破僵局。往者已矣，今則論已論彼論勢論變，較之一九七三年對我尤爲不利。該文認爲彼時旣有談判之必要及可能，則今日自必過之。此拙作「中國統一的百年大計」之所以提出也。隨附丘教授一文，以爲參證。

四月十四日惠示，提到抗戰前夕陳立公與周恩來談判而中共旋卽背信之往事，使人不無懷疑究竟該次談判及合作是智是愚？是得是失？是否我方與周談判而吾政府便能安心抗日而不遭中共趁火打擊？是否吾黨如採一面抗日一面反共便能避免美國之干涉而得其援助？百川不敏，彼時已知蔣委員長乃係不得已而爲之，蓋「形勢比人強」，彼時固非與中共談判及妥協不可也。

七十四年五月二日

（附載）訪問陶百川展望民主統一與鄧小平的作用

陸　鏗

陶百川先生是以天下爲己任的中國知識分子的楷模。立足寶島，胸懷神州，放眼天下。他因推動臺灣民主進程，貢獻良多，以九十高齡，獲中國民主教育基金會一九九一年傑出民主人士成就獎；遠渡太平洋，於四月二十五日在舊金山出席了頒獎大會。筆者基於半個世紀前在重慶就有向百川先生請益的緣分，八十年代起爲探討中國統一問題，又多有接觸。乃藉金山重聚之機，就中國民主和統一及鄧小平最後的機會問題，向陶公進行訪問。

走向天堂也走向地獄

問：您爲甚麼要以狄更斯在《雙城記》中的話來形容中國人今日的處境？

答：先看民主。我國自有信史以來，自始就沒有民主。孟子雖強調過：「民爲貴，社稷次之，君爲輕」，但它只是一種民本思想，未能落實於政治。辛亥革命成功，孫中山先生當選爲大總統，可惜在位僅三個月就爲袁世凱所逼退，而袁則自立爲王，以後是軍閥混戰，國家分裂。民國十八年中國國民黨北伐勝利，訓政開始，一黨統治，雖宣告六年後可以還政於民，但因中日戰爭而未能實現。國民政府遷臺以後，大陸則由共產黨專政，臺灣也戡亂戒嚴。幸而蔣經國總統，從民國七十六年（一九八七年）起，大發宏願，解除戒嚴，解除黨禁，解除報禁，於是臺灣在經濟奇蹟外，更創造了政治奇蹟。大陸同時也開始了改革開放，形勢頗好。我們雙方都開始進入美好時代，走向天堂。

但是民主畢竟不像一般人所想像的容易。從寡頭政治轉進而成民主政治，勢必牽涉到思想問題和利益關係。思想保守的人和既得利益的人對變革往往不易適應，紛起阻撓。而反對派又往往操之過急，在臺灣出現了分裂主義的過激行動，在大陸出現了天安門事件和六四屠殺，社會爲之動盪，改革就遭挫折。

問：能否談談對目前形勢的估計？

答：在臺灣，李登輝總統最近在青年節講話中承認：「我國正走在歷史的十字路口。」所謂「十字路口」，就是狄更斯所說：「走向天堂，也走向地獄。」這豈不是很嚴重麼！

至於大陸的處境，則更遜於臺灣。中共對民主自由問題，仍採兩手策略；一手推動經濟建設即「一個中心」，但另一手則堅持「兩個基本點」，要以「四個堅持」去「抓住」「改革開放」，則最終將拖垮「經濟建設」，或使經濟建設遭遇重重阻力，於是民主便遙不可及，而統一就無從談起了。

問：海峽兩岸統一問題的僵局，癥結何在？

答：提到統一，北京方面的政策方針是「和平統一」，「一國兩制」，臺北方面則是「自由民主均富統一」，兩者顯有距離，但非不能拉近。近來大家都在談善意和誠意，我以爲以大對小，須有善意；以小對大，須有誠意。北京對臺北的善意先須加強，以減少臺北對北京的疑懼。至於臺北對北京的誠意則已有國家統一綱領可作證據，而它乃是我所提議和參與制訂的，我們的誠意和善意，自信可對天日。

問：臺灣既然知道，以目前中共的政治體制不可能開放輿論，實行民主法治，而臺灣本身又拒絕中共要求之「三通」，提出近程目標，會不會給中共以缺乏誠意的感覺？

答：照我的了解，我們的要求不是要對方馬上實現，而是逐步實施。

請以我們要求於中共的民主政治爲例，在近程階段，先須實現兩項：一是言論新聞的自由，臺灣的報紙得在大陸設航空版和辦事處；二是集會結社的自由，臺灣的黨部和社團得在大陸公開運作。臺灣當然會以直報直，平等互惠。至於其他民主政治應有的宏規，我們可在中程和遠程階段逐一提出，不必就想畢其功於一役。但是近程綱領所規定的以和平方式解決爭端，並在國際間互相尊重，互不排斥，則雙方必須嚴格執行，以利進入互信合作階段。

至於「三通」，我們知道北京是非常盼望「三通」的。北京可能也了解，臺北並不反對「三通」。「三通」對臺灣並非完全不利，所以事實上也都已經通了，只是暫時假道於另一地區，多費一些手續費而已。至於直接「三通」其實也不困難。臺北近來已把條件簡化易化為三點。北京如果放棄對臺用武，不阻撓臺北在「一個中國」的原則下的外交活動，不否定臺北為一政治實體，「三通」應不難早通。我以為這些原則都是很合理而簡易的。北京不應感到困難。

大陸情勢，十字路口

問：今年二月，鄧小平南巡，在大陸引起很大震動。不知您對這事怎麼看？

答：這是大陸社會發展也跟臺灣一樣到了十字路口的標誌。自從東歐和蘇聯共產主義體制崩潰後，所謂「兔死狐悲，物傷其類」，中共方面當然會有強烈的反應。比較保守的人主張，加強政治經濟控制，強化意識形態，防止和平演變；以鄧小平為代表的則是以加強經濟建設為中心，深化改革，擴大開放，藉使老百姓的生活有很大的改善，則社會自然走向安定，政權也就可以繼續鞏固了。只是中共的權力鬥爭一向激烈，鄧小平雖然在政治路線上取得了優勢，在人物部署上保守的人一定會盡力爭奪。而且鄧小平本人有一弱點，就是迄今尚堅持四項原則，這將拖慢中國民主的進程，還會給保守派以可乘之機。

問：就您看，鄧小平還有沒有最後的機會？

答：當然有。這就是照他在莫斯科中山大學同學蔣經國先生在臺灣的作法，在其晚年開放黨禁、報禁，為中國統一奠下基礎。

鄧小平先生在大陸黨內軍內和民間所擁有的權威，是可開展政治體制改革，以配合經濟建設和改革開放。可以想像困難雖不小，但只要有決心，困難定可解決。中國有句老話：「天下無難事，只怕有心人。」

在中國統一問題上，鄧小平先生一直扮演著主導角色。我聽說，中共已改變了統一的時間表，不一定要在九十年代完成這件事。本來，統一之事，是急不來的；在條件未具備前，亦須創造條件，以俟水到渠成。但就中共說，應該表現善意，實事求是，既然兩岸是兩個政治實體，應該承認這一現實，在一個中國原則下和平發展，不要阻礙臺灣的國際活動空間，因爲兩岸任何一岸的任何成就，最終還是歸於中華民族。

我從朋友處聽說，鄧小平這位先生，氣魄很大。但中共與臺灣打交道過程中，恕我不客氣地批評一句，表現得相當小器。希望鄧小平先生運用其權威，大處著眼，化乖戾爲祥和。從民主政治看，臺灣只有五年的歷史，大陸還未開始，但這條路是非走不可的。讓我們以民主促統一，以交流促民主。

小平機會，把握難說

問：您想鄧小平能夠把握這一機會嗎？

答：這就很難說了。因爲我對他的了解畢竟不夠。

問：我倒瞭解一點。因爲我們都是西南人，帶有「南蠻」的脾氣，牟得很，一個決定做下了，很難改變。再一點，卽鄧小平身上還有史達林主義的烙印，要叫他放棄一黨專政頗不容易。

答：但是，民主已經成了時代的潮流，鄧小平先生作爲務實的政治人物，他必會看到這一點。而根據歷史的發展，根據大陸的走勢，六四平反是遲早要來的事。鄧小平應當想到，與其在別人手上平反，何不在自己手上平反呢？我以旁觀者的身分看，這正是大陸政治改革的轉捩點。以鄧小平的聰明才智和實力，我想他會把握他手上的這張牌。

問：您這是非常好的意見，只可惜沒有人將這好的意見轉達給他：而且從整個共產黨說還有強大的保守力量，鄧小平在保持中共政權這一點上，跟保守力量還是一致的。

答：共產黨不是一貫強調人民的力量是決定歷史的動力嗎？保守力量再大，總沒有人民的力量大。

最後，我想以于右任老先生書贈蔣經國先生的一副對聯，寄語鄧小平先生，祝他好好把握最後的機會：

計利當計天下利，

求名應求萬世名。

問：我代表《百姓》謝謝百川先生。以後再找機會向您請教。
答：希望在臺灣見到你。

一九九二年四月二十八日　加州

兩岸歧見不難溝通協調

本年四月底中共唐樹備向陳長文提出兩岸交往五項原則，六月七日中共中央爲正式回應我方終止動員戡亂時期提出三項建議，但我們政府尚無正式回應，我曾撰文建議在香港舉辦一次三邊會談，先作溝通，以進一步尋求共識，化解敵意。此議如蒙採納，我們須立即研究會談的議題，也就是如何就雙方歧見尋求共識。

經我初步研究，我發現雙方不無溝通協調的可能。試舉數例：

一、「一國兩制」：我認爲這是統一以後的制度設計，目前言之尚早。而且統一後勢將採行一國一制，不可能採一國兩制。所以此時不必爭論。

二、「和平統一」：我方勢將堅持這一方針，以免自相殘殺，希望中共也能摒除武力，不打內戰。但我恐中共不肯公開宣佈作此承諾，而且將來也不會信守，因爲它可以隨便找一藉口（例如爲了自衞），破壞承諾。

三、外交地位：我方國統綱領已經自我設限，——「在一個中國的原則下」，這是說，我們不搞兩個中國或一中一臺。而且鑑於蘇聯在聯合國有三個代表權，於蘇聯本身外，尙有俄羅斯和烏克蘭兩個會員國，則中共大可讓我方重返聯合國。這項外交空間，我方在統一前自須力爭，希望中共予以尊重。

四、「政治實體」：國統綱領初稿本來用的是「尊重對方的政治現實」，我以爲這樣的表達不致觸發爭議，曾在報端公開支持。後經改爲「政治實體」，我以爲反正是指現階段而言，乃是統一前的過渡現象和稱謂，而一經統一就是另一種情況，所以中共何妨接受！

五、「直接三通」：我們曾就三通創作了三個原則：通信不通郵，通貨不通商，通運不通航，這就是政府現在執行的：不通郵而通信，不通商而通貨，不通航而通運。在雙方交惡了四十餘年之後，我方能夠表現這樣的善意，自是難能可貴。假以時日和機會，直接三通應不在遠。所以中共不必躁急。

六、至於我方要求的「民主自由均富的統一」（我曾建議在「均富」之後增加「均權」，中央和地方各享適度的主權和政權），中共頗感爲難，但我方並未要求立即兌現，中共將來自可按照協議進度逐步實施。我也要提醒中共不要把它看作是「和平演變」以傾覆中共。如果中共竟有此恐懼，則不是太低估自己了麼！

辜汪會談怎樣開好？

辜振甫董事長和汪道涵會長預定的交流會談，很受重視，但國人的意見紛歧，我建議總統召開國統會一次臨時會議，以交換意見，建立共識。我試擬議題於左：

一、面對中韓斷交，舉國憤慨，會談是否如期舉行，各有利弊，應加評估。

二、但這只是時間問題，會談總不可免，則應談些什麼？自非僅限於文書認證問題等事務而已，對方如果談政治問題，我方應否拒絕？抑或聽其陳述而後相機回應？

三、如果認爲政治問題應到國統綱領的中程方可開談，則近程所要求於中共的「開放輿論」、「民主法治」、「和平方式解決一切爭端」以及「在國際間相互尊重互不排斥」等政治問題，是否可以不經溝通會談而就能實現？如果認爲這一切須在近程中就與對方開談，以求落實，則可否順水推舟，授權辜汪會談先交換意見？

四、中共曾在去年六月七日又在今年六月二十四日建議「由兩岸代表性人物組成類似委員會形式」，以商討解決有關問題，此策是否可行？可否授權辜汪會談作進一步的了解和討論？

五、會談如可觸及政治，則辜董事長不宜「單刀赴會」，而應偕同一個顧問團前往，一則以備適時的諮詢，二則增加其公信力，免被誤會爲「黑箱作業」。

此外，舉行一次國統會的討論會，也可顯示政府對國統會的尊重，且可加強中共對會談的重視。國統會藏龍臥虎，人才濟濟，且具有代表性，如經當局諮詢，則小扣小鳴，大扣大鳴，自必有益於國是。

八十一年八月二十三日

從《孫子兵法》想到《戰國策》

本月六日《聯合報》黑白集提到聯合國中東聯軍營級以上的幹部都有一本《孫子兵法》誦之習之。但它指出：「《孫子兵法》中最精華高明的內涵，諸如『不戰而屈人之兵，善之善者也』，『上兵伐謀，其次伐交』等等，似乎未獲巧妙運用。」

看來依目前的情勢演變，多國部隊的政治領袖們應該改而細讀另一本中國古書《戰國策》了。因爲「後冷戰時代儼然是一個國際間合縱連橫的詭祕時代」。「隱約間，現代《戰國策》中的蘇秦、張儀都陸續登場了。」

光講「一個中國」就中了中共的圈套麼！

報載李總統最近宴請總統府一級上將戰略顧問時表示：「我認爲光簡單的講一個中國，就中了中共的圈套」，「陷入所謂『一國兩制』」。

李總統這個昭示，很重大，但也很嚴重，使一般堅持「一個中國」並從而反對「一中一臺」或「兩個中國」的人，不免誠惶誠恐。因爲他們覺得堅持「一個中國」，乃是中華民國的國策，那有什麼可疑的！我也恍然覺察到我們被《民眾日報》日前點名誣衊的六位國統會委員所以被誣的原因，原來便是堅持了一個中國，（當然是中華民國，那還須畫蛇添足，一一加上說明麼！）我們能不人人自危麼！

爲免國人再被政府前後矛盾說法所誤導，我建議李總統把國家統一綱領迅行修改，删去「光簡單的講『一個中國』」的文字，包含近程第四項「並在一個中國的原則下」；因爲照李總統的說法，它是「光簡單的講一個中國」，當然應認爲「就（已）中了中共的圈套」了，則李總統還可讓它繼續誤導人民麼！

何不將外籍女傭的機會給予大陸同胞!

今日報載政府將開放外籍女傭進口，爲數至少七千人。我建議將此工作機會給予大陸女同胞。茲條陳理由和辦法如左：

一、進口大陸女傭可由此間僱主分別申請和擔保。則以一位僱主申請一位女傭，七千女傭由七千僱主分別申請，較之政府或團體集中辦理，前者自必比較後者安全。

二、能夠僱用女傭之家庭自必比較富裕，他們通過直接或間接的方式，應能找到適當之大陸女傭，自可准其向主管機關申請入境，並於一定期間後負責遣返。此較進口外籍女傭，我方可對大陸表示善意，而得其好感。反之，如果排斥大陸同胞而進口外勞，於情於理都覺說不過去。

友人昌君日前來訪，謂曾去廣東探親，甚多親友希望來臺做工，彼已向我政府提出引進大陸親友勞工來臺方案，用意甚善，但我尚不知其詳，且恐難免會有風險，似可先從女傭問題做起。

首倡國家統一綱領

樊祥麟
林慶祥

國策顧問陶百川昨天（十月七日）在國家統一委員會首次會議上主張，應比照抗戰時期「建國綱領」訂定「統一綱領」，條列統一目的、統一原則、統一方法、統一程序、統一階段。在綱領起草之際，即與包括中共在內的國內朝野黨派進行溝通，以達成共識。

陶百川針對國家統一的過程，設計了初、中、高級三階段；每一階段達成後始可進入下一階段，至高級階段即達成統一目標。在初級階段中，大陸應有政治民主、新聞自由、言論自由、集會結社自由，允許兩岸報紙相互流通，允許混合經濟體制、公私營企業並存等。

陶百川說，統一的初級階段也應包括李總統登輝先生就職演說時要求的政治民主、經濟自由、放棄武力犯臺、不阻礙我們在一個中國前提下開展對外關係，如中共有善意回應，我們就與中共進行三通四流。

至於中級階段，則更要求中共放棄「一國兩制」與「四個堅持」。陶百川並當場發給與會成員一本包含十篇文章的小冊子「國家統一問題」陳述其中級階段的要求。

陶百川強調，中級階段完成後，海峽兩岸開始討論如何統一的問題。

陶百川表示，統一須在雙方是誠意和善意的情況下才能進行，中共表現誠意，我們卽予善意回應。在初級階段完成時，我方可同意進行三通四流。到了中級階段，雙方有誠意，一切談得好，就應該談如何統一。但此時，中共也應明確放棄四個堅持與一國兩制。

與會成員青年黨主席李璜、民社黨主席王世憲、立法院長梁肅戎、國策顧問高育仁都對陶百川的三階段論表示贊同，認爲此「統一綱領」如能實施將利多於弊。

陶百川並強調，在「統一綱領」起草期間，應邀國內外黨派包括中共在內共同參與，經過協商，建立共識。

七十九年十月八日

制訂國統綱領可否知會中共？

國統會研究委員昨天舉行第一次會議，會中討論總統府顧問陶百川所提的「國家統一綱領」，決定國家統一的三階段，不能在與中共有共識之後再提出，應該及早加以規劃促其實現。

此一會議昨晚在總統府召開，國統會十二位研究委員全部到齊，先由總統府祕書長蔣彥士說明聘定的經過，以及與會者未來對於國統會有何作用與功能，接著由總統府副祕書長邱進益主持會議。

會中是以陶百川所提的「國家統一綱領」爲討論主題，與會研究委員均發表意見，歷經兩個小時的討論，決定於下次會議時共同研擬「國家統一綱領研究案」，提供給國統會委員作爲擬訂統一政策的參考。

與會研究委員於討論之餘，每人均提出未來研究的主題，共有三十五項之多，已經列入紀錄之中。

據悉，陶百川所提的「國家統一綱領」，是其個人在報刊上發表，主張國家統一的三階段，先是與中共取得共識，雙方共同擬定「國家統一綱領」作爲依據，然後進入中級階段，雙方以聯盟方式各擁有自主權，最後才是雙方統一時期。

與會研究委員認爲，中共目前對國家統一並沒有善意回應，要等到具有共識之後再制訂「國家統一綱領」，不是正確因應之道，對於此點我們必須採取主動，因此，會中才有共同研擬「國家統一綱領研究案」的原由。

七十九年十月七日

（附載一）統一綱領是登高一呼之功

這次得有統一綱領，皆係老伯最初一文登高一呼之功，雖然後來定稿時一些文字修正，形成意識與意氣之爭，而且曲解了老伯的原來用意，稍有遺憾，但綱領本身終於順利產生，據我自側面得到的消息，他們領導階層也認爲這是年來臺灣方面一個比較具體而理性的文件。

綱領定了之後接下來的一件要事，就是定位問題，但因爲共識有些差異，實際與理念之間，也有距離，最近停了下來。

未知老伯有何指教？

潘緒同

三月二十八日

（附載二）國統綱領之歌

（一）

合則兩利，分則兩損，應運而生，國統綱領，
設計周詳，四平八穩，分程進行，漸入佳境。

（二）

國家統一，要有默契，首應尊重，臺灣權益，
一國兩制，內含暗計，兩黨對談，更是兒戲。

（三）

雙方都是，政治實體，彼此互尊，建立情誼，
你不壓我，我不欺你，交流互惠，相待以禮。

（四）

互信合作，冰雪初融，官方對等，共商三通，
互蒙其利，互補其空，高層互訪，克竟全功。

（五）

政治民主，經濟自由，社會均富，軍隊國有，
統一目標，憲政新猷，無時間表，協商共籌。

調整國統綱領以聯合謀統一

——兩岸關係怎樣不慢不快不斷也不僵？

海基會焦仁和祕書長日前與中共代表在北京開始晤談時表示：兩岸關係是「不怕慢，只怕斷」。這話點出了我方處理兩岸關係的新方針，自很中肯，但我還得增加一句：但「也怕僵化」。原因很簡單明顯，因爲雙方在主觀的心態方面和客觀的環境方面，都有著很多障礙。所以毛澤東、周恩來和鄧小平三位中共領導人都認爲國家統一可能需要一百年。

但是中共現在沒有這樣的耐心了，近來因爲我方在國際間一些造勢活動而更感疑忌，自更不利於雙方的和諧和安定。

我早已有這預感和憂患，曾經設計一整套預防和解救的辦法。最近更建議：縮短國統綱領的近程階段，把目前不能實施的一些項目移到中程去續辦，不讓它們僵化近程，阻擋中程，而在中程則建立中華命運共同體，以聯合方式增進合作，維持和平，培育統一的條件。

這所謂「聯合方式」，國際間行之多年，而且所在多有，例如西歐先有歐洲共同市場，現在則已單一化而成爲歐洲聯盟，簡稱爲「歐聯」。世界最大的「共同體」，乃是聯合國。但與我們的中華命運共同體，有一最大的差異，就是它們的目的只限於聯合，不再要求統一，而我們的共同體乃以統一爲目標，是爲統一而聯合。

參考世界各種聯合方式，我們的共同體應有下列各項特徵：

一、它是由中華民國、中華人民共和國以及西藏、蒙古、香港、澳門等中華民族的國家或政治實體自由參加而組成。但它們各自擁有其固有的土地、人民、主權及其政治體制和權力，不受侵犯或限制。

二、它將設置會員國領袖的高峰會議、祕書處和特種委員會。

三、會員間應實施通郵、通商、通航、通財和各種相互交流。

四、它將設置國家統一委員會，討論促進自由民主均富均權的統一方式。各委員就其本身有關的重要事項享有否決權。

他日統一的條件如果成熟，國家就能統一；如果一時尚難統一，則因彼此能在共同體中和平共存，互助合作，關係便能維持，以待統一的水到渠成。

中華命運共同體雖然這樣重要，但尚未爲有關方面所重視，我希望兩岸愛國憂時人士能組織一個促進會，以研究、座談、遊說和請願等方法，建立共識，促其實現。國家幸甚！人民萬福！

八十三年二月一日

(附載)促進民族共榮統合之讜論

——對陶百川先生〈以聯合謀統一〉一文之闡釋

《中國時報》社論

國策顧問陶百川先生，昨天在本報發表〈調整國統綱領以聯合謀統一〉一文，對解決當前兩岸互動關係，策定未來中國統合之計，提出務實而富創意之方案。陶先生憂心大局，坦切陳詞，我們披覽再三，深爲感佩。衡諸目前局勢，兩岸各方，倘能針對本案深入研討，應可啓發新義。

兩岸關係爲當前全中國最關重大的課題，任務之艱鉅，影響之重大，無與倫比。近年來海內外各方俊彥，爲國籌謀，抒發讜論，不乏其人，然就目前情勢而論，陶先生之方案確有其値得格外重視之處，試分別析論如下：

第一，就方案之緣起而言，雖然兩岸交流互動屢有進展，雙邊實質關係與日俱增，惟彼此互信仍嫌不足，以致常有僵局橫亙其間。誠如陶先生所言「中共現在沒有這個耐心了，因爲我方在國際間一些造勢活動而更感疑忌，自更不利於雙方的和諧和安定」。須知雙方關係不進則退，退則影響兩岸安定和平。我方雖依據國統綱領推展兩岸關係，然近程階段之嚴格自限，終將遭遇難以突破之困局。我們曾不止一次建議，何妨將進度推至中程，求其兩階段畢其功於一役，乃因縮短近程，推動中程方能達到根本解決問題之目標。陶先生之立論，我們深以爲然。

第二，就方案之原則而言，陶先生主張「以聯合謀統一」，即是透過「中華命運共同體」的建立，以聯合方式增進合作，維持和平，培育統一條件。觀察當前兩岸關係，雙方人民同文同種，民族情感斷難割裂；而經貿互補互利，更有極大發展空間。倘能經由合作組成共同體，則自可加深互信，和平共濟，使兩岸人民同蒙其利，進而可爲未來統一創造堅實基礎。中共國臺辦主任王兆國日前與我方海基會祕書長焦仁和會談時，便共同確認兩岸關係應當看大處、遠處，爲振與中華民族而努力。王氏更以古詩句「各讓一尺又何妨」互勉。兩岸果能以此共識爲準，達成合作聯合，何難之有？

第三，就方案之具體辦法而言，陶先生之方案，係由包括中華民國和中華人民共和國在內的中華民族的國家或政治實體自由參加，組成「中華共同體」。而其成員各自擁有固有的土地、人民、主權及政治體制和權力，不受侵犯和限制。此一辦法確認中華民國和中華人民共和國同屬平等之兄弟關係，也符合中共領導人屢次聲明的「我不吃掉你，你也不吃掉我」的原則。在全中國達成統一之前，此一相互尊重，平等共容的聯合關係，乃是必經之過程，無可省略。然而共同體之組成絕非終極目標，而必須以統一爲指向。因而陶先生進一步提出共同體內部應開放直接三通和實施各種交流合作，並設置會員國領袖高峰會議，以及常設性的祕書處、特種委員會、國家統一委員會等，期使以統一爲指向的共同體，能獲致朝向統一目標發展和運作的具體保證。特別在設置國家統一委員會的機構功能上，確認以促進自由民主均富均權爲目標，而各成員就其本身有關的重要事項更享有否決權，使國家在達成統一過程中，各成員的立場和利益均受到公平待遇，排除強制併吞之可能。陶先生設想與規劃更是周密嚴謹。

第四，就方案之態度而言，陶先生明確指出「他日統一的條件如果成熟，國家就能統一；如果一時尚難統一，則彼此能在共同體中和平共存，互助合作，關係便能維持，以待統一的水到渠成」。此一認識與前述佈局可謂一以貫之，旣合乎民族共同利益，也呼應了和平、合作、繁榮的區域整合原理。兩岸隔絕對立數十年，一旦尋求重新統合之道，首需自和平共濟開始，而和平共濟之形成，自須經過一段實踐的過程，其時間之遲速，非人爲因素所能完全主控，應以耐心等待客觀條件之成熟。此種態度，務實而理性，是處理歷史問題必要的體認。

綜合而論，陶先生所提成立「中華命運共同體」之方案，與一般政治學上的邦聯體制若合符節。美國今日之統一局面，卽是由最早的北美十三州，演進而爲邦聯，再經整合，而形成今日之聯邦體制。十三州之發展爲邦聯，固有客觀上的誘因和動力，然其統合過程，亦充分照顧到各成員的對等立場和利益，終能在共利共榮因素下以聯邦制達成統一。我們在兩年前創辦《中國時報周刊》的發刊詞中，卽已明白提出兩岸合組「中華邦聯」的主張，今讀陶先生宏文，有進一步更具體的構思與安排，殊堪欣慰與欽佩。

惟不論兩岸同組「中華共同體」或「中華邦聯」，首需從目前狀態邁出第一步，而兩岸簽訂和平協議，應爲邁出第一步之關鍵環節。倘和平協議果能簽定，則國統綱領由近程進入中程之顧慮可除，直接三通和經濟合作自可開始，「中華共同體」或「中華邦聯」之組成，即可經由兩岸之磋商，按階段逐步推進。登高必自卑，行遠必自邇，面對民族共利的美好前程，這第一步攸關重大，雖舉步艱辛，然勢在必行。

世局在變，兩岸情勢也在變，中華民族的分裂對立，不容任令長期遷延不決。即便再艱鉅的課題，憑藉中國人的智慧與能力，必能找到合理可行的解決辦法。「中華共同體」和「中華邦聯」理出一轍，在當前兩岸互動頻遭障礙的僵局中，不失爲紓解困境，打開局面的最佳良方。

八十三年二月二十二日

調整國統綱領以利共存共享

報載行政院大陸委員會日前發表聲明，否認國統綱領的進程規劃將加以調整。陸委會強調，目前兩岸關係仍處於國家統一綱領的近程階段，政府並未爲因應加入GATT或屆臨一九九七年香港大限，規劃兩岸關係進入中程階段並實行直接通航通商。

邁入中程何必否認

我則以爲陸委會這個聲明並無必要。正好相反，我以爲，臺峽兩岸相處之道現在就應通過近程，邁入中程，以㈠建立對等的官方溝通管道；㈡開放三通；㈢共同開發東南沿海地區，並推進到其他地區，以縮短兩岸人民生活差距；㈣共同參加國際組織；㈤推動高層人士互訪，以創造協商統一的有利條件。

這些措施都是現在應做而且可能做好，以利吾國。但因它們都被國統綱領列入中程階段，須待近程階段完成後方可接辦，而近程階段應該完成的事項，例如中共必須開放輿論，實行民主法治，以和平方式解決一切爭端，在國際間相互尊重，互不排斥，凡此都是正大光明，可嘉可行，但是目標很遠，範圍很大，「俟河之淸，人壽幾何！」所以正本清源，報載陸委會乃有調整該項目標和範圍之說，這本是明智之舉，但現在卻經該會否認了。

三邊會談惜未舉行

回憶遠在中美斷交之初，我就呼籲兩岸關係必須調整，以求和平共存、和平協商、和平共享以至最後的和平統一。但是形格勢禁，統一與和平兩者都是僵局。民國八十一年國家統一委員會成立，我獲聘爲委員，立卽提議制訂國家統一綱領，並建議在公佈前在香港舉行三邊會談，先與中共取得協議，共同遵守。後來綱領雖獲訂頒，但會談未能舉行，雙方乃各行其是，統一綱領乃被譏稱爲「不統一綱領」。

現在爲了共存共榮共謀共享，我建議我政府即速跳過國統綱領的近程而進入中程，與中共直接溝通，隨時協調，高層互訪，以利和平統一。至於近程未竟之功，可在以後繼續辦理。如此則近程中程可以兼顧。

民國十二年國內軍閥割據，內戰不已，孫中山先生曾發表「和平統一宣言」，指出：「文今爲救國危亡計，以和平之方法，謀統一之效果，……在統一未成以前，四派暫時畫疆自守，各不相侵，內部之事，各不干涉，先守和平之約，以企統一之成。」

維持和平便能統一

好在毛澤東、周恩來和鄧小平都認爲統一可能需時一百年甚至更長。我想以一九四九年兩岸分離時算起，一百年尚剩有五十年，雙方正可善加利用，依照主從緩急共謀如何調整國家統一綱領，以適合共同的和個別的需要。「先守和平之約，以企統一之成」。不知中共以爲何如。

八十三年七月十八日

「走向天堂也向地獄」

——展望中國的民主與統一

一

四年多前，我出版一本論文集《走向天堂也向地獄》，那個書名，是英國大文豪狄更斯名著《雙城記》中的一句開場白。他寫道：「那是最好的時代，也是最壞的時代；那是智慧的時代，也是愚蠢的時代；那是信仰的時代，也是懷疑的時代；那是光明的時季，也是黑暗的時季；那是有希望的春天，也是絕望的冬天；我們的前途有著一切，我們的前途什麼也沒有；我們大家在一直走向天堂，我們大家在一直走向地獄。」狄更斯寫的是法國大革命時代的一個小故事。那個時代確實是美好，也是惡劣，法國人是在走向天堂，也在走向地獄。我們現在如以民主和統一而論，也處在一個美好和惡劣的時代，正在走向天堂和地獄。

二

先看民主。我國自有信史以來，自始就沒有民主。孟子雖強調過：「民爲貴，社稷次之，君為輕」，但它只是一種民本思想，未能落實於政治。辛亥革命成功，孫中山先生當選為大總統，可惜在位僅三個月就為袁世凱所逼退，而袁則自立為王，以後是軍閥混戰，國家分裂。民國十八年中國國民黨北伐勝利，但訓政開始，一黨統治，雖宣告六年後可以還政於民，而因中日戰爭未能實現。政府遷臺以後，大陸則由共產黨專政，臺灣也戡亂戒嚴。幸而蔣經國總統從民國七十六年起，大發宏願，解除黨禁、解除戒嚴、解除報禁，於是臺灣在經濟奇蹟外，更創造了政治奇蹟。大陸同時也開始了改革開放，形勢頗好。我們雙方都開始進入美好的時代，走向天堂。

但是民主畢竟不像一般人所想像的容易。從寡頭政治轉進而成為民主政治，勢必牽涉到思想問題和利益關係。思想保守的人和既得利益的人對變革往往不易適應而羣起反對。反對派又往往不擇手段，操之過激，先之以惡聲，繼之以暴力，這也激起反響。雙方相激相盪，社會為之不安，改革就遭挫折。

三

在臺灣，李總統在一次青年節講話中也不得不承認：「我國正走在歷史的十字路口。」而所謂「十字路口」，就是狄更斯所說：「走向天堂，也走向地獄」。這豈不是很嚴重麼！

至於大陸的處境，則更遠不及臺灣。中共對民主自由問題，仍採兩手策略：一手推動經濟建設，但另一手則堅持「一個中心，兩個基本點」，而「兩個基本點」是要以「四個堅持」去「抓住」「改革開放」，則勢將拖垮「經濟建設」。於是民主更遙不可及，而統一就無從談起了。

提到統一，北京方面的政策方針是「和平統一」，「一國兩制」，臺北方面則是「自由民主均富統一」，兩者顯有距離，但非不能拉近。近來大家都在談善意和誠意，我以為以大對小，須有善意，以小對大，須有誠意。我以為北京對臺北的善意先須加強，以減少臺北對北京的疑懼。至於臺北對北京的誠意則已有國家統一綱領可作證據，而它乃是我所提議和參與制訂的，我的誠意和善意，自信可對天日。

四

但國家統一綱領全文僅七百多字，精義難以表達，更未能包含實施辦法，以為落實，而近程部分尤難突破。我將建議制訂近程綱領實施細則，列舉實施辦法，化簡為繁，循序推進。如果經歷相當時間而猶難完全實現，則准延至中程繼續推行，不可任其拖住近程而延誤中程。

請以我們要求於中共的民主政治為例，在近程階段，先須實現兩項：一是言論新聞的自由，臺灣的報紙得在大陸設航空版和辦事處；二是集會結社的自由，臺灣的黨部和社團得在大陸公開運作。臺灣當然會以直報直，平等互惠。至於其他民主政治應有的宏規，我們可在中程和遠程階段逐一提出，不必就想畢其功於近程的一役。但是近程綱領所規定的以和平方式解決爭端並在國際間互相尊重互不排斥，則雙方必須嚴格執行，以利進入互信合作階段。

五

統一程序這樣便能由近程進入中程，國統綱領規定中程應循的四條原則，我建議以「三聯統一」的「聯合」或「聯盟」作爲架構以資落實。我把那種聯合形式定名爲「中華共同體」。現在提出下列構想：

一、本共同體之宗旨爲聯合海內外之中國人，在和平對等互惠的前提下經過適當時期的坦誠交流、合作和協商，建立一個民主自由均富均權統一的中國。

二、本共同體各會員各自擁有其土地、人民、主權及其政治體制與權力，不受侵犯或限制。

三、本共同體每半年舉行代表會議，處理會務，必要時得舉行高峯會談。

四、本共同體設祕書處，作爲會員間的溝通管道。

祕書處置祕書長一人及副祕書長若干人，由會員派員充任，每會員各有一人。

五、本共同體會員間應實施通郵通商通航通財及各種相互交流。

六、本共同體各會員在一個中國的前提下得以其本身名義參加國際組織並與他國交往。

七、本共同體會員間如有爭執，應以和平方式解決之，不得使用武力或武力威脅。

八、本共同體會員得隨時退出本共同體。

九、本共同體設國家統一委員會，討論促進自由民主均富均權的統一方式。各會員就其本身有關的重要事項享有否決權。

六

在國家統一的中程階段，以這樣的中華共同體作爲聯合形式的過渡安排，可謂務本務實，能快能慢。因爲他日統一的條件如果成熟，詢謀僉同，國家就能早日統一。如果一時尚難統一，則因彼此能在共同體中和平共存，互助合作，並在一個中國的原則下一致對外，則關係便能持久，統獨乃可休兵。豈不善哉！

依照國統綱領中程規定，那時兩岸高層人員已可互訪（第四條），雙方自可商討中華共同體問題，尋求共識。

最後爲了落實國統綱領遠程部分的構想，我曾經仍以「聯」爲指導原則，建議採取二元合作聯邦制（Cooperative dual federalism），使中央與地方都應享有適當程度和幅度的權力，各取所需，各得其所。

聯邦制的模式頗多，成效懸殊，美國式比較公平，所以也比較穩固，而蘇聯的崩潰便是因爲聯邦政府過分侵佔了加盟共和國的權力和利益。我國將來規劃統一，便當以蘇聯爲殷鑑，而須採取二元合作聯邦制。

中國統一的百年大計

兩個或更多的分裂國家要統而爲一，本來是很困難的。試看二次大戰後，西德復興很快，力謀統一，但在一九七三年不得不認爲統一已不可能而與東德訂立條約，規定雙方互尊主權、獨立、自由和領土完整。從此德國可能永久分裂。

至於中國，海峽兩岸當局雖都說要統一，但是形格勢禁，迄今還遙遙無期。

面對統一之難，我一向不敢樂觀其速成，所以多年前提過一個口號：「今天兩個中國，明天一個中國」。而今天的兩個中國要能統一爲一個中國，我又建議必須通過三個階段：一是現在的相持階段，二是將來的合作階段，三是最後的統一階段。統一不可能一步登天，但也不可毫無作爲，更不可反其道而行之。

完成統一究竟需要多長時間呢？引用中共幾位領導人的話，它可能是十年八年，也可能是一百年。鄧小平早就這樣說過。今年（一九八五年）一月三日香港《文匯報》還登載他所說的：「一百年不統一，一千年總要統一」。他也說過：中國是個忍耐的民族，他們能夠等得很久。

這些話實在不假，試想中共擬以一國兩制統治香港，在一九九七年後尚需五十年不變，對於與臺灣的統一，自更需要較五十年更長的時間了。

實事求是，我認爲和平統一乃是「百年大計」，所以提出以百年爲期的計畫。它包括左列四個方針：

一、以宣傳休戰，培養和諧氣氛。

二、以外交休戰，發揚大漢聲威。

三、以主權聯合，保障和平共存。

四、以民主建設，促成國家統一。

請略加說明。

首先必須培養海峽兩岸當局之間的和諧氣氛，以期逐漸化解怨恨。例如臺北方面不可再用「共匪」「鄧矮」等字樣，北京（還有仍稱「北平」的必要麼！）方面也不可再作「封鎖」「用武」等威脅。雙方並須避免就對方作幸災樂禍的表示。

其次，外交方面也須休戰。現在兩個中國乃是事實，而將來必須統一，也是雙方的國策。則在外交方面彼此容忍，對於現在大局和未來歸趨並無大礙，而且殊途同歸，發揚大漢聲威。

臺北方面過去堅持「漢賊不兩立」，現則退避遷就，百般忍讓，但北京方面則猶似「葉公好龍」，不肯面對眞龍。近如它突然拒絕參加美國大西洋委員會的臺灣問題學術討論會，遠如拒絕參與世界女子壘球隊在臺北舉行的球賽，其僵硬頑固，比較臺北昔年的「以不變應萬變」，尤且過之，則如何能使臺北接受談判，討論更大的問題！

但是「相罵無好聲，相打無好拳」，中國現在正處在相罵的階段，相互間不獨不會有好聲，而且可能大打出手。所以必須有和解的了解和相關的安排，而後方能言歸於好。於是我乃提出第三個方針：「以主權聯合保障和平共存」。它具有承前啓後的主導作用。

何謂「主權聯合」(sovereignty association)？是兩個具有主權的政治實體的團結和合作。好像聯合國，它就是許多國家爲維持世界和平和互助合作俾能共存共榮的一個國際組合，會員國各自保有固有的土地和主權，而不把它們讓渡給聯合國。

本這模式，我提出左列原則：

甲、在國家和平統一前，中華民國和中華人民共和國雙方應在經濟、貿易、文化、科技和社會方面互助合作。

乙、雙方各派代表三人組織聯絡小組，掌理聯繫、合作和協調事宜。

丙、雙方各自保有現有的人民、土地、主權及其政府法制、立國原則和國防設施，互相尊重，不得干涉。

丁、雙方保證以和平方法解決爭端，以溝通協調增進共識，不得使用武力或以武力相威脅。

戊、在經過一段和平共存時期後，雙方互派代表成立國家和平統一計畫委員會，討論統一事宜，但對重大事項各擁有否決權。

上列戊項所稱商討和平統一計畫的時間，似應定在西曆二〇五〇年以後。因爲那時中共統治香港已滿五十年，它的政策是否在一九九七年後五十年不變以及它的信用和政績是否使人悅服，那時已見分曉，如果一切都好，和平統一應有很大可能。

但是還須看大陸的民主建設是否能夠保障人民的自由和福利。所以我尚須強調第四個方針：「以民主建設促成國家統一」。

理由很簡單，假使中共老是固執它的四個堅持，臺灣人民怎會願意跟它統一於社會（共產主義、人民民主（無產階級）專政、馬列主義和毛澤東思想以及共產黨一黨專政呢！不要以爲六十五年後中共一定已經民主化，但願如此！可是鑒於蘇聯革命建國已達六十八年而仍堅持馬列主義和一黨專政，我們能不把民主建設作爲促成國家統一的原則和條件並訂在百年大計之中麼！

中共正向香港和臺灣兜售一國兩制。所謂「兩制」乃是共產制度和資本主義制度，但資本主義制度必須包含民主制度——爲民所有、爲民所治和爲民所享的法制及其實踐。沒有民主制度，就不可能有資本主義制度。然則中共眞的會在香港實施民主制度麼？

如其然也，中共可能會在中國大陸也實行民主。如果大陸民主化了，則在臺灣的政府和人民自必欣然與大陸相統一。

但是尙有兩點也很重要。第一，中共對香港可用一國兩制過渡到一國一制，而它與中華民國的統一，則必須先用兩國兩制，而非一國兩制，然後方能達成一國一制。但那一制必須是民主制度，而不是共產制度。

其次，中共應已知道它所以能夠穩定香港的人心，它的「一國兩制五十年不變」的諾言和號召，起了極大作用。以此爲例，臺北和北京如果早日提出百年大計及其百年不變的承諾，雙方談判方有可能，並爲人民大衆所樂觀其成。

可是我懷疑雙方能有那樣的誠意，我也懷疑中共不會封鎖臺灣。如果如此，和平統一自不可能。而封鎖便是戰爭，因爲臺北必將以兵力護航，打破封鎖，於是戰爭就起，則受害者不僅臺灣，中共也將損兵折將，而且惹上侵略好戰的罪名，縱使佔領臺灣，也是得不償失。

天佑中國！雙方能用更長時間和更大耐力，照我的第三個方針，「以主權聯合，保障和平共存」，同時也以和平共存，保障主權聯合，持之以恆，非到民主實現，雙方同意，決不強求統一。這樣分工合作，損多補少，互助互利，共存共榮，不出百年，和平統一必能水到渠成，豈不善哉！

七十四年三月十八日

今天兩個中國明天一個中國

美國新國務卿穆士基，在上月二十二日國家廣播公司「會見報界」特別節目中答覆記者的問題時，說：「兩個中國與美國的關係繼續不斷的美好。」

一位新聞記者在報導這句話時推測中共一定感到大出意外而血壓上升。因爲中共一直確信從中美斷交之日起，美國不再承認兩個中國，並以臺灣作爲中國的一省。而今美國國務卿居然尙稱「兩個中國」，豈非不可思議！

可是那天穆士基的話中接著補充一句：「雖然雙方承認有兩個『實體』(entity)，但不承認兩個中國。」該一記者於是指出這是穆士基發現了他的錯誤而作的補救。但我認爲儘管加了那個補充，穆士基的意思仍是這樣：兩個中國的雙方雖然都不承認兩個中國而認爲只有兩個政治實體，但那兩個中國與美國都處得很好。換言之，穆士基國務卿的心中和口中仍以爲中國有兩國，而不僅一個。

然則我們作何感想呢？我們是一則以喜，一則以懼。因爲我們口中雖只有一個中國，但心中卻有兩個中國，而爲著目前的戰術需要，口中尙須強調一個中國，以維持臺灣當前的自主和生存。

怎樣解決這個矛盾呢？我曾提出：「今天兩個中國，明天一個中國」，以期對二者都能兼顧。

六十九年七月五日

廢三不過三關達三通

隨著行政部門的改組，本來陷於僵局的兩岸關係和統一問題，突然活絡起來，而以總統府邱進益副祕書長的外調爲海基會祕書長爲其關鍵。每次友人與我談到國事，輒以此爲話題。頃因《聯合報》民意論壇編者向我索稿，我乃摘述與客人問答的一部分以應命。

三不本來不是政策

客問：邱祕書長進益日前提出要調整三不政策，你看有什麼特別意義？兩岸關係是否就會有重大突破和進展？

我答：我不認爲有重大的意義。因爲三不不能認爲是國家的政策，而且早已有所調整了。我想到民國七十六年五月我曾向蔣經國總統建議解除三不的束縛。他說三不並不重要，我們還有「五不」，而新增加的「不迴避」和「不退讓」，已經調整了三不的作用。

在那次談話後，我提出了「新三不」的構想：「不恐懼，不迴避，不投降」。意思是我們不可恐共，可與中共接觸、開談和協調，但不能向它投降。

於是大家又憂慮國家統一綱領近程所設置的關卡使中程和遠程的美意難以落實。這便如何是好。

我以爲如果雙方眞的都有足夠的善意和誠意，則困難並非不能克服。因爲我了解國統綱領是旨在改善兩岸關係，和平完成統一，而不是要增加困難。我希望中共能有同感。

近程三關不難通過

時論所指近程綱領中的關卡，一是臺北要求中共不否定中華民國爲對等的政治實體，而這是中共揚言不接受的。但是中共也應想一想：臺北已經好不容易地不否定中共政權爲政治實體，而不再視其爲叛亂團體，而且國統綱領又是那麼謙虛和寬厚，只要中共「不否定」而已，如果中共抹殺臺北這點好意，則統一眞將無從談起了。所以我希望中共不致爲這一關所卡住，使統一近程能夠順利過關。

其次，近程綱領的第二關，是「並在一個中國的原則下，以和平方式解決一切爭端」。這就是中共不得用武力攻臺的依據，這是臺北所必須堅持的，而中共則迄今猶大聲恫嚇，毫不鬆口。但中共何以不理會綱領所用的謙卑的文字——「在一個中國的原則下」！這是說，如果臺灣有人搞一中一臺，中共便不會受「不用武力」的約束。我因而也要提醒臺灣的朋友們不要放言臺獨，以免授人以柄。於是中共沒有再不摒棄用武的立場了。

統一以聯合作過渡

最後一關是「在一個中國的原則下……在國際間相互尊重，互不排斥」。這裡又是以「一個中國」爲條件和前提，臺北受著很大的自我約束。我希望中共能夠接受臺北這個謙虛寬厚的要求，不再在國際間暴露同室操戈的醜態。東西德不是曾在國際間有並存的空間而仍能統一麼！蘇聯昔年不是讓俄羅斯和烏克蘭與它同進聯合國麼！

報載臺北當局頗想在三年內結束近程，邁向中程。中共如果也有此意，而通過三關，則那時三通全通，高層互訪，和平共存，互助共榮，內謀統一，外揚國威，豈不盛哉！

我預料中共那時就會要求隨卽統一。我恐尙不可能，但我們也不可束手縮脚，不再前進。我曾規劃了一套「以聯合謀統一」的過渡辦法，由中華民族有關各方面組成中華共同體，作進一步的合作、互助，同時也可觀察測試，以發現眞實，一俟中共調整了四個堅持，策進了自由民主，則統一便水到渠成，永慶昇平。

八十二年三月三十日

五不調整三不但是不能投降

日前海基會新任祕書長邱進益先生，提出調整「三不」的構想，很多人認爲有重大的意義，有人贊成，有人疑慮，《聯合報》記者先生詢問我的看法。

我因而想起民國七十六年五月，因事拜訪蔣經國總統，我向他建議調整三不。他說，三不已不重要，我們已有「五不」，而新增的兩不：不迴避和不退讓，已能調整原有的三不。

在那次談話後，我提出「新三不」的新構想：「不恐懼，不迴避，不投降」。意思是我們不可恐共，它沒有什麼了不起，因而我們不妨與中共接觸、開談和協調，在「有取有予」的原則下，我們也可作適度的妥協，以換取相等的利益，但是不能向它投降。

我希望邱祕書長也能有這樣的理解和界限，則推之挽之，我樂觀在李總統未來三年的任期內，兩岸關係和國家統一能夠進展到國統綱領所預期的互信合作的中程階段。至於過了那個階段的兩岸關係，我就不敢這樣樂觀了。

八十二年三月二十四日

三不能算是基本國策麼？

近來行政院答覆立委質詢以及新聞局答覆新聞記者詢問時，都又強調「三不」，並認爲那是「基本國策」。有的報紙並用大字標題登在顯著地位。

但這三者眞的是我國的基本國策麼？請看看有識人士的批評！請聽聽很多人民的心聲！再請查詢一下友邦人士的反應！我們還可再強調這種消極無爲的所謂「國策」麼？

中共幹部對我何懼？

——略述我對和平統一的認同和戒愼

《中國時報》記者日前問我是否有人近自大陸探親回臺，說道：一位中共幹部對他表示：「陶百川是個人才，臺灣如果多有幾個陶百川，我們的打算就完蛋了。」

完蛋似指統一問題

但我不知所謂「完蛋」究何所指？我那有這等能力？我猜想可能是指國家統一，因我對此很早就很重視，而且用力頗勤，建議頗多；但我對中共的獨大心態和急統要求（他們的打算）也不敢掉以輕心，從而作出了一些戒愼的對策，以致那位幹部感到不安。

試以三通爲例。中共是利在速通和全通，但我方則要它先過「三關」，以策安全。我恐雙方相激相盪，加深敵意，於是鼓吹「通信不通郵」、「通貨不通商」、「通運不通航」，把中共的「三通」和我們的「三不通」糅和在一起而各取所需，以期相安無事。但中共尙感不夠痛快，我方也在設法抽薪降溫。雙方對我乃都感到啼笑皆非。

此外，我也首先質疑所謂「三不政策」，我主要將其改爲「不恐懼、不迴避、不投降」。

——我首先鼓吹開放探親，我看了「四郎探母」而撰文呼籲：不要讓鐵鏡公主專美於前。

——我首先在國家統一委員會提案頒訂國家統一綱領，並主張循序漸進，把統一進程分爲初階（初級階段）中階（中級階段）和高階（高級階段），後經國統會改良爲近程中程和遠程。改得好！這是明示統一大業不容停頓，但也不能急進。

三聯統一三程落實

——我首先發起在國統綱領公佈前應與中共溝通協調，一方面在香港舉行「三邊會談」，同時要求陳立夫和李璜兩先生接受中共那時對他們的邀請，順水推舟，與中共高階層交換意見，以利國統綱領的推行。

——我首先提出「三聯統一」，並要它與國統綱領的三程相結合，以聯絡推展近程，以聯合充實中程，以聯邦保障遠程。我更設計了一套組織，以原有的海基會(海協會)爲聯絡，以中華共同體爲聯合，以中華聯邦共和國爲統一，使三聯統一和三程統一結爲一體，相得益彰，皆大歡喜。

——我首先向我政府呼籲對民國八十年六月七日中共中央的三項建議作出回應，我而且規劃了回應的辦法。可是葉公好龍而怕見眞龍，我政府直到最近方接受中共海協會的邀請而有辜汪會談。

過關不難中共加油

——我首先發掘出國統綱領所蘊藏的善意和誠意，敦勸中共努力通過國統綱領近程的三道「關卡」，以進入中程。這三道「關卡」，一是「不否定對方爲政治實體」，二是「在一個中國的原則下以和平方式解決一切爭端」，三是「在一個中國的原則下……在國際間相互尊重，互不排斥」。這所謂「三關」，都以「一個中國」爲先決條件，臺北已夠寬厚和自制，所以必將堅持，但對北京不是苛求，北京稍加努力，便能順利過關，自宜早日作出善意的回應。

我以上列八種構想幫助政府築成通往統一的大道，「逢山開路，遇水搭橋」。我想這是中共所樂見的，所以有人譽我爲人才。但因我同時也在路中設置了一些紅燈，劃上了幾條斑馬線，強制行人和車輛必須「停看聽」，則又不免使人感到不方便，於是謗亦隨之而來。但是那有鬧市的馬路可以不受管制的！我在統一的大道上所設的一些管制措施，都是基於一番善意和一片婆心，希望有志於統一的人終能接受，以走上坦途，完成統一，各得其所，永享太平。

八十二年五月八日

鄧小平的說法和我的看法

中共六月二十八日公佈鄧小平六月九日對北京戒嚴部隊軍級以上幹部所作「平息暴亂」的講話。並把它當作「統一全黨思想認識」的綱領性文件，發動全黨、全國、全軍各級幹部都須學習。（這個講話的英文本已由香港《南華早報》六月二十日全文刊登，次日就由《中國時報》譯載，現在經我核對，稍有出入，但大體相同。）

事態嚴重僅賴老人

我把它一再細看，發現一些言外之意，簡述如左：

一、鄧把那次學運看得很嚴重，他說：「這場風波遲早要來。這是國際的大氣候和中國自己的小氣候所決定了的，是一定要來的，是不以人們的意志爲轉移的。」而且他把它定性爲：「一是要打倒共產黨，一是要推翻社會主義制度。」這是說，鄧已發現中共四十年來的統治，已經惹得天怒人怨，中外同憤，所以他們群起反對。千眞萬確，這已不是什麼危言聳聽或造謠中傷了吧。

二、鄧又說：「而現在來得對我們比較有利。最有利的是，我們有一大批老同志健在，他們經歷的風波多，懂得事情的利害關係，他們是支持對暴亂採取堅決行動的。」這是說，在那次風波中，中共幸而還有老同志在當家作主，因爲那些年輕的領導人和幹部都是靠不住的。是則五年十年後，老同志都去見毛澤東時，打倒共產黨的運動可能再起，那對中共自必沒有現在這樣「有利」了，但對大陸的自由民主運動自必有利。

三、鄧又說：「處理這件事對我們軍隊是一次很嚴峻的政治考驗，實踐證明，我們的解放軍考試合格。如果用坦克壓過去，就會在全國造成是非不清。讓大家看看，解放軍究竟是什麼人，有沒有血洗天安門，流血的到底是誰。」難道鄧小平眞的不知軍隊以坦克壓人和機槍掃人麼！那倒未始沒有可能，因爲他住在深宮密院，耳目閉塞，而袁木等人又敢公開說謊，說天安門沒死一個學生。但那些軍頭聽了鄧的褒獎，一定在竊笑鄧是可欺或當面說謊。

四、鄧大肆攻擊美國，說它不配批評中共鎭壓學運。他說：「他們處理國內學潮和騷亂，還不是出動了警察和軍隊，還不是抓人、流血？他們是鎭壓學生和人民，而我們則是平息反革命暴亂。他們有什麼資格批評我們！」（但他卻沒有指摘臺北）然則美國是否將與中共翻臉呢？我看未必。

艱苦創業逝者如斯

五、鄧以三分之二的講話時間強調中共今後努力的方針，是要以六十年到七十年的「艱苦創業」精神，「達到一個中等發達國家的水平，增長速度爲百分之二點幾就夠了。這就是我們的戰略目標。」

六十年或七十年，這將是多麼長遠和艱苦！在過去十年中，中共的經貿未始沒有一些進步，那應歸功於它的改革開放。但是鄧小平卻同時強調今後必須格外致力於四個堅持。他說：「四個堅持本身沒有錯。如果說有錯誤的話，就是堅持四項基本原則還不夠一貫，沒有把它作爲基本思想來教育人民，教育學生，教育全體幹部和共產黨員。這次事件的性質，就是資產階級自由化和四個堅持的對立。」鄧小平這樣強調四個堅持，必將妨害改革開放。目前已受到惡報，今後自必更慘。

六、但是下引鄧小平的一段話，對許多暴發戶未始沒有一點警惕作用。他說：「建國以來我們一直在講艱苦創業，後來日子稍微好一點，就提倡高消費，於是各方面的浪費現象蔓延，加上思想政治工作薄弱，法治不健全，什麼違法亂紀和腐敗現象等等，都出來了。我對外國人講，十年最大的失誤是教育，這裡我主要是講思想政治教育，不單純是對學校青年學生，是泛指對人民的教育，對於艱苦創業，對於中國是個什麼樣的國家，將要變成一個什麼樣的國家，這種教育都很少，這是我們很大的失誤。」但我不信在四個堅持下中共能夠挽救那些腐敗和頽廢。

最後，我附帶報告一些消息和看法：

趙紫陽還能再起麼

一、這次學運的禍端起於鄧小平過早說要在今年八月退休，而照中共的黨內倫理，趙紫陽既是總書記又是軍委會第一副主席，當然應由他繼任，但這是楊尙昆等所不甘心的，於是內鬥遂起，今後自必更難擺平。

二、現在中共必將堅決執行「一個中心，二個基本點」的基本路線。所謂「一個中心」，就是經濟建設，應該繼續處於一切建設的中心。所謂「兩個基本點」，一是四個堅持，現在美其名曰「立國之本」，二是改革開放，美其名曰「強國之路」。但那些都是老調，十年來的實踐已經檢定它是自相矛盾，功效不大。

三、趙紫陽能否再起？觀於鄧在撤銷趙的軍委會副主席的提案中仍稱趙爲「同志」，趙可望不致被開除黨籍。又李鵬在四中全會指控趙的罪行，分爲三個時期：一、從四月十五日到二十二日，趙是容忍和放縱了學潮；從二十三日到五月四日，趙否定國內會有大動亂；從五月五日到十七日，趙將矛頭指向鄧小平（這是趙的致命傷），五月十七日，中共中央爲了戒嚴問題公開分裂，而趙在十九日親到天安門去看絕食學生，洩露了中央分裂的消息。但僅憑這些「罪狀」，中共如果對趙嚴懲，必難服眾，趙紫陽可能倖逃「法網」。日李鵬報告有一點很可重視，他指控趙紫陽在一九八七年元月中央書記處會議上公然聲稱，四個堅持以後只要講共產黨的領導這一項卽可以了，社會主義道路誰也說不清楚。我因而預見四個堅持不久難逃「無可奈何花落去」的惡運。

三種主義何者最好

四、提到社會主義（中共是指共產主義），我記起日前一位探親返臺的友人對我說，大陸民間現在流行兩個順口溜：（一）「社會主義制度好，資本主義生活好」；（二）「社會主義將來好，資本主義現在好」。這是說，兩者都好，可以共存。但是人民豈有不知生活比制度重要，現在比將來重要，所謂「制度好」和「將來好」只是陪襯和遁詞而已。

五、提到大陸社會主義和資本主義的比較觀，我對我們這裡的社會經濟狀況便不能無憾。我把大陸的順口溜略改爲：「社會主義名詞好，資本主義生活好，民生主義理想好。」

何以說民生主義「理想好」？因爲民生是指人民的生活，社會的生存，國民的生計和羣眾的生命；民生主義是要把這些問題統統解決，而且要「畢其功於一役」。這個理想豈不很好！但距理想還相當遙遠，而且臺灣有些地方，現在還不及過去。例如年來地價狂飆，房價飛漲，所謂平均地權徒託空言。又如作爲民生主義另一個大政策的節制資本——節制私人資本和發達國家資本，更是已置諸腦後和束諸高閣了。而由這兩例所生的弊害和後患，尤其在人心、風氣、教化和價値標準等方面，較諸那些典型的資本主義國家，尤爲嚴重，而我們卻束手無策，甚或視爲正常。

欣聞行政院李院長日前在立法院答詢時暢談民生主義，這是空谷足音，令人欣慰。我切望立此存照，行政院將大力貫徹民生主義，內以改善民生，外以示範大陸。

兩岸怎樣安度未來五十年

——三論兩岸和平共存統一之道

兩個多月前，我曾寫〈調整國統綱領以利共存共享〉，後來覺得意有未盡，特加申論，本文乃是三論了。

驚濤駭浪不可失控

我在申論中提到中共領導人毛澤東周恩來和鄧小平三人所說中國統一需要一百年甚至更長云云；如果如其所言（我也認爲不無可能），則推算尚剩五十年。在這五十年中，臺灣海峽可能是驚濤駭浪，來日大難。

友人楊志誠先生近自大陸考察歸來，寫信給我談到他的感想：「我們不要以爲大陸情勢的動盪是臺灣的機會。從歷史軌跡來探討，中共一向是採取『一致對外』來化解內部危機。激怒中共則無異於提供保守派反撲的機會，一旦有這種機會，保守派是不可能放過的。屆時，不僅我方難以掌控兩岸情勢，就連中共當局也很可能失控，不是任何一個階層或個人所能左右了，尤其在後鄧時代更應謹慎。」

然則我們怎樣未雨綢繆，思患預防呢？於是我回想到三年前設計的一套「三聯統一」，以「聯絡」、「聯合」和「聯邦」的三聯配合國家統一綱領的三個階段：近程、中程和遠程；先是把聯絡作爲近程的中心任務，包括聯絡感情和聯絡行動，其次是在中程階段以聯合（例如聯合國）作爲邁往統一的過渡方式，最後則以聯邦作爲中央政府和地方政府在統一後各取所需和各得其所的保證。

卡在近程進展維艱

但是兩岸關係現在卻卡住在近程階段而不能進展。因爲依照國家統一綱領所規定，近程有三項原則，標準稍高，不利於交流互惠。例如第一項「不否定對方爲政治實體」，這就很嚴重；又第二項：「大陸地區應積極推動經濟改革，逐步開放輿論，實行民主法治」，也不簡單；第三項：「兩岸應摒除敵對狀態，以和平方式解決一切爭端，並在一個中國的原則下，在國際間相互尊重，互不排斥」，則更不輕易。這些交流互惠的要求和保障，在臺灣是在所必爭，中共卻又不肯讓步，而且還急著要談判、要統一。照我的初步構想，這三項原則都不在近程範圍之內，而是國家統一委員會在討論該案時採用李總統的構想而增訂進去的。

如果要急起直追，謀求補救，我主張跳過近程，躍入中程，並把近程未竟之功留交中程一併施行。

國統綱領爲中程提出了四項任務：建立官方溝通管道，直接三通，協力互助參加國際組織，以及高層人士互訪。在三聯統一中，這是最重要的一環，通過此環，國家統一就完成了。

建立三聯統一機構

爲了推展這四項任務，尤其是其中「建立官方溝通管道」和「高層人士互訪」，我建議設置一個常設聯合機構，名之爲中華國協（Chinese Commonwealth）。

中華國協每半年舉行代表會議，必要時並舉行高峯會談。

中華國協設祕書處，作爲會員間的溝通管道。祕書處置祕書長一人和副祕書長若干人，由會員國派員充任。

中華國協設國家統一委員會，討論促進自由民主均富均權的統一事宜。

至於統一後的政治體制，我以爲必須實施聯邦制，而且必須採取「二元合作聯邦制」，使省政府與中央政府處於平等的地位，各自行使憲法賦與的權力，享受各取所需的利益。「統一而不集權，分治而不分裂」，也就是不集權的統一，不分裂的分治。

聯絡不够亟須補救

這樣重大複雜的工程，當事人自必各有重大複雜的意見，必須充分溝通和協商，以建立共識，調整步伐。國統會一部分同仁早在起草國家統一綱領時，就想與國內外有力人士先作溝通。我們爲爭取民進黨更多人數參加國統會，鄭重表示可以辭職以相讓，而爲與中共作溝通，我們籌劃在香港舉行所謂「三邊會談」。

在三聯中，我總以爲聯絡工作最易做，但那兩事卻都沒有結果，而兩岸關係乃不絕如縷。言念及此，不勝惶悚。

八十三年十月二十九日

以三聯統一化解紛爭保證幸福

——在「一個中國政策」學術討論會致詞

一個中國大勢所趨

何謂「一個中國」？依照中共的說法，「中國只有一個，它就是中華人民共和國，中華民國已經消失，臺灣是它的一部分」。

但是中華民國從大陸遷到臺灣以來，一直屹立於臺澎金馬，迄未消失，它也認爲中國只有一個，它就是中華民國，而中共乃是叛亂團體；年來政府結束戡亂時期，視中共爲政治實體，但認爲一個中國仍是中華民國。

在這兩大勢力之外，近來臺獨在臺灣大張旗鼓，推動一臺一中。它承認中共是唯一的中國，而爲建立臺灣共和國，它與中華民國勢不兩立。這對中華民國和臺灣，乃是雪上加霜，將來兩虎相爭，中共坐山觀鬥，不難把兩者手到擒來。

面對這種危機，國家建設基金會舉辦這次「一個中國政策」學術討論會，我相信必能提供一套健全構想，以化解三方面的爭執，進而團結全民，共謀長治久安的統一。我現在也提出一些想法，以求教於各位。

回憶兩年前國家統一委員會討論國家統一綱領時，我就想到要以三個「聯」字去配合國統綱領的三個階程：在近程以聯絡謀和諧，在中程以聯合求共存，在遠程以聯邦為統一。

我以為無論我們喜歡或不喜歡，一個中國乃是大勢所趨，一臺一中勢不可能。但是我們也不要急統。我們必須面面俱到，步步為營，臺灣二千萬同胞的安全和幸福，必須確保，政策不容錯誤，三聯統一就是為此而設計。我希望它能化解紛爭，保證幸福。

三給策略善為聯絡

現在我先說我們和中共應該怎樣聯絡。我曾建議要善用 give and take 的所謂給和取的策略：

給它面子，也要它給我們面子；

給它好處，也要它給我們好處；

給它希望，也要它給我們希望。我以為這一點特別重要。

但因雙方積怨很深，疑慮很多，一年多來聯絡並不順暢。例如為了文書查證和掛號郵件兩個問題，今年三月雙方會談了一次，因為中共要求在協議中標示一個中國原則，說那是國內事務，而非國際事務。我方認爲那是中共惡意糾纏，會議因而中斷。

上月底雙方又在香港會談，中共仍想夾帶一個中國原則以框住我方，我方乃用「一個中國的涵義」，要求中共尊重分裂國家兩個對等政治實體的現實。雙方都表示了立場，但又未獲共識。我認爲再糾纏下去也是徒費唇舌，惡化氣氛，則何如到此爲止，以便平心靜氣，商談正事。所謂正事，最急迫的是我方所要求的以和平方式解決爭端，在國際間互不排斥，以及中共所要求的三通四流。

把這些「正事」納入聯絡階段而畢其功於一役，當然是任重道遠，但是雙方不要統一則已，不要和解則已，否則雙方必須加強聯絡，只許成功，不許失敗。

聯絡如果順暢，敵意如果淡化，中共可能要求隨即統一。但是依照國家統一綱領，那時只能進入中程的互信合作階段。我曾把它比作男女婚姻大事中的訂婚階段，而尚不能進入洞房，以求安全。在我的三聯統一構想中，我規劃了一套聯合辦法。我把那種聯合早年定名爲「中華國協」（國協是英國現在與其他四十餘國的聯合模式），後又改稱「中華邦聯」（不是「中華聯邦」，邦聯是美國獨立初期的聯合模式），但最近因爲李總統在革命實踐研究院倡導「中華共同體」，我覺得它較好於「國協」或「邦聯」，我乃建議組織「中華共同體」，並提出下列組織綱要：

聯合過渡可大可久

一、凡贊成本共同體宗旨的中華民族各國家或政治實體都得加入本共同體。
二、本共同體的宗旨是聯合海內外中國人在和平對等互惠的原則下經過適當時期的坦誠交流、合作和協商，建立一個民主自由均富均權統一的中國。
三、本共同體的會員各自擁有其土地、人民、主權及其政治體制和權力，不受侵犯或限制。
四、本共同體每半年舉行代表會議，處理會務，必要時得舉行高峯會談。
五、本共同體設祕書處，作爲會員間的溝通管道。祕書處置祕書長一人及副祕書長若干人，由會員派人充任，每會員各派一人。
六、本共同體會員間應實施通郵通商通航通財和各種相互交流。
七、本共同體各會員在一個中國的前提下得以其本身名義參加國際組織。
八、本共同體會員間如有爭執，應以和平方式解決之，不得使用武力或武力威脅。
九、本共同體會員得隨時退出本共同體。
十、本共同體設國家統一委員會，討論促進自由民主均富均權的統一方式。各委員就其本身有關的重要事項享有否決權。

在國家統一的原則下，以這樣的中華共同體作爲聯合形式的過渡安排，可謂務本務實，可大可久。因爲他日統一的條件如果成熟，詢謀僉同，國家就能早日統一；如果一時尚難統一，則因彼此能在共同體中和平共存，互助合作，並在一個中國的原則下一致對外，則關係便能持久，而不必強求統一，於是統獨乃可息爭。

展望二元合作聯邦

但是中國問題還不可能就此解決，男女既已訂婚，當然「願天下有情人都成了眷屬」，而且「是前生注定事莫錯過姻緣」（杭川月下老人祠聯）。可是輕率的統一也非臺灣之福，所以我的三聯統一建議「以聯邦爲統一」，並須採取二元合作聯邦制（Cooperative dual federalism）。我因而強調統一的中國在自由民主均富的三個要素外尚須具備均權，就是中央與地方都應享有適當程度和幅度的權力，各取所需，各得其所。蘇聯之所以解體，便是因爲聯邦政府過分侵佔了加盟共和國的權力和利益。我國規劃統一，應以蘇聯爲殷鑑。我提出以臺灣爲例的十項想法：

一、統一後，聯邦政府不派軍隊進駐臺灣，也不調走臺灣的軍隊，臺灣可向外國購買並自製武器，以維持自衞兵力。

二、統一後，臺灣可保持其經社制度、生活方式和黨政軍特的各項組織。

三、統一後，臺灣可在一個中國的原則下行使外交權，包括參加國際組織，並與他國簽訂經貿協定和處理領事業務。

四、統一後，臺灣將有獨立的立法權，在不違背聯邦憲法的原則下，可制定自己的法律，作爲管理臺灣的基礎。

五、統一後，臺灣將有獨立的司法權和司法機關。大陸的法律規章不適用於臺灣；臺灣的最高法院有最終審判權，不必上訴到聯邦最高法院。

中共承諾右列五項

六、統一後，臺灣可用青天白日滿地紅的旗幟，並用「中華」或「中國」（China）的稱號；如果將來另定新的國號和國旗；則應一體使用。

七、統一後聯邦政府設兩院制的聯邦國會，它的上議院由各省議會選派代表二人參加組成，下議院議員則由各省人民普選產生。上議院獨自享有聯邦任命同意權，凡聯邦政府派往各省的聯邦人員，必須先得該省所派上議員的同意。

八、統一後的聯邦政府設憲法法院，享有聯邦及各省法律之審查權，其法官人選須得聯邦上議院的同意。

九、聯邦與各省如有爭執，應以和平方式協調解決，不得使用武力。其爭執如涉及憲法或法律者由憲法法院判決之。

十、各省得經省民直接投票決定退出聯邦，但其投票須由聯邦政府派員監察。

以上十項中的第一項至第五項最爲敏感，據說中共領導人曾經作出承諾，第六項富有彈性，不難解決，其餘四項都是二元合作聯邦制應有之義，應能取得協議。於是「統中有獨，獨中有統」，各取所需，各得其所，一個中國，永慶昇平。

八十一年十一月十二日

申論三聯統一息爭造福

日前我在一個中國政策學術討論會演講「以三聯統一化解紛爭保證幸福」，我指出依照中共的說法，「中國只有一個，它就是中華人民共和國，中華民國已經消失，臺灣是它的一部分」。從這「一部分」三字，我臨場想起並即席提出兩點補充意見：

一是，我說，臺灣是中國的一省抑或一部分，美國與中共在二十年前商討上海公報時曾起爭論。那時季辛吉和喬冠華二人擬定的草案中，本來是說：臺灣是中國的一省，但在季辛吉送呈尼克森核閱時，國務卿羅吉斯因恐被人誤以為美國已經承認臺灣已為中共所統治，而事實則並非如此，於是乃陳奉尼克森改為「臺灣是中國的一部分」。中共讓步，但要求在自說自話中自稱「臺灣是中國的一省」，也因美國反對而作罷。現在中共提出一國兩制而以臺灣為特別行政區，可能就是師承這「一部分」而加以活用，而這樣的活用也把中共的統戰變得較為有利於它了。

李總統與一個中國

其次，我又指出，那是政策的調整，爲了落實原則，以因地制宜，因時制宜，政策不妨調整。這是政策的運用之妙。我從而爲李登輝總統辯解一番。

我說，方才有人批評李總統，說他把一個中國的涵義交中央黨部再作解釋，並把鼓吹一中一臺的立法委員違反黨紀案交回考紀會重行處理，足證他對一個中國的信念並不堅定。我說，我備位於總統府，對李總統了解較深，他篤信一個中國的原則，我們不應懷疑，但他可能認爲實施原則的政策則不妨參酌情勢，作必要的調整，我們不應苛責。

撥草尋蛇畫蛇添足

提起一個中國的涵義，現在我報告一下國家統一委員會討論的經過。事緣今年三月兩岸雙方爲文書查證問題，舉行會談，中共要求在協議中標示一個中國原則，我方認爲那是中共惡意糾纏，會議因而中斷。陸委會向國統會請示對策，國統會乃通過一份「一個中國的涵義」，指示：「『一個中國』應指一九一二年成立迄今之中華民國，其主權及於整個中國，但目前之治權，則僅及於臺澎金馬。」

在國統會討論那個文件時，我指出雙方對一個中國的原則既無異議，中共不必在事務性的協議中畫蛇添足，以致引起爭執，成爲撥草尋蛇。

我又說，關於一個中國，我有一個傷心的故事。二十幾年前中共要想進聯合國，有些國家主張接受中共，而不排除我國，希望兩者並存。我的監察院同事曹德宣委員，主張漢賊不妨兩立，以免賊立而漢不能立，就被開除黨籍。我那時也主張可讓中共進聯合國，我們不必退出，可照蘇聯一個國家有三個代表權的例子，與中共一起並存於聯合國。這似乎也是兩個中國，但我提出一個口號：「今天兩個中國，明天一個中國。」留下「今天兩個中國」之後，我的黨籍保住了。現在我們將「一個中國」作出那麼露骨的解釋，把一中一臺寫入那個文件中，而不加以批判，難免給人口實，說我們是在提倡「一中一臺」。反之，有些追求「一中一臺」的人因爲那個文件最後還是要走向「一個中國」，也將群起反對。則我們也不僅在「畫蛇添足」，而且也在「撥草尋蛇」了。

辜汪勢將談到政治

「莫謂秦無人」，但我的話不被採納。現在臺獨人士因而反對「一個中國」，從而又反對中華民國，中共更恫嚇要用武力阻止臺灣獨立，而報載中樞要將「一個中國的涵義」再解釋一下，我不知有何必要，是否又將撥草尋蛇。

於是大家都重視辜振甫董事長和大陸汪道涵會長預定的交流會談。我預料對方會提到一些政治問題，我方可能認爲政治問題應到國統綱領的中程方可開談。但問題是：我們在近程綱領中所要求於中共的對等「政治實體」、「開放輿論」、「民主法治」、「和平方式解決一切爭端」以及「在國際間相互尊重互不排斥」等五個政治問題是否可以不經溝通會談而就能實現？如果認爲這一切須在近程中就與對方開談，以求落實，則我主張順水推舟，授權辜汪會談交換意見。

會談如將觸及政治，則辜董事長不宜「單刀赴會」，我建議組織一個顧問團，以備辜董事長適時的諮詢，並能增加其公信力，免被誤會爲「黑箱作業」。

百年統一可能提早

但是雙方即使開談，距離統一尚差十萬八千里，以時間而論，尚需「五十七年」。這個年限，是我在民國七十四年〈中國統一的百年大計〉一文中所假定的。我那時參照中共領導人包括毛澤東、周恩來和鄧小平所說統一時間「可能是一百年」，從而推算自一九四九年兩岸分裂以後可能要到二〇四九年方能統一。周恩來且說：中國是個忍耐的民族，能夠等很久。鄧小平也說：「一百年不統一，一千年總要統一。」但我恐中共現在已經沒有這種耐心了，而我們卻不可能與其急統。這將如何是好？

答案便是三聯統一。先做好聯絡，以「三給策略」（給它面子，給它好處，給它希望）化解敵意：然後聯合組織中華共同體，和平共存，合作共榮；最後乃以二元合作聯邦制，各取所需，各得其所，完成統一；則時間可能不必遲到五十年之後。

八十一年十一月二十三日

聯合渡聯邦統一乃安康

——三論三聯統一息爭造福

我最近曾爲三聯統一的構想寫過兩文：一是〈以三聯統一化解紛爭保證幸福〉，包含五個要點：一、一個中國大勢所趨；二、三給策略善爲聯絡；三、聯合過渡可大可久；四、展望二元合作聯邦；五、中共承諾其中五項。

二是〈申論三聯統一息爭造福〉，敍述：一、臺灣一省或一部分；二、李總統與一個中國；三、畫蛇添足撥草尋蛇；四、辜汪勢將談到政治；五、百年統一可能提早。

爲聯合建立共同體

這篇三論將爲實施三聯的方法提供一個重要的步驟——怎樣爲聯合而組織中華共同體。

回憶兩年前國家統一委員會討論國家統一綱領時，我就想到要以三個「聯」字去配合國統綱領的三個階程，以求落實；在近程以聯絡謀和諧，在中程以聯合求共存，在遠程以聯邦為統一。

在這三聯中，聯合是承前啓後，具有關鍵作用。好比男女婚姻，聯絡只是談情說愛，縱使情投意合，也還不許進入洞房，那是太輕率而太危險了，所以尚須訂婚，以便作進一步的觀察和培養。如果發現不合，尚可分手，如果珠聯璧合，當然順理成章，舉行結婚典禮，如此方能百年好合，五世其昌。

這種聯合制度，國際間有例可援。不列顛國協，是英國所領導的四十餘國的聯合組織。歐洲共同市場，是西歐十二國的聯合組織，它很快就能單一化。聯合國或它的前身國際聯盟，乃是規模最大的聯合組織。這些國際聯合組織的典章制度，可供我們參考，但有一點大不相同，它們的目的都是僅止於聯合而已，根本不想進一步統而為一，而我們的三聯統一的聯合，只是導向統一的一個過渡方式。

促進會規劃共同體

這種聯合，我早年把它稱為「中華國協」，後曾把它改稱「中華邦聯」，現在方改定為「中華共同體」。

由三個中央民意機關的退職辭職轉職的資深和增額代表所組織的統一建設促進會要開年會，日前分函徵求提案，我乃把握那個機會，請該會邀集臺灣、大陸和海外信望卓著的各界人士，共同研討並草擬中華共同體綱領初稿，廣爲傳播，以期建立共識，俾在時機成熟時，例如到達國家統一綱領所規定的中程階段，邀請有關各政府人員會商該共同體的組織事宜，以早日完成那艘渡向統一的慈帆。

我曾爲中華共同體提出一些組織構想。它的宗旨是聯合中國人建立的國家或政治實體，在和平對等互惠的原則下，經過適當時機的交流、合作和協商，建立一個民主自由均富均權的統一中國。

共同體每半年舉行代表會議，處理會務，必要時舉行高峰會談。

共同體的會員各自擁有其土地、人民、主權及其政治體制和權力，不受干涉。

共同體設祕書處，作爲會員間的溝通管道，由會員各派一人爲祕書。

共同體會員有否決權

共同體會員間應實施通郵、通商、通航、通財和各種相互交流。

共同體各會員得以其本身名義，參加國際組織並從事外交。

共同體會員間如有爭執，應以和平方式解決之，不得使用武力或武力威脅。

共同體會員得隨時退出共同體。

共同體設國家統一委員會，討論自由民主均富均權的統一方式，並擬訂統一後的憲法草案。

各委員就其本身有關的重要事項享有否決權。

如上所陳，共同體的功能很大，因為聯合以後方可統一，統一以後方能安全和太平，但過程將會很長，困難將會很多，希望統一建設促進會妥為規劃，善為推動，只許成功，不容失敗。臺灣幸甚！國家幸甚！

建立中華命運共同體的緊急呼號

——將分裂的中國過渡到統一

中華共同體的背景

鑑於中共八月三十一日發表的〈臺灣問題與中國的統一〉白皮書充滿敵意，足以妨害和解，阻礙統一，我方為了救國救民，似當設法挽救；

復鑑於我方大陸政策的指導原則——國家統一綱領有一特點，就是近程的目標訂得很大很高，不免會堵塞中程，妨害遠程，但中程則又稍嫌空洞，無所事事，使對方得以藉口要求快速統一，但這自不可能。凡此都須設法補救；

又鑑於李總統所倡導的生命共同體或臺澎金馬的新的「生命共同體」，不失爲一補救辦法，如能擴而充之，改稱中華命運共同體，或另設中華命運共同體，不僅適用於臺灣，也包含整個中華民族，使他們互助互利，共存共榮，則兩岸關係應能維持一段時期，徐圖統一；

更鑑於李總統的生命共同體並未形成組織，迄未落實，故尚難發生效能；

基於這些原因，我乃建議一套以統一爲目標的過渡辦法：「怎樣建立中華命運共同體」，補充、加強、推動以及落實國家統一綱領，以過渡到統一。試擬要旨如左：

中華共同體的要旨

一、中華民族各國家或政治實體都得加入本共同體，但各自擁有其固有的土地、人民、主權及其政治體制和權力，不受侵犯或限制。

二、本共同體每半年舉行代表會議，處理會務必要時舉行高峯會談。

三、本共同體設祕書處，作爲會員間的溝通管道。祕書處設祕書長一人及副祕書長若干人，由會員派人充任，每會員各派一人。

四、本共同體會員間應實施通郵、通商、通航、通財和各種相互交流。

五、本共同體各會員得以其本身名義參加國際組織並從事外交。

六、本共同體會員間如有爭執，應以和平方式解決之，不得使用武力或武力威脅。

七、本共同體會員得隨時退出本共同體。

八、本共同體設國家統一委員會，討論促進自由民主均富均權的統一方式。各委員就其本身有關的重要事項享有否決權。

統一將在什麼時候

在國家統一前提下，以這樣的中華命運共同體作爲統一的過渡安排，可謂務本務實，可長可短。因爲他日統一的條件如果成熟，詢謀僉同，國家就能早日統一；如果一時尚難統一，則因彼此能在共同體中和平共存，互助合作，並在一個中國的原則下一致對外，則關係便能維持，以培養統一條件，俾能早日水到渠成。

這樣的中華命運共同體，究竟能否組成？我預料中共將不會贊同，原因是它急求統一，但在發現不能急統時，它終將認同和參加。於是我希望它（中華命運共同體）能將分裂的中國過渡到統一。

這需要多少時間呢？說來話長。最先是周恩來指出，中國的統一，可能需要十年八年，也可能需要一百年。其次是毛澤東，依據美國前總統布希的傳記，季辛吉告訴他，毛澤東曾對他說，中國統一需時百年。鄧小平也曾說，一百年不統一，一千年總須統一。

我根據這些證言，三十年前曾寫〈中國統一的百年大計〉。從一九四九年政府退到臺灣時算起，二〇四八年便滿一百年。我假定那是中國統一的時候。報載新加坡資政李光耀最近展望世界大勢時也預測中國的統一將在二〇四八年。

協力推動願附驥尾

但我覺得中共現在已無這樣的耐心了，所以中國能否統一？何時統一？一九九六年？一九九八年？二〇〇〇年？二〇四八年？甚或根本不能統一而且導致內戰？這須看雙方的心態和方法，而採用中華命運共同體則有效可期。

我因此希望臺灣、大陸和海外具有代表性人士，發揮宏願，凝聚共識，奔走呼號，協力推動中華命運共同體。我雖老邁，願附驥尾。

八十二年十一月二日

中華命運共同體協進會緣起（試擬案）

本會同人鑑於中共一九九三年八月三十一日發表的〈臺灣問題與中國的統一〉白皮書充滿敵

意，足以妨害和解，阻礙統一，我方爲了救國救民，似當設法挽救；

復鑑於我方大陸政策的指導原則——國家統一綱領有一特點，就是近程的目標訂得很大很高，不免會堵塞中程，妨害遠程，但中程則又稍嫌空洞，無所事事，使對方得以藉口要求快速統一，凡此都須設法補救；

又鑑於李總統所倡導的生命共同體或臺澎金馬的新的「生命共同體」，不失爲一補救辦法，如能擴而充之改稱中華命運共同體，或另設中華命運共同體，不僅適用於臺灣，也包含整個中華民族，使他們互助互利，共存共榮，則兩岸關係應能維持一段時期，徐圖統一；

基於這個原因，本會乃建議一套以統一爲目標的過渡辦法：「怎樣建立中華命運共同體」，補充、加強、推動以及落實國家統一綱領，以過渡到統一。要旨如左：

一、中華民族各國家或政治實體都得加入本共同體，但各自擁有其固有的土地、人民、主權及其政治體制和權力，不受侵犯或限制。

二、本共同體每半年舉行代表會議，處理會務必要時舉行高峯會談。

三、本共同體設祕書處，作爲會員間的溝通管道。祕書處設祕書長一人及副祕書長若干人，由會員派人充任，每會員各派一人。

四、本共同體會員間應實施通郵通商通航通財和各種相互交流。

五、本共同體會員得以其本身名義參加國際組織並從事外交。

六、本共同體會員間如有爭執，應以和平方式解決之，不得使用武力或武力威脅。

七、本共同體會員得隨時退出本共同體。

八、本共同體設國家統一委員會，討論促進自由民主均富均權的統一方式。各委員就其本身有關的重要事項，享有否決權。

在國家統一前提下，以這樣的中華命運共同體作爲統一的過渡安排，可謂務本務實，可長可短。因爲他日統一的條件如果成熟，詢謀僉同，國家就能早日統一；如果一時尚難統一，則因彼此能在共同體中和平共存，互助合作，並在一個中國的原則下一致對外，則關係便能維持，以培養統一條件，俾能水到渠成。

中華命運共同體雖然這樣重要，但尚未爲有關方面所重視，本會將以研究、座談、遊說和請願等方法，建立共識，促其實現。凡我同胞尚祈惠賜教益，參加行列，共慶成功！國家幸甚！人民萬福！

八十二年十月三十一日

制訂中華命運共同體綱領提案

案由

茲特建議以三聯統一化解統獨紛爭，保證全民幸福，擬請本會邀請臺灣、大陸及海外信望卓著的各界人士共同研討並草擬中華命運共同體綱領初稿，以期建立國家統一的過渡體制，俾臺灣與大陸能在共同體中和平共存，互助共榮，一俟統一條件成熟，便能以二元合作聯邦制完成統一大業，永保長治久安。是否可行，敬請討論。

說明

回憶兩年前國家統一委員會討論國家統一綱領時，百川就想到要以三個「聯」字去配合國統綱領的三個階程：在近程以聯絡謀和諧，在中程以聯合求共存，在遠程以聯邦為統一。

百川以為無論我們喜歡或不喜歡，一個中國乃是大勢所趨，一臺一中勢不可能。但是我們也不要急統。我們必須面面俱到，步步為營，臺灣二千萬同胞的安全和幸福，必須確保，政策不容錯誤，三聯統一就是爲此而設計。我們希望它能化解紛爭，保證幸福。

關於聯絡和聯邦的構想，百川在本年十一月十三日《聯合報》所載〈以三聯統一化解紛爭保證幸福〉的拙作中各有建議，文長不宜在此贅述，現將聯合構想敬陳於此。

將來聯絡如果順暢，敵意如果淡化，中共可能要求隨卽統一。但是依照國家統一綱領，那時只能進入中程的互信合作階段，好比男女婚姻大事中的訂婚階段，而尚不能進入洞房。

百川曾爲三聯統一構想規劃了一套聯合辦法，早年定名爲「中華國協」（國協是英國現在與其他四十餘國的聯合模式），後又改稱「中華邦聯」（不是「中華聯邦」，邦聯是美國獨立初期的聯合模式），最近李總統在革命實踐研究院倡導「中華共同體」，百川以爲它較好於「國協」或「邦聯」，乃改用「中華共同體」，現在提出下列組織原則：

一、凡贊成本共同體宗旨的中華民族各國家或政治實體都得加入本共同體。

二、本共同體的宗旨是聯合海內外中國人在和平對等互惠的原則下經過適當時期的交流、合作和協商，建立一個民主自由均富均權統一的中國。

三、本共同體的會員各自擁有其土地、人民、主權及其政治體制和權力，不受侵犯或限制。

四、本共同體每半年舉行代表會議，處理會務，必要時舉行高峯會談。

五、本共同體設祕書處，作爲會員間的溝通管道。

祕書處置祕書長一人及副祕書長若干人，由會員派人充任，每會員各派一人。

六、本共同體會員間應實施通郵通商通航通財和各種相互交流。
七、本共同體各會員得以其本身名義參加國際組織並從事外交。
八、本共同體會員間如有爭執，應以和平方式解決之，不得使用武力或武力威脅。
九、本共同體會員得隨時退出本共同體。
十、本共同體設國家統一委員會，討論促進自由民主均富均權的統一方式。各委員就其本身有關的重要事項享有否決權。

在國家統一的原則下，以這樣的中華共同體作爲統一的過渡安排，可謂務本務實，可大可久。因爲他日統一的條件如果成熟，詢謀僉同，國家就能早日統一；如果一時尚難統一，則因彼此能在共同體中和平共存，互助合作，並在一個中國的原則下一致對外，則關係便能持久，而不必強求統一，於是統獨乃可息爭。

這個中華共同體的過渡辦法，乃是三聯統一的特色，時間將會很長，它可能將長達四十餘年，因爲非此不足以策安全。

辦　法

請本會（註：制憲代表聯誼會）推派委員組織審查委員會，將本案加以研究，制訂「中華命運共同體綱領」草案，然後邀請政黨和社團的代表，以及社會賢達專家學者共同研究，最後邀請大陸及海外人士舉行三邊會談，如果詢謀僉同，即請臺灣和大陸參加人士分別呈報政府採納施行。

提案人：陶百川

「生命共同體」請改為「命運共同體」何如？

李總統的治國理念是凝聚「生命共同體」。這個理想當然很偉大，但如以行之於中國大陸，則會覺得太沉重，因為我方尚不便與中國共產黨結為「生命共同體」。我想建議改為「命運共同體」，則與中共也可能共同和平相處了。

而且「生命共同體」顧名思義，必須形成在誕生之前，不是生後尚能結合，而命運則可能隨時間和環境而變化，完全取決於人力，我們正可用以鼓舞人心，加強努力。

不知李總統以為何如。

八十三年五月二十九日

「中華邦聯」「聯邦中國」嚴陶對談腦力激盪

徐東海整理

當國內政壇人士紛紛倡言統獨休兵，究竟中國未來前途該走什麼樣的政治道路？國內政壇大老國策顧問陶百川近年數次撰文提倡「中華邦聯」，海外民運人士「民主中國陣線」理事嚴家其則倡議「聯邦制中國」，兩者均是深思熟慮的結果，究竟兩人的構想有何異同？對目前兩岸局勢發展又有何啓發？本報特邀請陶、嚴二位先生就「聯邦中國構想」進行一場座談，以下是座談會的摘要。

嚴家其（以下簡稱嚴）：陶百川先生所提中華邦聯的方式，是具體可行，只不過我所講的多一點。基本上，陶先生的見解我完全同意，陶先生在〈以三聯統一化解紛爭保證幸福〉一文中所提出的十點組織綱要，有幾點我還未想到。

如果兩岸眞要和平統一，選擇的路子有限，聯邦制是條可行的路，可惜的是，海峽兩岸迄今尚未做此考慮。不過，臺北比北京好的地方是，至少臺北可進行溝通和討論，但在北京，因爲聯邦制係以非共化爲前提，所以根本不能討論，更遑論推行。

最近我見到郝柏村院長說大陸沒有民主，所以談不到統一，不能急統，這說法我相當同意。北京至少要等到五年或更長時間後，才可能發行聯邦制這類制度的書。但無論如何，臺北能討論統一在何種制度之下，至少比北京進步民主許多。

陶百川（以下簡稱陶）：臺北現在可說是百花齊放，可暢所欲言，如「一中一臺」可提出，甚至刊登到選舉公報上。

嚴：我認爲臺灣言論自由的範圍非常大，許多批評領導人的話都可刊登，這在中國土地上是件了不起的。幾千年來從未有這個現象，以前八九年天安門廣場民運也成爲數天言論自由的場所，把人民心裡的話說出來。可是大陸新聞沒有自由，只好變成天安門廣場言論自由。如果若干年後，大陸能自由辦報，則聯邦制的討論可能走向高峯。

陶：四、五年前中共領導人鄧小平是反對邦聯，也反對聯邦。不過，最近貴報報導說中共也鬆口了，表示這種問題也可以討論。依你看法，中共現在究竟是能談，還是不能談？

嚴：中共在內外壓力下找不到出路，也慢慢在鬆動。中國未來的前途有三種選擇：首先，是中國散夥、分裂了；其次，臺灣成爲地方政府，「一國兩制」統一，臺灣或是國民黨或民進黨執政，大陸則由共產黨一黨專政；第三就是聯邦制。

第一種選擇由於大多數大陸百姓都不同意，會產生一股力量來阻止，所以我認爲中國分裂的可能性不會有。可是維持以前大一統的局面，我也不贊成。因爲經濟發展造成地區之間差異不斷擴大。此外，我也不贊成臺獨，大陸一般民衆也不贊成。不過，我要爲臺獨說句話，臺獨的形成具有合理性，合理性表現在過去國民黨長期威權統治，傾向臺灣者源於過去吃過國民黨的苦頭，心裡想不通，才有獨立的情緒。現在黨禁、報禁開放後，敢講出來，所以這種情緒是可合理解。

這種情緒反應在考慮中國統一時，必須考慮臺灣民衆的利益，要考慮臺獨情緒，只有以聯邦制才能照顧到臺灣民衆的利益。所以惟有聯邦制才能解決臺灣和大陸的關係，一方面保護國家的統一；另一方面確實考慮到臺獨正當的情緒，如此才能符合臺灣大多數民衆的利益。

我反對臺獨是從國際關係來考慮。如果大陸走向非共化，一定會與美國保持友好關係，但中日關係則不一定。因爲日本基於地緣政治的考慮向來不喜歡強大民主中國的存在。如此臺獨一定會投靠日本，則兩岸之間的摩擦，導致日本從中漁翁得利。所以臺灣的前途在大陸，臺獨的前途在日本。

所以臺灣早期的獨立情緒是可以理解的。因此，國民黨要確切檢討早期在臺施政，讓人民把話說出，才能解決問題。此次蒞臺，發覺少數政治人物利用臺獨情緒，製造混亂。這對臺灣今後內部經濟發展和安定，以及臺灣民主發展是很危險的。

中國在二十一世紀必然成爲強大的國家，但日本對此發展必然不悅。不過，我認爲箝制臺獨思想是不必要的。因爲大陸非共化後，走向民主自由道路，則臺獨的影響自然變小不會成爲問題，可是目前有人利用臺獨情緒製造混亂，是對臺灣不好的。

陶：你以聯邦制建立第三共和的理念，其中聯邦政府同各省政府，應該採取聯邦制。可是不知聯邦政府對臺灣、西藏等不是過去絕對能控制的地區，是否能採取邦聯的政策，我的看法不知是否有錯。

嚴：我提倡的聯邦制不同於美、德等國，照鄧小平的提法也可說是有中國特色的聯邦制。因爲搞美、德等國的聯邦制完全不適合臺灣、西藏的特殊情況。藏獨人士表示，你們中國講民主、講民族自決，那爲何不讓西藏獨立；可是依中國的民族感情，當然不贊成西藏獨立。因此，我看西藏問題可能比臺灣問題還來得難。所以西藏、臺灣、新疆、內蒙、港澳問題，因帶有邦聯的性質，要單獨處理。此外，我也主張中英聯合聲明要帶有國際法效力，而現在的基本法要依聯邦精神而加以修訂。

陶：聯邦制的構想假如不與中共進行溝通，也只是紙上談兵。依你看，假如把聯邦制構想建構再穩固些，是否可以跟中共談這個問題？

嚴：因爲聯邦制中國是非共化的中國，中共基本上是不會接受聯邦制，而我也不預期在近期內可以實現，但必須要先有聯邦制的規劃考慮。

我認爲目前臺灣的大陸政策應兵分二路：一是促進大陸的和平演變；其次是以聯邦制或某種保障臺灣二千萬人四十多年的經濟發展成果和經濟社會秩序的屏障，而我認爲聯邦制是保護臺灣的最佳的屏障。聯邦制只有在大陸開放黨禁、報禁，中共不再是一黨專政，力量較爲弱小，聯邦制才有可能提到檯面上，跟中共進行談判。如果中共不走到這一步，在四個堅持下談聯邦制幾乎是不可能。

可是聯邦制對臺灣有好處，因爲目前臺灣的大陸政策尚未論及統一之後的中國，究竟該走怎麼的政治道路？我認爲除考慮政治安全外，還要考慮經濟安全。

經濟安全主要有二個概念，包括保護臺灣四十多年的經濟發展成果和經濟社會秩序。聯邦制中國考慮到臺灣的特殊性，因此我贊成大陸政策要將聯邦制納入。

北京的對臺政策也很明確，要「和平消化」臺灣，假如臺灣缺乏聯邦制作爲屏障，一定會被大陸消化掉，因爲大陸太大了，臺資輸往大陸後，一旦兩岸關係發生緊張，可能一下子就被大陸消化掉。

大陸在十四大後以發展海軍爲重點，在這情況下，中共雖不會武力攻臺，但有可能武力威脅臺灣。大陸的口頭威脅並不嚴重，不僅李瑞環會說，一般老百姓也會說。但怕的是眞正的武力威脅，如武力封鎖、軍事演習，這會對臺灣安全產生嚴重威脅。

當然我贊成聯邦制，並非要臺北方面馬上接受，可是至少考慮在和平統一中國後，究竟是要什麼樣的中國？如果臺北方面沒有深入考慮，順著目前的兩岸經貿關係發展下去，一定造成大陸和平消化臺灣，雖然過程可能會消化不了或消化不良，但這趨勢是擋不住，如果能有屏障便能抵擋北京的和平消化，而聯邦制便是抵擋和平消化的武器。

陶：和平消化的提法非常深刻。我擔心的是，中共會因軍售問題而失去耐心，加速和平消化的速度。

嚴：我對兩岸軍備競賽並不擔心。我贊成臺灣購買美、法軍機，因爲法國密特朗總統極不容易答應賣飛機給臺灣，如果臺灣在最後關頭反悔，這是對密特朗不尊重之舉，等於是打密特朗一巴掌，迫使密特朗必須倒向中共。

一般人擔心如果臺灣順利購得先進軍機，中共也會向外採購先進武器，形成兩岸軍備競賽。但我認爲因爲兩岸經濟實力有限，不可能無限制擴展，而且兩岸軍備競賽在組成聯邦制中國後能構成強大軍力，對可能侵略中國的國家產生嚇阻，這絕對是未來第三共和中國所需要的。這種站在中國利益的講法，連北京出來的朋友也都能接受。

陶：其實早年中共領導人毛澤東也贊成各省自治，把軍閥氣氛壓低點。

嚴：早期國共的領導人如孫中山、毛澤東都贊成聯邦制，但是爲何講了百年後，沒有實施呢？一般而言，中國在分裂時期，提倡聯邦制的聲勢最高，希望中國統一後實施，討論的熱烈程度可能比今天還高。可是提倡後沒有實施的原因在於武力統一，喪失實施的良機。中共在二大時把聯邦制寫入黨章內，可是中共後來搞武裝革命，等他佔據大陸後，還是沒有實施聯邦制。

因此，未來只要中共武力犯臺或和平消化臺灣，聯邦制就沒有前途。只有在中共對臺灣、西藏等問題上不訴諸武力，聯邦制才會出現。我認爲今天中國走向聯邦制的可能性較大，因爲共產黨已不可能像從前以武力解決分裂問題，共產主義已走向末路。連中共也感覺到自己生命力在減弱，在面對國際壓力下，也不敢再採用武力，所以聯邦制的構想是各種政治壓力下所能找到的一個出路。

陶：現在大陸地方和中央的摩擦拉大，而且中共在鄧小平過世後，可能出現一種割據局面，屆時只有聯邦制才能勉強把各省聯繫在一起。如果中國屆時依舊維持過去那種政治壓制、經濟榨取的作法，則有可能形成今日蘇聯瓦解的局面，所以聯邦制不僅可解決對臺問題，還可解決大陸內部分裂問題。

嚴：的確中國各地區的差異極大而且人口眾多，如四川省有一億一千萬人，比西歐各國的人口還多，如果四川的政策都要中央政府決定，可能無法解決問題。因此，各省要有自主權來解決內部的問題，不要強求一致。今後的中國應是多樣化的中國，國防、外交和主權是屬於中央，其餘則下放地方，各行其事。

展望今後中國的發展絕非單純的和平消化或和平演變。我認爲九十年代到二十一世紀初是中國大變革的時代，可能會發生局部戰爭、軍事政變以及大規模的遊行和罷工。不過，大家在各個政治權力的平衡下，最佳的決定是聯邦制。

陶：臺灣方面接受辜汪會談已是很大的突破，但海協會在文書驗證之外，還可能談一些政治問題，所以導致會談的會前會沒有結論，辜汪會談的日期和地點也遲遲未定案，如果辜汪會談能順利進行，屆時汪道涵還是提出一個中國等政治問題，我們到時是拒絕談？還是繼續坐下來談？

嚴：大陸官員談話是受到拘束的，任何話都不會超過中央劃下的界線，每個官員的決策空間是有限的。

我估計汪道涵的談話，可能屬於上述二種之間，所以臺北對會議議程不必太計較，只要臺北對參與人員多授權一些，有自信心來應對他們，即使談政治問題也不必忌諱，但談話要能以理服人是最重要，今天北京的對臺政策係以「一國兩制」、「和平消化」爲基礎，臺北方面當然有理由來反駁。最近我發覺馬英九有數次與大陸來人的談話便是成功的例子，有點故意挑逗他們，反而使他們不好辦。

八十一年十一月二十二、三日

（附載）「中華聯邦憲法」草案在美產生

曾慧燕

由舊金山二十一世紀中國基金會發起的聯邦中國憲法研究，繼去年在夏威夷召開「中國統一模式和憲法結構學術討論會」後，一月下旬再次在舊金山舉行會議，一部爲未來中國草擬的「中華聯邦共和國憲法」建議性草案由此產生。

該憲草把臺灣、西藏列爲自治邦，以特別條款形式列舉了其特殊權力。規定「臺灣自治邦有權發行本邦貨幣，簽發本邦護照、旅行證件和簽證，設立本邦終審法庭」，管理本邦種種事務，並明文規定「臺灣自治邦財政獨立，免徵聯邦稅」，「臺灣自治邦有權維持武裝部隊，並有權拒絕聯邦駐軍」。關於西藏自治邦部分，憲草根據達賴喇嘛一九八八年斯特拉堡講話的精神，規定「西藏自治邦爲國家自然保護區，禁止在其域內進行核子、化學和生物武器的試驗及核廢料的儲存」。

目前在美國哥倫比亞大學從事「中國憲政」研究的中國大陸著名異議人士、學者嚴家其，是聯邦中國的積極推動者及上述憲草的主要起草人。他指出，憲法是國家的最高法律，本應由制憲會議制訂出來，而不是根據幾位學者專家的設想產生。一部行之有效的憲法，更應在一個具備和平發展環境的國家自然產生。這次舊金山會議，達成了「憲法出於生長，而非出於製造的」的共識。與會者懷著一種「探索者」的精神，尋找一部適合「大變革後中國」的憲法建議性草案。

嚴家其介紹，該憲草共八章七十六條。八章分別是：總則、國民的基本權利和義務、聯邦結構、國會、總統、國務院、司法制度、憲法的實施和修訂。他強調，聯邦中國和傳統中國有很大區別。傳統中國，地方政府的權力來源於中央；聯邦中國，中央政府的權力來源其組成部分和人民的授予。例如一九九二年通過的香港基本法，規定九七年以後的香港具有種種權力，而且許多權力遠超聯邦制美國的州，但由於這些權力是北京的「中央政府」授予的，一天之內就可以收回。上述憲草則以尊重「現狀和歷史沿革」爲原則，考慮到北京和倫敦關於香港問題的聯合聲明，在憲草第三十七條以特殊條款的形式，規定了香港特別區的種種權力，按憲草第七十六條規定，這些權力未經香港特別區立法機關同意不得改變。

在聯邦制下，大陸各省市和中央政府的關係，也將發生根本性的變化，傳統的中央集權制將不復存在。北京、山西和貴州等都將有自己的基本法，各個自治省、市將按照本地區的特點建立適合本地區的政治體制；雲南自治省也許會實行兩院制，最高行政首長稱作總理；而北京市也許實行一院制，城市管理採取「市長－經理制」的模式。

從亞太安全體系思考兩岸關係

我國最近購得了美國的F十六，增強了我國的空防以及與美國的戰略關係，自是好事，但也因此可能捲入亞太地區的霸權鬥爭，從而可能觸怒中共，對我國增強壓力，而他國則未必能及時「拔刀相助」，則我國自將遭遇嚴重的危機。我政府不可不速謀對策，以作轉機。

對策之一：我們不可以爲有恃無恐，不屑與中共打交道，我以爲反而應該利用這個軍售所帶來的外交優勢，與中共商談如何落實國統綱領近程對中共的四項要求，以交換其三通四流，並進入中程階段。這一任務，似可請辜董事長與汪會長先行交換意見。

對策之二：如果中共竟對我們洩憤，並誤認我們不想統一，而與我們為敵，則我們將逼上梁山，尋求與美國重續民國四十年代的舊盟。但這將使我們捲入國際的霸權鬥爭，似非所宜。

對策之三：我早年曾向國防部長蔣經國先生建議：發起組織亞太地區安全保障體系，請美國、蘇聯、中共、日本、英國和我們等有關國家共同保證東亞和西太平洋的和平安全，共同宣告：不在亞太地區尋求霸權和獨佔，並相約不使用武力或武力威脅。經國先生認為那個構想的陳義很高，但時機未到。

日前我欣見李總統本月四日表示：美國撤出菲律賓蘇比克灣基地、日本通過 PKO 法案、中共通過領海法及擴張海軍、南韓與中共建交等，對於未來亞太地區安全都會有很大的影響，因此，亞太地區集體安全體系亟須建立，對未來世局的發展，至關重要。對這崇高的理想，我想李總統會加以規劃、鼓吹和推動，以與各國共同保障亞太地區的合作、安定和安全。

「臨國家之大計應出於謀國之忠與慮患之深」（《中國時報》十六日社論），而世變日逼，時不我待，凡我同胞，其速圖之！其好自為之！

八十一年九月十七日

亞太安全體系怎樣促成？

李總統日前對美國訪問團談到建立亞太集體安全保障制度的構想，建議有關國家捐款設置基金，以供集體安全之需。我對李總統這個卓越的構想，立卽發表〈從亞太安全體系思考兩岸關係〉加以支持和鼓吹。現在我建議臺灣可採取實際步驟，率先倡導。我貢獻左列辦法：

一、請李總統邀集臺灣各界組織「亞太安全保障體系促成會」，公推李總統爲會長。

二、促成會設立一年內邀請亞太地區有關各國信望卓著人士，包括國會議員和意見領袖，在臺北舉行研討會，廣徵意見，共策進行，並討論組織聯合會的可行性。

三、徵求各國名士撰寫論文一百篇洽登各國報刊，並在各國舉行演講會一百場，以促成共識。

四、聯絡各國人士向其政府或國會請求發起或參加亞太安全保障體系。

五、促成會初期經費，於向臺灣民間募集外，請政府補助之，以後則由各國共同負擔。

八十一年九月二十四日

亞太集體安全取法歐安模式

亞洲太平洋自由民主聯盟會長趙自齊先生，日前談到上個月他向該聯盟在曼谷舉行的年會發言呼應李登輝總統所倡導的亞太地區安全體系，該聯盟採納他的建議，通過「曼谷宣言」，予以支持。這當然是一個好的開始，趙先生正規劃如何作進一步的落實。我突然想起不久就要舉行年會的歐洲安全合作會議，它的經驗可作亞安體系的模式。我現在特寫本文以供李總統和趙會長參考。

費正清好心無好報

那應回溯到十餘年前，我往夏威夷度假，小兒天翼知道哈佛大學的費正清教授應邀去演講，我乃請小兒與他聯絡，他約我在他客寓共進早餐。他說：從前他爲了幫助我國留在聯合國，從而主張讓中共也進去，但是我們當局不獨不領情，反而罵他是帝國主義，連累臺灣一部分開明人士也被誣爲他的同路人。

他表示：「現在還有一個機會以保障亞太地區集體安全體系，結合美國日本英國法國蘇聯中共和臺灣等有關政府共同保證亞太地區的安全和平。」

我有同感，建議臺北友人設法推動，蔣經國先生轉請杭立武先生辦理，杭乃發起亞洲與世界社。但它偏重研究，而未能大展宏圖。

歐安宣言主權條款

回溯歐安會議，它本是蘇聯所推動，蘇聯在第二次世界大戰後，併吞立陶宛等三個小國，奴役東歐各國，收穫豐碩。但因和平會議未能召開，和平條約未能簽訂，蘇聯的侵略成果未能獲得國際承認，它總覺美中不足，於是發起這個會議。後來它果如願以償，因爲參加各國在歐安宣言中提供了這些承諾：

一、參加國不以威脅或武力破壞另一參加國的領土完整和主權獨立。

二、參加國認爲所有彼此之間的疆域或全部歐洲國家的疆域，都不可侵犯，所以現在和將來，都不加以攻擊。

三、參加國不要求從事於掠奪或霸佔另一參加國的部分或全部領土。

四、參加國不干涉他國的內政和外交事務，包括直接的或間接的以及個別的或集體的干涉。

五、參加國不以直接或間接的援助給予恐怖份子或顚覆活動或其他以暴力推翻另一參加國的政府。

但是西德因爲尙在謀求東西兩德的統一，歐安宣言乃因它的要求，規定：參加國得依國際公法採取和平手段和獲得彼此同意，變更領土現狀。

這些尊重領土主權的規定和承諾，固然有利於蘇聯，但對東歐各國也未始沒有一些好處。例如波蘭那時工潮迭起，而波蘭政府不得不多所容忍，未開殺戒，蘇聯更未採取一九六九年進軍捷克對波蘭使用武力的故技，凡此未始不是因有歐安宣言尊重各國主權獨立的承諾而有所顧忌。

西歐參加是爲人權

而且尙不止此，西歐所以參加歐安會議，乃是因爲歐安宣言對人權自由作出了寬廣的承諾，有如左列：

一、家屬團聚：對許多因戰爭而離散和被鐵幕所隔離的家人，宣言要求各國政府給予聚會的方便。

二、各國通婚：因爲鐵幕高張，牛郎織女不能雙飛，宣言要求架起「鵲橋」，使有情人終成眷屬。

三、尊重人權：宣言擧出思想自由、良心自由、宗教自由和信仰自由。

四、文化交流：准許西方報紙書籍和影片源源輸入蘇聯和東歐各國。

五、優待記者：包括放寬新聞記者的入境簽證和旅行地區，記者如被驅逐出境，應告以理由並准其上訴。

歐安協議有一很好的傳統，就是每年輪流在各地集會一次，檢討實施情形。有了那個歐安宣言尊重人權的承諾，西方國家乃得要求蘇聯實踐諾言，保障人權自由，否則事關蘇聯內政，他國根本沒有干涉的立場了。

願與兩公共謀亞安

按蘇聯推動歐安會議，遠在六十年代，但到一九七五年，歐洲的三十三國和美加兩國共三十五國方能集會於芬蘭首都赫爾辛基簽署歐安宣言。我們現在推動亞安體系，可以先從民間著手，期以數年，人同此心，也會水到渠成。所以我對李總統和趙會長寄以厚望，願共勉之！

怎樣防止中共對臺動武？

在我最近與一個外國記者談三民主義統一中國問題時，我已想到中共必將對臺使用武力或武力威脅，所以我強調統一必須使用和平方法。我指出，我方過去雖曾主張「反攻大陸」，但今後必將以政治代替武力。三民主義統一中國，便是可行之道。

果然不出所料，本月十五日香港報紙登載美聯社十四日北平專電，報導李先念對歐洲民主聯盟主席莫克重申中共「以戰求和」的立場，說：如果臺灣拒絕討論和平統一，中共可能使用武力。鑒於我方拒絕與中共和談，中共勢將高調武力統一，甚或小試其技，以爲威脅，如果形勢對它有利，它可能眞的發動對臺戰爭。

我方也有許多可能的對策，例如：

一、相機在國際間造成「反對內戰」，「反對武力統一」的輿論。我方近來強調三民主義統一中國，就是一種伏筆，必要時自會進一步提出「反戰」口號。

二、如果臺海形勢緊張，我方會央請美國國會議員，向國會提案：仿照艾森豪總統的臺灣海峽授權案，由國會准許總統於必要時使用美國陸海空軍阻止在臺灣海峽掀起戰事，以確保西太平洋的安全和美國的利益。

按艾森豪總統提出那個授權案時，中美共同防禦條約尚未生效。美國總統雖依憲法有使用武力保衞美國利益的權力，但那個授權案含有對中共警告和嚇阻的強大作用，中共因此卒因畏懼與美國作戰而不敢輕犯臺海。現在美國已有戰爭權力法，它賦予總統不經國會宣戰，可以使用武力和作戰六十日至九十日。如果國會更能提出一個有力的警告，臺海戰事必可倖免。

七十年四月二十日

「壯大臺灣催化大陸屹立世界」

——《任爾東西南北風》序文

我最近看到「治國平天下」的三則嘉言。

一是李總統保障亞洲安全的構想。他指出影響亞洲未來十年安定的四個因素，分別是：一、美國自亞洲的軍事撤離；二、日本可以派遣軍隊赴國外參加聯合國和平維持工作；三、中共宣佈領海法不許外人入其領海，只准其向外發展；四、中共與南韓建交。

李總統因此認爲有必要設立集體安全保障制度，讓各有關國家參加，並設立集體安全保障基金，由有關國家捐款來共同維持集體安全。

二是郝院長在施政報告中指出，現階段的施政重點是：國家要安定，人民要富足，社會要公平。他同時要求行政院同仁要：以大誠心來凝聚全民共識，以大耐心來貫徹民主法治，以大決心來推動六年國建，以大格局思考來提升中華民國的整體利益。

三是李慶華博士所提的政治主張「壯大臺灣，催化大陸，屹立世界」改寫了大家所慣用的「立足臺灣，胸懷大陸，放眼世界」。而慶華兄所提出的三點主張顯然氣魄較大，任務較重，也較切合時代的要求。

因爲經過四十多年的辛苦經營，臺灣已經站立起來了，但是尚須更求壯大，方能內對中共，外對強權，立於不敗之地，並進而成爲主導世局的一分子。

其次，提到中共，臺灣對它不僅要胸懷而已，尚須催化它更改革開放，以創造統一的條件。

最後是要屹立於世界，不爲劇烈快速的世界變化所淘汰。

凡此理念與作法，慶華兄在其大作《任爾東西南北風》中多有陳述，這裡不加詳述。

慶華兄學識淵博，才氣縱橫，有爲有守，是典型的青年才俊。他孝順父母，關懷羣衆，熱愛國家，是不可多得的人才。在其新書出版之際，特寫這篇序言，以爲引介。

《眞實的戰爭》論臺灣前途

作爲美國和中共對臺灣現行政策之基礎的「上海公報」，簽訂已滿十年了。對這「孽緣」，我們不可無言，所以我在上月二十八日從那個「孽緣」的「紅娘」季辛吉的第一卷回憶錄《白宮歲月》引述一些內幕，寫了〈中美關係三字之爭〉。今天我更從那位「崔鶯鶯」的尼克森的一本近著《眞實的戰爭》，引述他對臺灣問題的一些新的看法和建議。

尼克森的《眞實的戰爭》，是討論第三次世界大戰問題，臺灣問題只是其中的一小部分。以他的經驗和知識來寫這些重要和急切的問題，自必引人注意，所以該書相當暢銷，我曾買來略讀一遍，獲益很多。

尼克森認爲地平線上還沒有現出解決臺灣問題之容易的和立卽的答案；但美國不能也不應從「上海公報」所宣佈的反對中共使用武力解決這個問題的堅定聲明上「向後轉」。他指出，中共雖將繼續堅持由它來統一中國，但它的本身利益不容許它使用武力。因爲中共雖有龐大的人力，這當然有利於它，但渡過大海而作兩棲登陸，乃是一個嚴重的任務。而且把大量武裝部隊用以對付臺灣，自將削弱它在中蘇邊界的防禦力量，並且妨害它與美國的新關係。

對於和平統一中國的前途，尼克森相當樂觀。他指出，如果中共的經濟和政治制度繼續改進，大陸和臺灣可能會有和平統一中國的適當方式。這個理想，不會快來，但一定會來。

至於美國，尼克森建議，不妨把統一中國這個問題置諸高閣。好在雙方雖都不願接受，但都安於現狀。他指出，不同的情況終將產生不同的形勢，有助於雙方作和平甘願的安排。

美國因尼克森和卡特二人先後走了歧途而亡羊，應該悔不當初。在這「上海公報」十週年孽緣觸礁之時，雷根總統還不快採補牢的措施麼！

七十一年三月三日

「歷史殷鑑的法則」——不要橫挑強隣

友人柏楊，曾將《資治通鑑》一書譯成語體，他說他讀歷史有一個最大的心得，就是不要「橫挑強隣」，不要去碰他。所以他主張臺灣應該堅守一個原則，臺灣應該「芬蘭化」，像北歐的芬蘭對蘇聯一樣。蘇聯是老大，芬蘭承認不如蘇聯，所以蘇聯有人去投降的話，芬蘭把人留下來，這是人道，其他無論是軍艦飛機，立刻送回。它一直跟蘇聯保持低姿態，不給蘇聯機會打它，因爲芬蘭小嘛！蘇聯打敗仗一百次也沒有關係，可是它打一次敗仗就沒有了。所以他說對一個強隣要採取低姿勢，不要給他翻臉的機會。否則「橫挑強隣，則國必亡」。

「臺灣五年內可能被中共統一」麼？

三月二十二日高雄《民眾日報》以頭版頭條登載：「臺灣五年內可能被中共統一。」

該報導指出：「國內重要情治首長透露，如果國人對國內政要民代與中共私下串連的現象不加關注的話，未來五年內在臺灣民衆全無預警的情況下被中共統一的事實不但可能發生，而且會發生得很突然。」

該報導又說：李登輝總統已掌握幾個通共實例。

該報導是否可靠？是否可信？我毋寧相信其可靠，我不認爲那是該報所捏造，我也相信五年內有這危險。

但我不認爲那是因爲臺灣「政要民代與中共私下串連」，我認爲那是中共既定的政略，無論臺灣有無它的內應，它總是想在五年至七年內強求臺灣與它統一。

然則我們有沒有化解的辦法呢？容當深論。

八十二年四月四日

中共謀求解決臺灣的一連串想法

中共《人民日報》今天刊登署名文章披露毛澤東主導和籌劃對臺工作的詳情，文章稱，毛澤東針對世界局勢的變化，在對臺政策上也有不同的改變，從一九五〇年代開始卽已主張和平解放臺灣。文章並強調中共中央領導人一再表示，「臺灣當局只要一天守住臺灣，不使臺灣從中國分裂出去，大陸就不改變目前對臺灣的關係。」毛澤東還說：「不要急，臺灣總有一天要和大陸統一的，這是不可逆轉的歷史潮流。」文章最後指稱，鄧小平的「一國兩制」構想就是在毛澤東的思想指導下所形成的。

這篇由中共「中新社」所轉發的文章稱，隨著大陸即將全部解放，毛澤東將解放臺灣問題提到議事日程。一九五〇年六月二十五日，朝鮮戰爭爆發。二十七日，美國總統杜魯門發表聲明，聲稱「臺灣地位未定」，並命令美國海軍第七艦隊進駐臺灣海峽的空軍第十三航空隊進駐臺灣，干涉中國內政，企圖以武力阻止解放臺灣。毛澤東堅決頂住美國的壓力。六月二十八日，毛澤東在中央人民政府委員會第八次會議上嚴正指出：「美國對亞洲的侵略只能引起亞洲人民廣泛的和堅決的反抗。」中共總理兼外長周恩來也多次發表嚴正聲明，表示：「臺灣是中國神聖不可侵犯的領土，決不容許美國侵佔，也決不容許交給聯合國託管。中國政府和人民反對美帝國主義侵略臺灣和干涉中國內政的鬥爭，得到了世界人民的廣泛支持。」

進入五十年代中期，國際形勢開始發生一些值得注意的變化：一九五三年七月，朝鮮停戰達成協議；次年春，柏林會議召開，四月至七月，日內瓦會議簽訂越南停火協議。國際緊張對峙局面有所緩和。面對這一新的形勢變化，毛澤東也提出和平解放臺灣的設想。

文章披露說，一九五四年七月，毛澤東主持召開中共中央政治局會議，研究日內瓦會議後的形勢。根據毛澤東的意見，中共中央決定發動一場聲勢浩大的解放臺灣的運動，以粉碎美國製造

「兩個中國」的陰謀。一九五五年四月，周恩來率中共政府代表團赴印尼參加萬隆會議。毛澤東和中共中央指示周恩來：「可相機提出在美國撤退臺灣和臺灣海峽的武裝力量的前提下和平解放臺灣的可能。」

一九五六年，毛澤東關於對臺工作的指導思想有了進一步的發展。一月二十五日，毛澤東在第六次最高國務會議上提出：臺灣那裡還有一堆人，他們如果是站在愛國主義立場，如果願意來，不管個別的也好，部分的也好，集體的也好，我們都要歡迎他們，爲我們的共同目標奮鬥。不久之後的一月三十日，周恩來代表毛澤東和中共中央在政協二屆二次會議上正式宣佈了對臺灣問題的方針、政策，指出：凡是願意走和平道路的不管任何人，也不管他們過去犯過什麼罪過，中國人民都將寬大對待，不咎既往。他號召：「爲爭取和平解放臺灣，實現祖國的完全統一而奮鬥！」

文章說，一九五六年四月，毛澤東又提出了「和爲貴」，「愛國一家，愛國不分先後」的政策。同年六月二十八日，周恩來在中共人大一屆三次會議上進一步具體地闡釋了毛澤東的上述思想，提出「我們願意同臺灣當局協商和平解放臺灣的具體步驟和條件，並且希望臺灣當局在他們認爲適當的時機，派遣代表到北京或者其他適當地點，同我們開始這種商談」。

十月間，毛澤東會見有關朋友，表示：如果臺灣回歸祖國，一切可以照舊，臺灣現在可以實現三民主義，可以同大陸通商，但是不要派特務來破壞，我們也不派「紅色特務」去破壞他們，談好了可以簽個協定公佈。臺灣可以派人來大陸看看，公開不好來就祕密來。臺灣只要與美國斷絕關係，可派代表團回來參加人民代表大會和政協全國委員會。

文章說，不久，毛澤東又進一步提出了第三次國共合作的問題。次年四月在歡迎蘇聯最高蘇維埃主席伏羅希洛夫的宴會上，當周恩來談到「國共兩黨過去合作過兩次」時，毛澤東當卽提出「我們還準備第三次國共合作」。這是中共最高領導人首次明確提出國共第三次合作問題。

文章指稱，一九五八年，在美國的唆使下，臺灣當局出動軍隊，聲稱要「反攻大陸」，以金門、馬祖爲基地，加強對大陸沿海的騷擾活動。「爲了粉碎美國的陰謀」，毛澤東洞悉世界形勢，採取了出人意料的措施，命令人民解放軍「萬炮齊發」，猛轟金門，通過有限的軍事行動，用炮火與臺澎金馬保持「聯繫」，「維持中國內戰的態勢」，並利用美蔣矛盾，打擊美蔣的囂張氣焰。與此同時，毛澤東繼續就和平解放臺灣問題進行努力。十月六日，毛澤東以彭德懷名義發表〈告臺灣同胞書〉，繼續強調說：「我們都是中國人。三十六計、和爲上計。」「你們與我們之間的戰爭，三十年了，尚未結束，這是不好的。建議舉行談判，實行和平解決。」「我們之間是有戰火的，應當停止，並予熄滅。這就需要談判。」當然「早日和平解決較爲妥善」。

十月二十五日，毛澤東再以國防部長彭德懷的名義發表〈中華人民共和國國防部再告臺灣同胞書〉，這是毛澤東重新起草的見報稿。文章指出：「中國人的事只能由我們中國人自已解決。一時難以解決，可以從長商議。」毛澤東強調：「我們兩黨間的事情很好辦。」「化敵爲友，此其時矣。」

進入六十年代，毛澤東關於對臺工作的思想又有了一個新的發展。一九六〇年五月二十二日，毛澤東主持中共中央政治局常委會議，研究並確定了關於臺灣問題和對臺工作的總方針。總的來講，中共中央認爲，臺灣寧可放在蔣氏父子手裡，不能落到美國人手中。毛澤東和黨中央提出：對蔣介石我們可以等待，解放臺灣的任務不一定要我們這一代完成，可以留交下一代去做；現在要蔣過來也有困難，問題總要有這個想法，逐步地製造這些條件，一旦時機成熟就好辦了。毛澤東和中共中央根據國際形勢和海峽兩岸的實際情況，適時提出：「臺灣只要和大陸統一，除外交必須統一於中央外，所有軍政大權、人事安排大權等均由蔣介石掌握，所有軍政及建設費用不足之數悉由中央撥付；雙方互約不派人員去做破壞對方的事情。」中共中央領導人還一再表示：「臺灣當局只要一天守住臺灣，不使臺灣從中國分裂出去，大陸就不改變目前對臺灣的關係。」

文章說，一九六五年七月二十六日，毛澤東在中南海會見李宗仁夫婦時強調：凡是願意回來的，我們都歡迎，我們都以禮相待。當李宗仁對臺灣問題久懸不決深表憂慮時，毛澤東說：不要急，臺灣總有一天要和大陸統一的，這是不可逆轉的歷史潮流。

這篇近四千字的長文最後說，毛澤東離開我們已有十七個年頭了，但他當年對臺工作的思想和實踐，仍在發揮著巨大的指導作用。今天，在鄧小平的「一國兩制」科學構想的指導下，經過海峽兩岸人民的協力推進和國共兩黨的共同努力，大陸和臺灣的關係近年來發生了重大變化。兩岸隔絕了四十餘年的關係開始解凍，各種交流日益增多。我們可以看到，不管道路如何艱難曲折，在祖國統一和振興中華的愛國主義旗幟下，整個中華民族的大團圓的局面，定能早日實現。

解嚴不宜再訂新法

多年來我一直向政府呼籲解除戒嚴，以重人權自由，但同時也認爲必須兼顧國家安全。可是我以爲不必再訂國家安全法等新法，以免引起誤會和疑懼。好在現行刑事法規和行政法規，對國家的安全已有充分的保障。今天看了國安法的草案，我仍以爲沒有訂它的必要。因爲有些條文，現行法中已有規定，仍可適用，既使沒有規定的也可就現行法稍加補充就足應付，不必畫蛇添足，吃力而不討好。可是我這意見，乃是行政技術問題，只要有利於解嚴的大政方針，我不應固執己見，所以我也可贊成制訂這個新法。當然，我對它的內容包括原則和技術，尚有一些意見，容當相機陳述。現在戒嚴就可解除，我應對蔣總統在解嚴問題上的務本務實的卓越領導和馬祕書長溝通協調的努力表示讚佩。

互信何以不夠？團結何以不強？

報載：中國國民黨李主席登輝先生一月二十七日在中央委員會八十二年春節團拜時致詞表示：「今天本黨最大的問題，是內部的互信不夠，以致團結不強，登輝一定從本人開始，虛心檢討，希望各位先進能給予指教。」

我忝為國策顧問，又是中央評議委員，對政府和黨部負有言責，現在不揣冒昧，響應李主席求言之殷，指陳互信不夠和團結不強的原因及其補救之途。

按互信與團結的因果之道，是先賢戴季陶先生的名言。但我們不可失落他提示的另一個要素——共信。因為他說：「共信不立，互信不生；互信不生，團結不固。」共信乃是互信從而也是團結的根本和條件。於是我們似應檢查一下我們是否建立了共信。我試舉一例。

我以為現在國內不安的因素之一，是省籍情結妨礙了互信和團結，那麼便應化解這個情結，以建立本省人與外省人和諧團結共存共榮的共信。如果黨部因為這次選舉的挫折而強調「黨應走向全面本土化」，則省籍共信便不能建立，互信自更不夠，團結自更不強了。其實證之以趙少康先生以外省人而能在臺北縣大勝特勝，可見本土化已非必要。

這種例子很多，而最重大和敏感的，乃是國家認同和所謂「世代交替」。歧路亡羊，但補牢未晚。政府亟須領導國人建立正確的共信，以產生互信和鞏固團結。臺灣幸甚！

八十二年二月二日

觀察民代言行導正國會功能

夏敏華

國策顧問陶百川昨天呼籲立、監兩院發揮功能，自我監督，若仍舊紀律不彰，將發起運動，加以監察批評，甚至罷免不良民意代表。

由民主基金會、中華民國憲法學會、中國行政學會合辦的「憲政改革與國家前途」研討會，昨天中午邀請國策顧問陶百川做專題演講，陶百川以「公民如何導正國會功能及立委言行」為題，作以上表示。

陶百川首先說明他在多年前為制憲國大代表之一，他參與制定憲法時，即主張「內閣制」，不是「總統制」。

接著，陶百川透露一個多月前，海峽交流基金會祕書長陳長文拜訪他，相邀共同發起「國會觀察運動」，籌募一千萬元成立基金會，以監督國會運作。

陶百川認爲陳長文的構想很好，因爲目前立法院問題很多，存在以下五點「毛病」必須好好健全起來：

一、廢弛職務、不務正業。

二、爲了個人利益，毀謗他人，說話沒根據。

三、加暴於人、盛氣凌人。

四、妨害公務。

五、營私舞弊。

陶百川並舉媒體報導立法院將花費二億多元裝修餐廳、圖書館以及公報印刷電腦化。這二億多僅經過立院經費稽核委員會商量一下就過關，而行政院因怕立法院，只得「照單全收」，令人痛心。他認爲救立法院，就是在救民主政治、救內閣制。

陶百川同時希望立院自我節制，他說，雖然立法院有紀律委員會並制訂辦法對違反紀律立委予以懲處，如按照紀律辦法，違反者輕者予以譴責，重者停止出席院會。但可惜，紀律委員會已成「聾子的耳朵」。

慈善心道德情國家愛民主誠

國民大會代表林澄枝、馬愛珍、穆閩珠、高惠宇和郭素春五位女士，邀我共同發起「中華民國國家之愛推行委員會」，以喚醒國人的「慈善心、道德情、國家愛」。

八十一年十月二十九日，我們舉行記者招待會，我在致詞時闡明慈善心、道德情和國家愛三者，臨時也想到「民主誠」，認爲也須一併強調。

我指出，現在是民主時代，不獨政治須民主化，就連社會和家庭也應崇尚民主，不可專斷獨裁，唯我獨尊。至於誠，乃是眞實和忠心，不虛僞，不欺騙，把它與民主連結在一起，現在尤爲必要了。

民代可率領群衆走入行政部門麽？

《中國時報》報導：「李主席：黨籍民代應群羣眾走入行政部門。」該報又報導：馬英九部長已令法務部提出立法委員對司法部門所作關說和請託的統計表。

民代率領群衆走入行政部門爲群衆解決問題，雖有好處，但勢必對行政部門形成壓力，而請託關說之風自將因而更盛。今後如何補偏救弊，當局似應設法謀求兩全之策。

聰察強毅正直中和

我這一個月來曾爲二報一刊題字，用的都是「聰察強毅正直中和」。爲一家人權月刊，我題：「聰察強毅之才，正直中和之德」；爲一家英文報，我題：「秉持正直中和之德，發揮聰察強毅之才」；爲一家大報董事長的八秩大慶，我用字較多：「先生之辦報也，秉持正直中和之德，發揮聰察強毅之才，正派經營，日進無疆，國家社會俱利賴之。」現在《自由時報》囑我題字，我仍用這「八字金言」。

何以把這八字稱爲「金言」呢？因爲：

「聰」是耳目聰明，見多識廣，能夠滿足讀者的求知求明之需。

「察」是明察秋毫，小心求證。

「強」是堅強，和而不流，威武不能屈。

「毅」是勇敢，堅持，意志堅決。

「正」是公正、正大光明。

「直」是不曲、不邪、不私、直道而行。

「中」是中立、中庸、居中不偏。

「和」是溫和、和平、和爲貴。

以上八個字的解釋，我隨手寫來，無暇考證，聊供參考。

豈可釋放貪汚犯而不釋放政治犯

——爲轉陳哈律森教授建議上總統書

昨接美國紐約大學中國歷史教授哈律森君以政治犯國際救助會美國分會名義來信，提及陳玉璽與李敖等案，認爲吾國政府未能充分尊重人權。來信謂：「作爲一個中國歷史學者及教授，我知道你們面對國家安全之多種困難問題，但對付此等思想偏差之青年，其最好的防衛措施，乃是適當的意見討論和協同努力以建造一個更好的社會。」

哈律森教授認爲面對今日微妙之中美關係，吾國政府如能釋放此等「良心犯」（政治犯），限制其住所，監視其行動，並進一步改進對異議及反對者之處理辦法，則吾國必能因此獲致來自美國之更多支持。

哈律森君在其函中又稱：「如果我們看不到這方面的改進跡象，我們將在聯合國大會十月開會時在聯大門外遊行示威，以促請『自由中國』克當其自由之名義。」

哈君此函原非致晚一人，函中提及者尚有其他五人。應否答覆及如何答覆，晚尚未加以考慮。今晨閱報，行政院已向立法院提案釋放囚犯，以示仁政。法案規定犯貪汚罪者亦得保釋，此爲以前所不許者，但又明定叛亂犯不得保釋。相形之下，恐將更予哈律森教授等人以攻擊我政府之口實，晚因此深感不安。

貪汚禍國，如果可以有恕，則一部分政治犯，如在大陸時代誤入歧途，但後在本省並無犯意及犯行者，又如以言論或文字指摘政府人員或其措施，以致被認爲有利於共黨之宣傳，但不能證明其出於叛亂之意圖者，如其刑期執行過半，似亦可在保釋之列。

且依吾國現行法例，貪汚犯不准假釋，而叛亂犯則不在禁止假釋之列。今乃反其道而行之，理論上固難自圓其說，對國內外人心之爭取，竊恐更有害無利。

晚年來憂讒畏譏，動輒得咎，不敢多說多做，但監察委員究非仗馬寒蟬，心所謂危，仍不免偶一言之。素諗鈞座賢明，必能鑒其愚拙而包涵之也。哈律森教授來函印呈。敬請崇安

六十年五月二十八日

（註）：蔣總統閱此函後即飭行政院將原案撤回，修改爲政治犯亦得假釋。

言教身教尚需政教

報載本黨蔣主席在七月十七日的中常會講話，勉勵同志以發自內心的自我期許，力行勤儉，推動國家建設。他並舉了有些國營事業辦公室設備富麗堂皇等實例，指責社會上一些用錢胃口太大，造成浪費的現象。

其實關於勤儉建國，消除奢侈浪費風氣，蔣主席過去曾有多次這樣語重心長的指示。而且蔣主席不僅言教而已，他個人更克勤克儉，以身作則，善盡「身教」的能事。然而收效總不夠大，社風政風還是不好。

補救之道，於是尚須在政治上推行勤儉，包括緊縮預算，節省支出，則上行下效，自能帶動社會，蔚成勤儉風氣。這就是我所謂「政教」，以政為教。

但我政府沒有善盡政教的責任。

放眼世界，以美國之富，它尚須在明年度的預算中，以凍結或削減十餘項公共計畫，並凍結公務員的薪俸，以節省六百五十億元的支出，以減少預算赤字。

試與美國比較一下，無論是爲增強國防或改進政風社風，我國更應以政治力量貫徹勤儉，救亡圖存。

七十四年八月二十九日

春聯絜語共儆共勉

前年李總統邀宴國策顧問時，我即席致辭，背誦三副春聯。一副是：

兩岸交流前途有望
一廂情願後患無窮

另一副是：

德本無常有生有滅
福之於我若卽若離

又一副是：

傳家有道唯存厚
處世無奇但率眞

凡此都可提醒當知政亦無常，福無雙至，而應戰戰兢兢，追求共生共存，共享幸福；而其入手方法就是存厚和率眞。厚是不刻薄，眞是不虛僞，都是容易做到的。私事如此，國是亦然。

今年我在附近發現另有一副：

善為傳家寶
忍是積德門

但我想如果把「善」和「忍」對調一下似更切實，所以我以爲：

忍為傳家寶
善是積德門

這就是：「百忍堂中有太和」。按：上聯是：「一勤天下無難事」。

寫完這篇「絮語」，我特地到附近一位每年自撰春聯的退職國大代表的門前去看今年有無新春聯，但見貼著這樣一副：

仰無愧天唯古聖賢堪自許

俯不愧人唯真君子敢擔當

那時郝柏村資政的《無愧》已出版，那副春聯可能是爲它所啓發。

歸途經過一位退職監委的寓所，他每年也自撰春聯，今年門上所貼的是：

仁者不憂智者不惑勇者不懼

知其所以聽其所由察其所安

這副春聯的下聯是鑑人的方法，可用以評定是否智仁勇，但是談何容易耳！

八十三年三月十一日

建議制訂新聞記者道德規範

民國七十八年我擔任臺北市新聞界自律組織（評議會）的委員時，提案建議制訂新聞從業人員的道德規範，從而制訂「中華民國報業道德規範」、「中華民國電視道德規範」、「中華民國無線電廣播道德規範」。民國八十一年十月經加修訂，並於同年十一月一日起實施。要旨如左：

一、依據「中國新聞記者信條」之基本原則訂定之。

二、在開宗明義訂定通則，並揭示新聞從業人員應認清新聞專業特性，以公眾利益爲前提，不爲追求某一羣體或某一個人自私目的犧牲公眾權益。

三、尊重人權：如：犯罪案件在法院判決前，須假定嫌犯無罪，採訪報導時，應尊重其人格。新聞採訪報導應避免損害與公眾利益無關者之個人權益。

四、強調持平、客觀、確實之報導原則，如：對於有爭議事件，應同時報導各方不同之說詞或觀點，力求平衡。對刊出讀者投書應公正處理，不得以特別編排設計，突出某一特定意見。新聞採訪謹守公正立場，不介入新聞事件。

五、對廣告應負查核之責：刊播廣告應負查核、過濾之責，其證件或內容不明確者，應拒絕刊登。

六、尊重司法：偵查或審判中之訴訟事件，不得評論。

文章要有物有序有益有趣

——楚崧秋先生《新聞與我》序言

古人論文，說一篇好文章要「言之有物，言之有序」，這當然很有道理。因爲言而無物，乃是無病呻吟，言而無序，則顚三倒四，乃是神智不清，問題就更嚴重了。

但是我以爲尚可加上兩句：「言之有益，言之有趣」。有益是說話應求其有益於世道人心和國家社會，有趣是說話使人聽得進受得了，好比藥丸包上糖衣，覺其甜而易下嚥。

楚崧秋先生這本大作《新聞與我》就是「言之有物，言之有序」，「言之有益，言之有趣」的範例。一看它的自序和目錄，你便會有這感覺，那麼就請欣賞它的內容吧。

陶百川

八十三年十一月二日

建議增設禮義廉恥獎

本年四月十五日，我應行政院文建會和大傳教育協會的邀請，爲其頒授廣播文化獎。得獎的節目都富有教育意義，對道德文化的宣揚，收效自必很大，我很欽佩。但我想到也就卽席建議下年度增加禮義廉恥廣播文化特別獎，並由我捐助全額獎金十萬元。民生報發行人王效蘭女士響應我這建議，慨捐十萬元，那次得獎人李季準先生也捐出他的五萬元獎金，共襄盛舉。

我們所以那樣重視那個特別獎，乃是基於左列兩事：

其一：現在政風不良，社會不正，許多人無禮無義無廉無恥。而「禮義廉恥，國之四維，四維不張，國乃滅亡」（管仲）。自古已然，於今爲烈。對症下藥，我們於是贈款請設禮義廉恥廣播特別獎，以期振聾發聵，藥到病除。

其次，民國二十三年，我國內有共黨作亂，外遭日本侵略，國勢阽危，民生艱苦，人心因而萎弱，社風因而不振，爲了安內攘外，迎戰最後關頭，蔣委員長（中正）認爲必須革新國民生活，於是乃以禮義廉恥爲指導原則，發起新生活運動。推行三年，收效很宏，抗戰建國，受益很大。明年適逢六十周年，撫今思昔，我們認爲它有紀念的價値，以闡揚禮義廉恥的現代意義及其實施方法。

我們希望文建會和大傳會接受我們的建議，領導全國廣播界大力鼓吹禮義廉恥，以革新國民生活，開拓光明前途。

八十二年五月二十八日

（附載一）陶百川籲增設「禮義廉恥獎」

陳宜君

八十二年度「廣播文化獎」頒獎典禮於五月十五日下午，假來來大飯店金鳳廳舉行。總統府國策顧問陶百川在典禮中建議，自下年度起增設一項「禮義廉恥獎」，以獎勵匡正社會風氣有功的廣播節目。陶百川並當場表示，願捐贈十萬元作為該獎項之基金。民生報發行人王效蘭及得獎人之一的李季準，也在隨後分別捐出十萬及得獎獎金五萬元，以表支持陶百川的提議。

自民國七十五年起逐年舉辦的「廣播文化獎」，以獎勵廣播電臺製播充實國民精神生活文化內涵的優良節目為宗旨，今年依循往例仍由行政院文化建設委員會策辦、中華民國大眾傳播教育協會承辦。文建會主任委員申學庸在頒獎典禮致詞時表示，廣播不受空間、時間之限制，是傳播效果最直接的媒體，因而對推動文化建設有不可磨滅之貢獻，故文建會每年均編列「廣播文化獎」之預算，藉以表揚廣播從業人員之功勞。

推動文化傳播最爲強勢

擔任今年度評審委員者爲：中央研究院院士李亦園、師大社會教育系教授宋明順、文大新聞系教授何貽謀、政大新聞系教授翁秀琪、民俗專家簡上仁、政大廣播電視系主任關尚仁、國立藝專音樂科教授戴金泉。評審委員會主任委員李亦園指出，一般人多認爲廣播是弱勢媒體；但事實上，文化傳播工作者除了提供資訊給受眾，更應留給受眾思考空間，才能落實文化建設，因此就廣播留下寬闊的視覺想像空間之特色而言，廣播才是推動文化傳播的強勢媒體。

表揚匡正風氣有功節目

總統府國策顧問陶百川除肯定全體幕前、幕後廣播從業人員的貢獻外，也表彰文建會、大傳教育協會致力於推動文化建設的成績。鑑於現今社會風氣日益敗壞，他建議文建會，不妨重拾民國二十三年「新生活運動」之精神，在下年度「廣播文化獎」中增設「禮義廉恥獎」。如此不但可表揚匡正社會風氣有功的節目，也可將道德規範推廣至民間。

王效蘭李季準共襄盛舉

陶百川並當場表示，願捐贈一年投稿報紙之稿酬十萬元作爲「禮義廉恥獎」基金。他的這項拋磚引玉之舉，立刻獲得迴響。曾受教於陶百川的《民生報》發行人王效蘭，立卽效法恩師捐出十萬元；甫以「感性時間」獲第二類最佳文化節目一等獎的李季準，亦捐出獎金五萬元，共襄盛舉。

本年度「廣播文化獎」共頒五類獎項，並邀國策顧問陶百川、新聞局副局長吳中立、中研院院士李亦園、大傳教育協會副理事長閻沁恆、文建會主委中學庸擔任頒獎人。此外，《民生報》發行人王效蘭、新聞局廣電處處長顏榮昌、大傳教育協會祕書長皇甫河旺及多位傳播文化界人士，均到場觀禮。典禮結束後舉行慶祝酒會，所有得獎人與貴賓並合影留念。

(附載二) 從陶百川先生辭卸監委談起

《大學雜誌》一〇九期

四月二十九日凌晨，去國三年多的陶百川先生悄悄的返抵國門。陶百川先生是一位深受國人尊敬的監察委員；對於陶百川先生的歸國，國內的同胞，尤其是輿論界的知識分子，都感到特別的高興。在國難方殷的時候，陶百川先生的歸來，對國人在精神上是一種很大的鼓舞。因為陶百川先生的言行風骨，乃是正義和道德力量的象徵。

但是陶先生這次歸國，並未回監察院辦理銷假報到，因為陶先生認為他已屢次聲明辭卸監委職務，依照民主國家的慣例，民意代表如欲辭卸職務，只要自動發表聲明就算辭職了。可是，這種聲明辭職的方式，在我國尚無前例，不易被接受。所以雖然陶百川先生早已聲稱已辭卸監委職務，但是一般人和監察院似乎並不認為他的辭職已經生效或「獲准」。因此，據報導陶先生一度曾考慮採取另一種途徑以達到其辭職的意願。因為依照憲法規定，監察委員不能執行業務，陶百川先生是學法律的，早年已取得律師資格，他考慮做個掛牌但不接案的律師，如此一來，他的監察委員資格便自動消失了。

但由於最近旅居美國的國大代表鈕先箴，以個人健康關係不能回國參加會議為理由，致函內政部自動辭職，經內政部依照法定程序註銷她的國大代表資格，因此陶先生乃援引此例，函請內政部註銷其監委資格，並以副本致送監察院。內政部業已函覆陶百川先生，准予備查，監察院余俊賢院長也在院會中報告了陶百川先生的辭職，等於開去了他的席次。日前嚴總統以陶百川先生以文章報國，歷有年所，為借重長才，俾對國家多所獻替，特聘為國策顧問。至此「陶百川辭卸監委風波」終告塵埃落定了。

（附載三）向陶百川先生看齊

吳英時

拜讀貴刊〈讓歷史性的人格典型出現在這一代〉，評論陶百川先生辭職一事，使我百感交集。

自從我國從聯合國退出以來，本人對國事較前更爲熱心，屢思如何鞏固我國本、壯大我國力、光大我法統，乃覺得當今之急務莫過於全面改選中央民意代表。

依據中華民國憲法，中央民意代表在屆滿之前，理應按規定如期改選。因爲中華民國從大陸遷臺以來，處於非常時期，以致近三十年來始終未曾改選。現任中央民意代表諸公，除部分增補選者外，均年邁力衰，在此世局多變的時代裡，似乎缺乏應付變局的機動性與戰鬥性。我國人認爲中央民意代表諸公之中亦不少有如上之感，陶百川先生就是最好的例子。我想陶先生也是一本響應蔣院長革新運動的號召而毅然決意辭去監察委員的職務。本人對陶先生的這種明事體知大義的勇敢作爲，表示由衷的敬佩。本人謹在此呼籲：凡我中央民意代表諸公向陶百川先生看齊，從議壇上勇退，以經驗與文章報國。如此不僅可昌大中華民國憲法的法統，且必將使中華民國的國運有所轉機而更加昌隆！此乃我國人民之大幸也。

怨而不恨持而不暴懼而不屈

監察委員陶百川已於九月二日下午五時許，悄然赴美。據監察院發布新聞說，十一月間，他將返國參加監察院五十七年度總檢討會議。

在陶氏赴美前一個月，記者曾與陶氏「短談」兩次。第一次記者問他何時出國？他極爲驚訝而反問記者何以得此消息？接著，他很平靜地回答：「下月初。」但要求記者不要洩露他赴美的消息。

過了幾天，記者第二次與陶委員晤談，並提到《中央日報》刊登「爲陶百川先生洗寃白謗」的廣告，以及與「洗寃白謗」有關的問題。

他對這個問題的態度，曾引用張瑞所著《爲陶百川先生洗寃白謗》書中之「怨而不恨，持而不暴，懼而不屈」的話來說明。

觀此可知，陶委員在出國之前顯然不願與人「冷戰」，這種容忍的度量，在當前是不多見的。

據說：陶委員曾將有關的問題，向有關方面陳述，並獲最高當局准其出國從事國民外交，這足以證明其舊作──《我在美蘇采風錄》──一書，並非如外界所說的「錯」了。關於這件事，陶氏可能於返國後再說。

像陶委員這樣忠於國家的人，竟發生了所謂「忠奸」的問題，實在令人百思不解。國民黨監察委員黨部同仁都爲陶氏抱不平，但陶氏除謝謝他們外，並不希望把事情擴大，他是以行動來否定一切「傳說」。

請辭監委原因何在？

寶樹先生祕書長：

別後時而因病，時而因忙，時而因懶，但主要是因乏善足陳，以致音敬久疏，尚乞諒之！

比奉惠示，承囑打消辭意，殊感關切。弟曾請監察院友人將九月六日致監察院函複印七份，分送先生、政府當局及友好，俾知弟自動引退之原因及今後報國之打算。但經同人囑其緩發，是以未果。茲特略加補充，敬爲先生陳之：

弟之引退決定，應上溯至十年之前，記得彼時在臺中公園納涼時曾爲余委員俊賢言之，以後亦常以此爲言。想余院長及一部分同人尚能追憶。

三年前中央考慮中央民意代表增選時，弟曾以蕪函向先生建議制訂第一屆代表退休辦法，此亦爲弟退休意念之具體反映。

但九月六日致監察院函中所陳理由，僅爲「舊疾時發，身心益老，而本院監察工作繁重艱難，常致焦頭爛額，自非衰病所能再任」。此雖實情，但不僅此而已。

慨自吾國退出聯合國後，國步益艱，敏感日甚，而監察工作有類於外科手術，其連帶產生之反應或副作用，有時或非病體所能堪，故不得不設法節制，於是弟乃無事可做，反不如留美寫稿之有意義也。

且自經國先生繼任行政院長以來，勵精圖治，爲民前鋒，對政治之隆汚及民生之甘苦，尤爲關切，不待監察院之調查、糾正或呼籲，而迭有改進，於是弟更可另謀報國之道。現已著手之《國會監察比較》，卽其一例。而因其以中文及英文所寫，似非一年半至兩年，不能完成。但其效益及影響，自較「簿書期會」爲深遠。

本此動機及理由，弟乃向監察院聲明自動引退，並請其通知內政部註銷其委員資格。此爲民選人員辭職之合法途徑，而一經聲明，卽生效力，故弟自視已非監察委員矣。

兩地相距雖遠，然朝發可以夕至。此後自當隨時回國聆教。

「太上忘情，其次不及」，但弟對監察工作業已付出相當心血與感情，自忖似非忘情或無情，應能蒙先生及諸同志之諒解也。

紙短不盡欲言，維先生鑒詧之。

陶百川敬啓

六十三年九月二十二日

請辭國策顧問

一

總統鈞鑒：

前承厚意，囑任國策顧問。原欲爲國家畫策建言，爲政府補偏救弊，但因年老才盡，形格勢禁，未能多所貢獻，常感疚慚，四年來曾經兩次表達辭意，茲値假期屆滿，用敬補敍理由，重申前請，務乞惠予批准。

按百川今年八十三歲，一生憂患，早已未老先衰。近復耳鳴加劇，妨害睡眠，血壓偏低，常感昏眩。醫謂必須減輕精神負擔，安心靜養，以期帶病延年。此爲不得不辭職者一。

復查政海險阻，愛國痛苦，多年來屢遭橫逆，幸有貴人扶持，方能化險爲夷。今後難免再遭不幸，更非衰朽所能承受。「無可奈何花落去」，此爲不得不辭職者二。

回憶八年前辭去監察委員後，仍任公職，勤勞國事。現在健康及處境雖皆大不如前，但此心此志，未嘗改移。今後有生之年，仍當關懷鄉邦，並祝國運長好，我公長健。

肅此陳情，敬請

崇安

陶百川謹上

七十四年二月二十日

二

昌煥先生祕書長：

別後瞬將八月，現在冬盡春來，敬維國運昌隆，公私迪吉，爲頌爲慰！

弟已於上月底向總統請辭國策顧問，同時通知小兒不再支領顧問一切薪津。敬此報聞。尙有何項離職手續須弟辦理，擬請飭屬示知爲荷！

瑣屑費神，容當後謝。敬頌

籌祺

弟陶百川叩

七十四年三月二十二日

（附載）對陶顧問請辭的感言

《亞洲人》雜誌

旅居美國的國策顧問陶百川，最近有感於國事日趨不堪聞問，加上自己體力日衰，正在考慮如何辭去總統府國策顧問一職。

年屆八十高齡的陶公，寫起文章來，常常意在文外，筆力萬鈞。他住在加州女兒家這一年，固定爲《自立晚報》寫了不少國際問題的文章，但是每篇文章都與國內政治有密切關係。他的文章，兩大報早就不敢刊載。

據悉，最近半年來，他看到江南案和十信案以來的一連串的事件，當局不僅沒有知恥知病，大幅度改革的誠心，反而更加緊縮保守，壓制言論，查禁雜誌，這些事情讓他十分灰心。

《亞洲人》週刊於七月五日出版的二十三期，轉載他在海外發表的「兩國兩制」、「百年不變」的構想，竟被查禁。《民眾日報》偶而也轉載他的文章，竟被停刊，這類事使他感覺到有關單位似乎對他懷有成見。

總統府有不少位國策顧問，但是大部分都不顧不問，只有陶百川又顧又問，而且經常爲國事憂心如焚。他發表在《自立晚報》的文章，實際上都是苦心孤詣地寫給當局參考的。

但是，他得到的卻是有關單位對他越多的不諒解。

他的一片丹心，有如明月照溝渠。

數年前，他因「外慚清議，內疚神明」而辭去監委的職務，引起政壇的震撼。當時他受到極大的壓力，也惹來不少敵意。後來，經過種種安排和考慮，他在極端勉強的情況下接受國策顧問一職。

他認爲要做就做名符其實的顧問，他經常提意見，上條子，假戲眞做，幹起類似古代御史的工作來了。後來，他發現這種上條子的辦法，都沒有反應，於是改在報紙上發表文章。

這樣一來，他在社會上的聲望越來越高，但政治上越來越孤立，幾近息交絕遊的地步。他每年都去美國住幾個月，一方面爲了夫人的養病，一方面要避開煩擾困悶的政局，但是仍然難忘國事，常以外國事例諷諫國內的當政者，仍然以「磊落志，天地心，傾出摯誠永不悔」來自勉自慰兼以解嘲。

最近半年來，國內一些比較敢言的學者，逐漸不想寫文章，不想再講話了。陶公曾來信勸勉國內年輕的政論者，「持其志毋暴其氣」。但是他自己也覺得再寫下去沒有什麼意思了。

許多人知道他要停筆的消息後，感到很大的挫敗感，因爲陶公是言論重鎮，是國民黨體制上所能容忍的清流象徵，如果連他都不問時事，那麼國事眞是不堪聞問了。

如果他在痛心之餘，在美國公開宣佈辭去國策顧問，那對國民黨當局將是何等難堪的事！

七十四年八月三日

何以仍做國策顧問

來此瞬已二十餘日，先後在檀香山、舊金山及卡美爾各住數日。擬卽遷往Palo Alto，與小女同住，至九月初再回檀島，然後於十月初回臺。小女任教於史丹福大學醫學院。此一號稱「西岸哈佛」之著名學府，與胡佛研究所同在一校園內，人文薈萃，最宜進修，以弟困勉，可謂得其所哉。

弟忝任國策顧問，適滿三年，愧無貢獻；本擬請辭，免負平生。但念總統對弟優容，許弟直言，而時局又如此艱難，何忍過分「忘情」！惟「信而後諫」，「時然後言」，以弟狂狷，恐難做得恰到好處耳。幸先生有以教之！書不盡言。祗頌

籌祺

六十五年七月十五日

(附載) 資政和國策顧問的聘任標準為何？

——以「資深國策顧問」陶百川作一個例子

龔　濟

李登輝總統日昨敦聘李煥、馬樹禮、何宜武、邱創煥、蔡鴻文等人爲資政，周宏濤、王友釗、閻振興、蘇南成等人爲國策顧問。我們雖不太瞭解總統府的組織編制情形，但一般人都知道，資政的地位是大於國策顧問的。那麼那些人應聘爲資政？那些人應聘爲國策顧問？想必是依據他們的聲望、黨政經歷以及對國家的貢獻而定。但是看看過去的例子，又不盡然。

蔣公時代的總統府祕書長鄭彥棻，在嚴家淦總統任內卸職，獲聘爲國策顧問。鄭彥棻做過僑務委員會委員長、司法行政部部長，還做過中國國民黨中央委員會祕書長。但是也爲黨祕書長的張寶樹，離職時卽爲蔣經國總統聘爲資政，張寶樹除了黨職外，沒有在政府中擔任過其他職務。張的後任蔣彥士，在卸去黨部祕書長後，爲蔣經國總統聘爲國策顧問。蔣彥士除了黨的祕書長外還做過行政院祕書長和總統府祕書長。集「三大祕書長」於一身，過去似無先例。除此之外，他還擔任過教育部長和外交部長。而蔣的黨部後任馬樹禮，這次爲李登輝總統聘爲資政。

看了以上這些例子，眞覺得總統府聘人可「小大由之」，外人實在無從理解。

鄭彥棻和蔣彥士後來當了資政，是由國策顧問「升」起來的。資政和顧問本爲酬庸性的閒職，居然也能考績升等，恐非始料所及。

但原爲國策顧問的蔡鴻文，這次「升」爲資政，與上次整合「非主流派」成功有關，應無疑義。

蔡鴻文曾任臺灣省議會議長，議長的基本職務是省議員，如果地方議員可由國策顧問「升」爲資政，則曾任國會議員，早已成爲「資深國策顧問」的陶百川，似也應受到同樣的考慮。若謂蔡鴻文整合有功，那是擺平國民黨的「家變」，對黨內有貢獻；而陶百川幾年前奉命與幾位清流學者，作爲與「黨外」溝通的中介人，努力避免政治衝突升高，爲蔣經國總統幾項大開大闔的歷史性民主績業，爭取到足夠的部署時間，不僅功在國民黨，也功在國家。

國會三院議員，今天受人奚落，被人逼退，且爲國家進步的障礙。陶百川十多年前就辭去監察委員，當時恐怕還有「非忠貞黨員」之嫌。這種不苟且的精神，今天看來就更可貴。而他廉潔正直、關懷國事民生，在社會深孚人望。如果資政是由民選，相信他必得高票。資政和國策顧問之職任，權在總統。但這些都是國家名器，「唯名與器不可假人」，就不能不接受社會的監督和輿論的公評。

七十九年六月四日　《聯合報》

國策顧問問政方式

肇公國策顧問兼秘書長勛鑒：

日內總統邀宴全體國策顧問時，不知會談到工作問題否？

按國策顧問本有組織條例，規定顧問應定期開會，討論提案及總統交議事項，但從未實行。弟曾向蔣經國總統建議開會，未荷採納，想有困難，不想再提。

但念現在國家處境較前艱難，實更有集思廣益之必要。竊以為總統似可要求顧問各就平日所見所聞所感之有關於國策或政術者隨時以「報告」或「意見書」陳報總統，供其參考。如果每人每月各寫一件，則以現有六十八人合計，總統每日當可收到兩件以上，對總統及國事應有裨益。

至於為顧問設想，每月提出一件意見書，實屬輕而易舉，而因如此又顧又問，便可稍減疚慚，故必為同仁所樂為也。

回憶曾有立法委員提出質詢，對國策顧問之無所事事表示不滿，弟曾以私函向其解釋，茲特印附。竊恐現在議論風發，吾輩難免亦將為流矢所傷，故不如早為之計也。

如何是好，統祈卓裁。費神敬謝。

應做烏鴉不做鳳凰

我很久沒有向李總統上條陳了。有人認爲李先生不喜歡有人向他進言。有人甚至以李總統上次歡宴國策顧問而大家只是「悶吃」爲證。但我則不願那麼悲觀，所以今後仍將相機進言。除非辭去國策顧問，我不應偷懶。更何況現在表面昇平而危機實增，國策顧問負有言責，應做烏鴉，不做鳳凰，「寧鳴而死，爲凶之防」。「余豈好辯哉！」

八十三年五月十六日

試擬資政顧問會議規程

第一條　本規程依據國策顧問條例訂定之。

第二條　總統府資政及國策顧問（以下簡稱資政顧問）每月舉行會議一次，由資政顧問共同參加。

第三條　本會議之議程包含討論總統交議案、資政顧問提議案以及聽取資政顧問對國事之檢討意見。

第四條　本會議公推資政及顧問各二人為召集人，輪任會議主席。

第五條　本會議置祕書一人及辦事員數人，由總統府調派職員兼任。

第六條　本會議議決及報告事項應呈報總統並分寄全體資政及顧問。

八十二年三月十八日

廢除資政顧問何如？

報載：「民進黨立委李慶雄三月六日招待新聞記者，指出總統府資政、國策顧問及戰略顧問長期超編，違法支領薪水，且若干資政近年不無介入政爭之嫌，故應從制度層面予以徹底廢除，才可解決問題。」

又報載：「李委員公布的統計資料顯示，目前總統府資政計有三十四人，國策顧問總人數為一二五人，戰略顧問總人數亦有一、二百人之譜，明顯違法超編，同時資政每月比照副院長支領十四萬零五百七十元，國策顧問比照部長支領十二萬五千二百七十元，且均屬終身職，每年人事費用卽超過三億元，未嘗不是現今政府財政困難的一項負擔。」

至於總統府的回應，報載是「總統府會注意，尊重李委員的意見」。

我以爲那個回應不很妥適，似應另籌對策，我建議下列五項：

一、公開聲明資政顧問皆有六年的任期限制，並非終身職。

二、聲明顧問並非全體支薪，預算以外的人員都是無給職。

三、資政顧問常向政府建言，例如我向總統和政府首長所提興革意見，年來平均每月超過十件。如果不做顧問，我就沒有這種責任、勇氣和機會了。「治安一策最難上，只是江湖心不灰」（康南海）。這可爲我做顧問的寫照。卽此可見資政顧問這個制度不無保存的價値。

四、對於少數資政參加黨內的政見爭論或職位競爭，有人引爲詬病，我則以爲有如大氣中的風暴或大海中的波浪，無可避免，不應深責，而有些資政從而出面排解，從旁協調，敉平政爭，乃是功在國家，自更不應誣爲參加政爭而成爲廢除資政的理由。

五、但是資政顧問的工作和貢獻，與其所受的報酬相衡量，尙難說是相當，他們自應更加努力，法律也規定資政顧問必須經常舉行會議，討論提案和總統交議事項。我曾一再呼籲要依法舉行該項會議，但迄無結果。現在面對社會各界對資政顧問日益高漲的期待和壓力，我特重申前請，建議總統府早日邀集資政顧問舉行一次預備會議，商討今後舉行會議開展工作的有關事項。企予望之！

八十二年三月十三日

請辭國家統一委員會委員

百川備位國家統一委員會瞬已兩屆，雖盡心力，但無實效，近復橫遭誣衊（附件），深恐為流彈所傷，自非衰朽所堪承受。為此敬請准予辭去委員職務，以免兩誤。敬呈

總統

陶百川

八十一年十一月六日

（附件）部分國統會委員接受「一國兩制」

蔡文熙

國民黨主席李登輝日前公開斥「黨內有些同志看到中共，不是一面倒，就是要借中共來壓迫

我們自己人」，據國民黨高層人士分析時指出，李登輝這番話的另一用意，是因爲已有部分國統會委員已逐漸接受鄧小平「一國兩制」思想，引起李登輝的憤怒與高度關切。

據了解，根據李登輝最新聘任的國統會委員名單中，在二十八位委員當中，馬樹禮、蔣緯國、陶百川、王惕吾、余紀忠、李海天等人，一般均視之爲帶有高度急切統一的國統會委員，其中，尤以馬樹禮、蔣緯國、王惕吾與李海天四人的言行，更爲鮮明。由於國統會委員擁有主導未來國家統一的大方向決策權，其個人最終政治理念，影響國家統一大業相當深遠。

不過，李登輝根據情治單位、黨務系統與國統會幕僚人員的多重訊息研判，發現已有部分國統會委員的政治理念，逐漸與中共最高領導人鄧小平所提出的「一國兩制」接近，甚至嚴重質疑所謂「一個中國」便是「中華民國」的一貫政策。

事實上，從李登輝連續批評急統派媒體，重申「一個中國政策即是一個中華民國政策」的立場，不容質疑，在在顯示李登輝力挽狂瀾的決心。

總之，從李登輝批評黨內同志面對中共就一面倒的強烈語言中，未來國統會委員當中，自然不敢公開與鄧小平隔海唱和，然而如何徹底解決部分國統會委員已逐漸接受「一國兩制」的傾向，有賴李登輝提出應有的魄力。

（附載一）陶百川何須辭職

何啓聖

總統府國策顧問陶百川，因不滿遭某媒體誣衊，於十一月二十六日致函李總統，表明請辭國家統一委員會委員一職。總統府方面迄今未對此事有所反應。

某媒體於十一月十六日以頭版頭條的顯著地位，報導決策高層根據情治單位、黨務系統與國統會幕僚人員的多重訊息研判，發現已有部分國統會委員的政治理念與鄧小平「一國兩制」接近。

陶百川對於媒體誣衊的報導至爲憤怒，認爲已遭到嚴重污辱，因此，以辭職表示抗議。他同時認爲，該媒體作如此的報導，是政治鬥爭，他已九十高齡，不願涉入。

引起陶百川強烈不滿的媒體報導指稱：「國民黨主席李登輝日前公開斥『黨內有些同志看到中共，不是一面倒，就是曾借中共來壓迫我們自己人』……這番話的另一用意，是因爲已有部分國統會委員已逐漸接受鄧小平『一國兩制』思想，引起李登輝的憤怒與高度關切。」

報導中同時指「國統會二十八位委員中，馬樹禮、蔣緯國、陶百川、王惕吾、余紀忠、李海天等人，爲帶有高度急切統一的國統會委員，其中，尤以馬樹禮、蔣緯國、王惕吾與李海天四人的言行，更為鮮明。」

（附載二）總統府慰留

張慧英

李登輝總統昨天指示總統府祕書長蔣彥士親自拜訪陶百川，希望陶百川能打消辭去國統委員的意向，並且送還陶百川的辭職信，經過一番懇談後，陶百川態度趨於緩和，表示願意再考慮，同時收回其辭職信。

蔣彥士在中午十二點半與陶百川聯絡後，下午二時前往陶百川的家中拜訪，他懇切的強調，陶百川的高風亮節及反共立場，早已為全國民眾所肯定與推崇，李總統誠摯地希望陶百川能夠打消辭意，繼續擔任國統委員，以為國家的統一大業貢獻寶貴的心力。蔣彥士也對總統府遲遲未對陶百川的辭職信作答覆提出解釋，他表示這是作業上的疏失。

陶百川昨天上午在接受記者訪問時，曾經以王建煊的「辭職不是兒戲」，來說明他堅決辭去國統委員的態度，他指出，《民眾日報》的那則報導說得非常嚴重，而對其所寫的內容，有關方面沒有人出面加以否認或澄清，這就更嚴重了，所以他不能再擔任國統委員，如果有人挽留他，他也不會考慮留下來。

他不過昨天在蔣彥士的登門拜訪後，陶百川的態度已較為和緩，他雖然仍表示要考慮、考慮，但收回辭職信的動作，說明陶百川應該已經打消辭去國統委員的意向了。

因據了解，蔣彥士在上個月下旬收到陶百川寄來的信，信中對《民眾日報》的報導強烈表示不滿，並且附上剪報，但因為信件是份影印本，也不是陶百川的筆跡，因此總統府的幕僚人員暫時未呈報，等待正本到達時再作處理，以致遲遲未給陶百川回音。

重申不任國統會委員

彥公祕書長：

國統委員行將改聘，前曾函請轉陳總統對弟不再續聘。近覺精力日差，意興日減，不堪再任馳驅，用亟重申前請，以免兩誤。費神敬謝！順頌

公綏

陶百川叩

八十二年五月二十四日

（附載）陶百川困勉強狷九十年

陳立宏

總統府國策顧問陶百川最近用「辭職不是兒戲」這句流行話來說明自己堅辭國統會委員的決心，這位九十歲的國之大老，早年即擔任國民黨與黨外協調的要角，此番已不準備接受來自總統府的協調。外界風傳，陶百川對於當局未能出面爲他止謗一事，至今不能釋懷。

其實，陶百川在今年二月便曾主動向總統府表明無意續任國統會委員，當時他便表示，自己年紀大了，體力大不如前，現在應該退位讓年輕人出來。

陶百川曾謂自己做事只問天理、不計毀譽；從早年從事新聞工作、中年擔任監察委員職務、晚年受聘爲國策顧問，他一直不改其書生論政、言論報國之志，言其所當言。這種風骨使他得罪不少權貴，而他對民主、法治與人權的執著，更使他在國民黨內承受莫大壓力，遭受無數的攻擊。

陶百川著作的《困勉強狷八十年》回憶錄中曾提到，他在中國國民黨六十多年的黨齡中，境遇可分三期：

從民國十三年到三十二年的二十年間是飛騰時期，他青雲得路、步步高陞。

從三十三年到六十六年的三十三年間是中落時期，其間他對行政院前院長俞鴻鈞的彈劾案，幾乎被開除黨籍。

在民國七十年，當時蔣經國主席突然向黨的第十二次全國代表大會提名他爲中央評議委員，陶百川自述，這時他與黨的關係是「枯木生花」。

陶百川監委任內最膾炙人口的就是對俞鴻鈞的彈劾案，以及爲雷震案提案糾正行政院；在孫立人案中，陶百川也表現了「辨冤白謗」的莫大勇氣，此外，他還平反了許多件冤獄案，爲此，他贏得「陶青天」的稱譽。陶百川曾把一些較有意義的案件編印成書，書名叫做《辨冤白謗第一天理》。

陶百川對監察權的執著，自不見容於現實官場，更不爲權勢所喜，在壓力迭至、身心俱疲下，監察院前院長于右任逝世後，他認爲監察權此後恐後繼無人，難以發揮，於是在民國六十六年辭職，不久後卽獲當時蔣經國總統聘爲國策顧問。

陶百川由於素具清望，在抗戰期間，他擔任國民參政員，在國民黨團中從事與王雲五、沈鈞儒等黨外人士的協調溝通工作，國共戰事伊始，政府舉行政治協商會議，陶百川也曾奉黨徵召與黨外人士聯絡溝通。民國七十五年初，當時黨外公政會在各地成立分會而引發黨內外尖銳對立，剛從美洲返國的陶百川又銜總統之命促成黨內外溝通，紓緩對立情勢，這一段歷史當時被譽爲「三十年來黨內外最具建設性的政治對話」。陶百川可說是黨內外溝通的元老。

陶百川雖慨嘆「政海險阻、良藥苦口」，但在擔任國策顧問之後，仍一本書生本色，言所當言，他常在報章雜誌發表對國是的見解，爲民主、自由、法治與人權奔走呼號。爲此，在民國七十一年間，陶百川曾被警總「圍剿」，扣上「偏激分子」、「爲敵人開路」的帽子。以至於今，他仍不改「寧死而鳴」的本色，數度直諫最高當局，「爲政當格外尊重『大信』，取才當格外『放大圈子』，對人當格外『大度包容』，對事當格外『照顧大眾』」。

陶百川的行事可謂繼承中國古代士大夫耿介風骨，又涵蓋了西方民主理性的精神，使他對言論自由、人權法治的問題上，直言不諱，數十年來不改其信念。面對當前決策階層爭權逐勢的景況，他曾說「看來我連做傻事的機會也很少」。這位九十歲的國之大老看來已感到「厭倦」了。

八十一年十二月二十日

陶百川建議恢復國家統一委員會

總統府國家統一委員會自前屆期滿卽已解體。國策顧問陶百川在一次集會中向總統府建議速予恢復，以免加深誤解甚至曲解。至於有人建議，應視下次修憲結果方可決定恢復與否，陶百川質疑該項建議是否認爲修憲可能將中華民國的領土修改爲限於臺澎金馬，不發生統一問題。但陶百川認為如果有此想法，則政府此時更應強調統一，以指導及規範修憲之方向。

八十三年六月二十六日

反對審查大學用書

周天瑞

關於臺大教授林瑞翰所著《中國通史》，經人指出其誣蔑民族英雄岳飛後，擾攘經月，從監察委員的調查報告中看，未對其個人有所追究，但主張大學用書應由教育部事先審定。

昨天監察院教育、內政兩委員會聯席討論時，曾有委員意猶未盡，認為調查報告措辭過於溫婉，並且非常激動地認為林教授引用歷史家呂思勉附匪前的著作，而作「翻案文章」，指其「思想」有問題，要警備總部注意查究。

但是警備總部去年十一月間收到檢舉書件後，即將該書送請中央研究院歷史語言研究所、政治大學及政治作戰學校審查。雖然審查意見認其論述「岳飛之死」，有欠妥當，不符史實，尤違背反攻復國，激勵忠貞的教育宗旨，但是如就該書不妥文字而言，卻表示似難依法處理。

於是警總政戰部綜合審查了各學術機構的意見為七點，送請教育局參考處理。在七點審查意見中，認為林教授所述有歷史資料的依據，並非有意誣蔑，因此舉述若干歷史記載，說明岳飛為民族英雄已成定論，乃希望林瑞翰再版時修正，並應強調岳飛的忠貞事蹟。

陶百川委員認爲警備總部的這項處理，十分開明，表示讚揚，並且根據警總這樣的結論，認爲林教授在思想上並無問題，否則警總早應作其他處理，因此林教授純粹以學者探究問題的態度爲出發點，況且林教授事後也深明大義，於警總作該決定之前，即已作了修正，因此並無「追究」的必要。

他說，監察權僅對於公務人員行之，並不能以學術界人士爲對象，如果說某教育界人士思想確有問題，也是警備總部等機構的權責。監察委員在職權範圍內要作的事情太多了，無須爲這種事情操心，因此這種作法不是監察院應當倡導的。

由林瑞翰教授一事，所引出的大學用書應否事先審定的問題，陶委員認爲大學教育與國民教育、中等教育性質不同，教授與學生都是較爲成熟的人，不必管制太多。

他說，一個受大學教育的人，應該有他們自由的思想，去檢討，去懷疑，跳出現實的模式，爲十年、百年後的社會與國家多想問題，絕不能將他們的思想範圍框住。何況大專聯考已經壓得學子透不過氣，應該讓他們在大學裡呼吸一些思想自由的空氣。

在我國憲法上，除了規定人民有言論自由，還規定有講學自由，這是我國憲法的進步之處，如果在規定講學自由之餘，又規定大學教科書必須事先審定，他說，這誠然是背道而馳。

他並舉一例說，如果有人在街頭或公園，大談馬克斯主義，這當然不爲我國情況所允許，必然會受到取締，但是教授在講壇上講述三民主義、政治學、經濟學時，若不准其引述馬克斯主義，這便是太過分了。

至於大學教授是否即可離經叛道，故作聳人聽聞之論呢？他說，當然不可以。他表示，此可以依法律來論處，亦即事先無須審查，但事後仍須負責任，既有事後的責任問題，亦可以促其事先的審慎了。

他反對大學用書事先審查，還有一個技術上的原因。陶委員說，大學教授所用的教材，除了坊間出版的各種書本之外，有些是其個人的講義，如果審查書本，則這一方面的思想問題是封鎖住了，但是講義不審查也是枉然。如果審查講義，恐怕查不勝查，枉費人力了，況且有些教授使用外國參考書，如果也要審查，則要大鬧笑話，事實上也做不到。

遠見何來？博學深思

——《遠見》雜誌三週年紀念題詞

日前我向一位新官道賀，他說：「現在時代和環境都變得很大很快，你素有遠見，務請多多指教。」

在旁一位記者問我何謂遠見？我說：「時代未變而預知其變，環境未變而預知其變，這就是遠見，是政治家必備的才識。」

他又問我怎樣方能有遠見？我說：「我有一個笨拙的方法，就是『博學深思』。」

我的讀書經驗談

一

我生長在浙江紹興一個窮鄉僻壤，叫做六岸。它雖然也是在「山陰道上」，風景秀麗，但七八十年前風氣閉塞，民生艱難，三、四里內沒有一所新式學堂。所以我早年的教育，有七、八年之久是在私塾中完成。直到十五歲方在父親所服務的江蘇省灌雲縣接受小學教育。

在長達七、八年的私塾階段中，我讀的都是古書。先是《百家姓》，書中排列著四個字一句的姓，例如第一句是「趙錢孫李」，既無意義，也無趣味。幸而接著讀《三字經》和《千家詩》，二者都是很好的啓蒙讀本，我得益頗多。

以後就讀〈大學〉、〈中庸〉、《論語》和《孟子》，都須背誦。當時雖感艱苦，但迄今還能記得很多。而且我受益的，不獨文字而已，還有許多立身處世的道理。

五經部分我在私塾中只讀了《詩經》和《春秋左氏傳》。《詩經》雖然包含風雅頌，我沒有很深的感受，但《左傳》確是既有益，也有趣。有益，是因以古爲鑑，可知興替；有趣，是因那些故事和文章——故事是那麼生動，文章是那麼精練。

私塾本來也應該教一些歷史，我也「點讀」了《綱鑑易知錄》，可是那是我父親遠道寄來要我閱覽的，限於時間，我只看了一部分。

我也讀了《幼學瓊林》，它又叫《幼學故事瓊林》，那是一本小型的「類書」，包含天文、地理、親族、人事、文事等數十類的典故和成語。它導引我後來去看高級的三通——《通典》、《通志》和《文獻通考》以及續三通和清代三通。

在許多古書中，我早年最喜歡《古文觀止》。它選集了許多擲地有聲的文章，不獨文字各有所長，而且也充滿著做人做事和治國平天下的道理。《唐詩三百首》，加上《千家詩》則可稱爲古詩「觀止」。但因限於時間和精力，私塾的老夫子只爲我選教了一部分，其餘多是我後來所自修的。

子書我選讀了《韓非子》。我的故鄉盛產紹興師爺，我父親那時也在保定和奉天一帶遊幕。那位私塾老夫子，似乎也富有刑名思想，所以要我也讀一些法家的書籍。這與我後來在大學選讀法科並無多大關連，但我現在所以篤信法治，或者與此不無關係。

鄉下沒有圖書館，私人藏書也很少，那時我所學習的只是上述寥寥十數種而已，但總算也包括了「經史子集」。

二

在我十三歲時，我父在灌雲縣政府擔任第一科科長。縣知事（縣長）是我一位堂叔公，那年他派人去鄉下接家眷，我母親帶了我的兩位弟弟跟他們同去灌雲。兩年後，父親因奔祖母之喪回原籍，把我也接去同住。我乃得在該縣一所小學插入高小二年級接受新教育。縣衙門藏書頗多，我方有機會接觸課外讀物。但我最喜歡的還是林琴南先生所譯的歐美小說，我在兩年中看了一百多部；中國的幾部古典小說，也在那時看個痛快。

我在高小的讀書經驗很艱苦，因爲那時我對英算理化毫無所知，經過惡補，方能畢業，其苦可知。可是因爲在校外看了許多小說，我不獨心情愉快，而且立身處事方面也得益不少。

小學畢業後，我到蘇州考入一個教會學校——萃英中學。我的英文和新思想都在那個階段打好基礎。因爲它是美國長老會所辦的學校，英文當然教得很多也很好，甚至我所讀的中國地理和歷史也都是英文教本，所以到了三年級，我的英文寫作在全校已名列前茅。英文後來對我一生有很大幫助。

但教會學校都很保守，圖書室中沒有一本新思潮的書。幸而我有志同道合的同學十餘人，每人每學期，各出一元購買新書，一次可買二、三十種，輪流閱讀，有時並舉行讀書報告會，交換心得。

那時上海有一個通信圖書館，可以寫信借書，而且不必負擔寄書郵費，我每週例借一本，兩年下來，可說已博覽群書。後來我到上海特去感謝他們的熱心和慷慨。最近一位老友要辦一個小型圖書室，我記起這段往事，勸他專辦通信借書業務。

那些新思潮的書，很多是國民黨和共產黨的出版物，在教會學校被視爲洪水猛獸。可是我卻因而立下了革命救國的宏願，後來在大學一年級便加了中國國民黨。讀書之力可謂大矣！

但我也很感念教會學校所教導的耶穌教義。我沒有入教，而耶穌的精神卻常感動和鼓舞我的愛心和勇氣，常想背起十字架，努力使「天國」能在人類社會中湧現出來。

三

在大學階段，我讀了兩個學士學位。一是上海南方大學的文學士，一是上海法科大學的法學士。在讀法科大學時，我已在國民黨黨部工作，而且很忙，讀得毫無心得，幸而在南方大學以及在稍前的東吳法科，我專心攻讀，在政治、法律和英文方面稍有造詣。

在黨政方面工作了七、八年後，我得蔣先總統的資助，到美國哈佛大學肄業。我本來籌有兩年經費，想去讀較高學位。後來發現哈佛學位實在難讀，不是兩年所能如願，僅是第一和第二外國文，例如德文和法文，就非短時補習所能通過考試。於是我面臨重大的抉擇：一是攻讀學位，一是放棄學位而選修我所喜愛的功課，一年後再到歐洲遊歷。我決定了後者，在一年中選讀和旁聽了十多門功課，包括政治經濟和教育。在法律方面，我卻只讀了憲法和勞工法，在博和專的兩種選擇中，我只能求博而不求專。但這對我後來服務於黨政機關所需的知識很有幫助。如果我要做大學教授或專門學者，那就必須讀學位了。

在決定放棄學位時，我就準備去歐洲「行萬里路」，包括蘇聯：而爲了對蘇考察，我涉獵了有關蘇維埃共產主義及其實驗的一些書籍，對我後來「非共」思想的加強，那次遊蘇探眞之行，很有作用。

我在美國動身赴歐前，本來已請我在南方大學時代的老師夏晉麟先生接洽英國愛丁堡大學准我前去進修，擬在英國勾留一年。但我在莫斯科遇到新從上海去歐洲參加世界勞工大會的C兄，他說：上海黨政軍當局懍於日本對我國野心日熾，危機四伏，要我早日回國共抒時艱。於是我只得回到倫敦，取了行李，乘輪回滬，而全面抗戰不久果然爆發了。

來臺以後，我曾去美國五次，歐洲一次。去美第一次是應美國政府的邀請，前往訪問美國國會和遊歷各地，一共花了五個月，見聞特多。第二次住了兩年多。第三次住了三年多。以後兩次也各住三、四個月，在歐洲則住了半年。因爲我的兒女多半在大學教書，我乃有機會先後在史丹福大學等著名學府的圖書館看書和寫作。客居多暇，這些都是我讀書求知的好機會。我深信「活到老學到老，學不了」。現在，我已快到八十高齡了，但每天還須讀書半天。

四

最後，我應編者的要求，略述我的經驗之談的感想：

一、現在學校的功課多，生活忙，學生當然不可能再讀古書。但古書確有很多寶藏，不可不酌讀一些。我建議同學們多多利用暑假，選讀幾本古書，包括《四書》。現在坊間有多種「今註今譯」的版本，讀來就很容易。至於現已就業的朋友，只要有心看書，更不愁沒有時間，而且比較容易無師自通，不致像我在私塾那樣的困而知之。

二、「打鐵趁熱」，我在大學畢業後，不能就去留學，而做事幾年之後，兒女成行，放心難收，所以不能專心攻讀。有人主張須先留在國內做事幾年之後方准留學，我以爲殊非所宜。至於學位，也應追求。因爲學位是學問的教鞭，逼他用功讀書。

三、學業的成就與個性和天資是否適合，很有關係。天分不高，個性不合，勉強爲之，雖也能成功，但必事倍功半，很不經濟。我在小學畢業後，幸而沒有照我父親的意思去考工業職業學校，否則必致後悔不已。我從而聯想到大學聯考制度逼使青年濫塡志願，學非所長，可是我也想不出較好辦法。

四、編者提到在朝和在野的讀書人的求知態度，我以爲在朝的人更應讀書。他們受人民的委任和付託，處理眾人之事，責任何等重大，學問自更必需，而「一知半解最危險」，「半部論語」已不夠。如果自己沒有時間讀書，便應多多接近和請教有學問的人。

七十年五月二十八日

獎學金惠及少年犯

——在一次頒獎典禮中致詞的感想

我現在代表吳鐵城先生獎學金委員會和吳府家屬向這次得獎的五位同學道賀。因為諸位是從幾所大學和獨立學院推薦的好多位優秀同學中經獎學金委員會鄭重審查和選拔出來的，都是品學兼優，很可欽佩。

這個獎學金是吳府世兄吳幼林和吳幼良二位先生所捐贈的，每名金額是臺幣三千元，限於大學或獨立學院研讀外交或市政，雖也包括外文系和政治系的學生，但以前二者為優先。

吳府是書香門第，昆仲二人俱在美國受高深教育，幼林現任中央信託局副局長，並兼中國再保險公司董事長，幼良先生一向在紐約經營工程公司。

吳鐵城先生生前很重視教育。他在做市長時，曾經辦過識字運動，派我做識字教育委員會副主任委員兼總幹事，兩年中教育了約一百萬文盲，他們因而能識八百個常用字。

不僅做過上海市長，吳先生允文允武，參加辛亥革命，協建民國。北伐前曾任廣州公安局長，警衛師長，在上海市長任內兼任淞滬警備司令（我做他的軍法處長）。這些是他的軍職。但他不是武夫。至於他所擔任的文職，計有行政院副院長、外交部部長、廣東省政府主席、中央黨部祕書長和海外部部長，對國事和革命都有很大貢獻。

吳先生生前獎掖後進不遺餘力。我在被邀擔任軍法處長前，與他見面不過三次，並無深交，後來我赴美求學，得他的經濟補助。我記得數目也是三千元國幣，那時的幣值卻遠大於今日。今日三千臺幣的數目並不算多，但我想對清寒學生還是很有幫助。請讓我講一故事。

記得幾年前我參觀新竹少年監獄，周震歐典獄長陪我參觀少年們的寢室，時當冬天，我發現被褥似乎不夠禦寒。典獄長說，他們現在急需的，不是身體的溫暖，而是精神的溫暖，前者因蒙慈善團體捐助被服，可以勉強過多。所可憐的，他們一進監獄，就被社會看不起，他們自身也從而產生自卑感。這就大大的損傷他們幼小的心情，也損害了他們的前程。

我問他有何補救辦法。他說他想募集一些獎學金，表示社會沒有忘掉他們，沒有看不起他們，仍要鼓勵他們上進。

我問他詳細辦法。他說尚未訂定，大約是每名每學期一百元臺幣。

我說這不是太少麼！他說不然，他將以此贈與優秀少年，每月二十五元，作爲菜金的貼補，一百元可用四個月，其餘二個月是假期，他們可做些生產工作，略有收入。獎學金最大的作用，是在鼓勵。

我那時認捐了六百元，每班每學期一名，作爲倡導。社會人士有遠在海外的頗有響應，可惜爲數不多。

我講這個故事，我想指出，三千元還是一個大數目，因爲那是三十個一百元。這個社會還有寒冷的角落，正待大家去「送炭」，希望諸位學成之後也能負起溫暖的責任。

六十二年十月　日內瓦

設置六岸故鄉獎學金辦法

第一條：陶百川爲獎勵六岸故鄉在學子弟敦品勵學，特設置獎學金。

第二條：獎學金申請人不分性別，以學業成績在八十分以上及操行甲等爲合格。

第三條：獎學金每學年一次，包含全部學雜費，其標準如左：

一、小學三十名，每名人民幣××元。

二、中學三十名，每名人民幣××元。

三、大學不限名額，每名人民幣××元。

第四條：獎學金於每一學年秋季開學前兩個月，向臺灣陶寓申請。申請人須附左列文件：

一、申請書。

二、證明申請人戶籍之文書。

三、上一學年學業及操行成績單。

四、大學生須寫自傳（五百字左右）。

第五條：獎學金經核准後逕寄該學校轉發，並通知申請人。

（附載）大陸學校收費情形

前承惠函並附寄百川先生在故鄉設立獎學金辦法一份，當時曾去教育部門詢問有關設獎手續等問題。據答他們還沒有接到有關方面可資依據之文件，所以尚需向上級請示。現在教育部門已有回復，同意設立獎學金之答復後，我曾去六岸，村校現已遷入新建校舍。

現在實施九年制義務教育，滿八足歲兒童都能入學，所以沒有失學現象，過分貧困的人家很少。目前在校初、高中學生不足五十人，包括在外地入學的估計全村小學人數約五、六十人，初、高中約四、五十人，共計百人左右。

學校收費標準今年略有提高，每一學年小學二百至二百四十元，初中四百二十至四百六十元，高中五百四十至六百元，大學收費因各校類別不同，所以收費標準也不一致。以上收費標準供設獎名額和獎學金標準參考。

其次，辦法第二條中以學業成績作爲申獎依據，但各校試題難易不一，以分數高低作標準，恐難衡量學生的學業好壞，是否可以班爲單位，前幾名作爲申領獎金對象？……

陶玲玲　草上

吳三連文藝獎的評審

今年是吳三連先生的八十大慶。吳先生的品德器識和學問事功，素爲國人所欽敬。他的親友和家屬爲了替他添壽並欲以之壽人壽國，捐獻了鉅額金錢作爲文藝基金，以後每年將發行一種文藝年報並贈送幾個文學獎和藝術獎。

今年的文藝獎，是由董事會聘我擔任評審委員會的主任委員。感謝十六位評審委員的通力合作以及該基金會正副祕書長吳豐山和沈邦頎二先生的鼎力協助，在一百二十五位候選人中好不容易的選出了三位得獎人，在十一月十三日吳先生壽辰舉行贈獎典禮，圓滿達成任務。這是第一屆的獎金，似應稍有記述，以留鴻爪，藉供參考。

一

本屆吳獎的獎額是三名，每名獎金是二十萬元，在本省各基金中，獎額最少，但獎金最多。候選人的產生，是以各團體或學校推薦為原則，而以本會自行甄選為例外。但除非推薦來的人不合得獎條件，我堅持不要自行甄選。這次評審，為此曾有爭執，僵持頗久，結果，三位得獎人中，一人出於甄選，二人來自推薦。

本屆文藝獎，由各界推薦的計有一百二十三人及其作品。文學最多，包括小說、詩歌、報導等，藝術也有三十餘人，包括畫圖、音樂、書法等。

候選人及其作品，都由本會委員二人分別初評，向文學組或藝術組分別提出報告。由各該組加以審查，提出應有獎額的加倍或更多人數，由評審委員全體會議投票表決，以得票過半數者入選。最後報請董事會核定宣告。

依照這次評審經驗，有三點頗可注意：

一、作品和造詣，何者為重？這是說，這次推薦來的作品，是否作為評審的惟一標準，抑或以他生平的造詣為依據？我的意見，應以作品為主，而以過去的造詣作為參證。我們對此未作明確決定，而一般的了解，是把本獎作爲成就獎。但成就也應有作品作基礎，而且我們所評審的，也是一件一件的作品，所以作品所佔的分量仍很重要。不過所謂作品，不以最近一年的爲限，因爲獎是獎成就，所以我們希望儘量看到候選人的一切作品。

二、專家評審委員的意見，怎樣能爲一般委員所尊重，而在投票表決時發生較大的力量？例如圖畫，一般人有時「莫名其妙」，不易接受專家的意見。這次表決，藝術組要求評審會議優先考慮的一位候選人，得票未過半數而名落孫山，因此後來有人建議：文學組或藝術組所提的候選人，須有出席委員三分之二而不是二分之一的不同意，方可將他否決。我以爲這樣則又過分高調專家的意見了。

三、這次初評結果，文學組認爲可以得獎的共計二十位，藝術組八位，但是獎額只有三名，我所遺憾的豈只「滄海遺珠」，而實在遺落得太多了。所以在董事會議討論評審方針時，我就呼籲增加爲四名：文學和藝術各有二人。但因限於經費，不能擴增。在這次贈獎典禮中我又要求增加名額。後來吳副董事長告訴我，從下屆開始，名額可以增加，獎金不會減少。

二

這次吳獎得獎人，姜貴先生和陳若曦女士在文學組最後提名的四位候選人中，經評審會議以過半數以上的同意票當選（陳得全票），評審報告大意如左：（下略）。

辦刊物創奇蹟留佳話

——郭兆華校長感人的回憶

前省議員蘇順國兄於民國七十三年底從歐洲寄給我一信，我拆閱之後，知道他是因事到歐洲一行，一個月後就可回臺灣。同時，告訴我：他讀陶百川先生著《困勉強狷八十年》一書中，載有梅縣華南中學學生每人訂閱《中央周刊》一事，不妨購買一讀等示。這眞是出於意料之外，我自忖：此事已過去四十多年了，爲什麼還能記得起提它？而且陶先生過去曾任重慶《中央日報》總社社長，制憲國民大會代表，行憲監察院第一屆監察委員，現任總統府國策顧問，是一位鼎鼎大名的政論家和政治人物，又還能重視這件小事嗎？總之，這本書非購買來一讀不可，可是，此書在何書局出版，蘇省議員並未在信中說明，將從何處購買？想了大半天，才決定函前梅縣華南中學畢業學生現在監察院任職的黃妙材專員代爲查明購買。不到一週，書寄來了，原來這本巨著是由臺北東大圖書公司印行，三民書局總經銷，眞令我喜出望外。我終於在第七章：「中央周刊・注血長肌」，第三節「黨營事業・也能辦好」裡面找到，這裡寫道：

民國六十年，我偶然看到《華僑周刊》的屏東長治中學郭兆華校長光榮退休特刊，載有葉莉莉小姐（筆者按：葉小姐現任美國中山報社長、金山通訊社發行人）回憶她在華南中學的生活，提到：華南中學校友多次聚會時，他們都曾多次表示，堅定他們的思想和工作方面，是由於他們中學時代受堅貞不貳的教育所致，當時華南中學除設三民主義課程外，並訂有中央黨部出版的《中央周刊》，人手一冊。

在同一特刊中，一位石爾傑先生（筆者按：石爾傑同學現亦留美）也說：遠在民國三十二年，我們在華南中學便人手一冊《中央周刊》了。當時在兵荒馬亂的情勢下，我是一個『戰區生』，三餐無以為繼，然而對三民主義信仰的狂熱，卻支撐住生活苦難的折磨。這種信念，這種動力，及今思之，感動無已。

當我讀完上面二段陳述之後，不由得我要補充訂閱《中央周刊》最少有下列三種原因：第一、我們辦教育，必須培養青年學子有正確的思想，這就是三民主義中心思想，《中央周刊》言論，乃是引導我們要走上這條康莊大道。那當然非訂閱《中央周刊》不可。第二、《中央周刊》在抗戰時期以嶄新的姿態出現於我們之前，文章幾乎篇篇可讀，尤其短文雋永有味，令人不忍釋手。在此時期，還有比它更好的刊物嗎？所以，我們要人手一冊。第三、我們全校學生有一千多人，集體訂閱，蒙陶百川先生允予四折優待，盡量減少學生負擔，等於贈閱，何樂不爲！有了上述三點原因，我們就決心訂閱《中央周刊》。到了後來，我們才知道，很多學校都有這樣做，豈非「英雄所見略同」？由此，更可說明陶百川先生主辦《中央周刊》，對黨對國實有莫大的貢獻，正如「百川匯海」，值得我們敬仰與道賀！

筆者八十生日，出版專書，在曾廣順諸校友文章中，均有提及當時集體訂閱《中央周刊》這回事和它的意義，實在值得我們回憶和欣慰的！

我在這裡謹向陶百川先生表示崇高的敬意和感謝之忱！又對同學熱烈的支持，同樣表示感激！

顏著《國會傳記》序言

政府遷臺以來，我因職務關係，認識了採訪國民大會和立監兩院新聞的許多政治記者或國會記者。其中歷時最久，對國會政治關切最深，雖經調升職務而迄今猶在寫國會邊欄或特訊的，卻只有兩位：一是《中央日報》的劉克銘小姐，另一位就是本書著者《聯合報》的顏文閂先生。

不像我們老輩新聞記者，我們多是書生編報，而且往往帶著客串性質，現代記者則不獨都受過專業訓練，且以記者職務為常業，所以他們的成績自能較好。可惜很多人似乎太重視內勤，包括編輯和主筆，因此外勤記者的流動很大。做了一段時期，他們常被改調爲內勤。於是我們的採訪人員很少是中老年人，而新進人員因爲缺少經驗、交遊和門徑，功效自必稍遜，報導也就較差。不比外國，他們常把歷史很長和聲名很大的採訪記者留在原崗位上或改任專欄作家，於是不斷會有突出的報導。

顏文閂先生大學畢業，考入《聯合報》，就做國會記者，「巧者不過習者之門」，他已成爲「國會專家」。現在他把國會程序、國會動態、國會「內幕」、國會人物以及對國會問題的改革意見等作品，彙輯而成這本論集。這是第一本分量很重的《國會傳記》。我希望它能引起大家的重視，從而促成國會的改革和重振。

六十七年六月二十七日

評介阮著《法語》與《政言》

一、前言

老友阮毅成兄，近在臺灣商務印書館岫廬文庫，出版了他畢生的論政與論法的文集。前者名曰《政言》，後者名曰《法語》，共達一百五十萬字。眞是內容豐富、見解高超、文筆流暢，嘆爲觀止。

毅成兄與我，誼屬浙江紹興同鄉（他原籍餘姚縣，屬紹興府），又同學法律，且皆未得在司法界任職，卻同任大學教授，同主持過《中央日報》；我在抗戰時的重慶，他在戡亂時的臺灣。我們一同參加過《自由人》三日刊，一同擔任過臺北新聞評議委員會委員，從事新聞自律的工作。近年，我們又在臺北南郊結鄰，時時商量文字，交換學術上的意見。他博聞強記，又勤於收集並保存資料。凡有各種疑難問題，向他請教，他必定可以說出原委，乃至於如數家珍。

他這兩部大著，代表從五四運動以來六十年中的中國政治與法律上的大事，更代表了這一代中國知識分子對國家大事的關懷，與出諸愛國家、愛學術的良知建議。而其基本態度，則爲提倡民主與法治，尊重人權與自由。

二、民主部分

就民主說，他在《政言》一書中，不只一次地提到國家需要民主，乃至於抗戰也需要民主力量的支持。他說：「我一向以爲民主應自基層做起。抗戰建國的工作，異常艱巨。如不能喚起民眾之自動自覺自給自治的精神，僅憑士兵的血肉，與敵人在戰場上週旋，必不能持久，也不易制勝。」他又說：「國家必須民主，地方必須自治，乃是天經地義的事，無人可以否認，也無人可以拖延。」因而他在戰時戰地的浙江省，首先成立省縣臨時參議會，又首先成立鄉鎮民代表會與保民大會，皆爲全國各省之最早者。卽使在淪陷區，他也照樣在敵後設立了各級民意機關，這是其他各省所不易辦到的。勝利之後，他在杭州市參議會首次選舉時，選出人力車伕趙廷秀爲市參議員。他寫道：

人力車伕多係窮苦出身，完全恃出賣勞力為生。趙年齡不大，已拉車多年，自幼因家貧失教。我以當時職業選舉，多為非真正從事該項職業者所包辦，故決定必須真正拉車者，才可以當選人力車工會應選出的杭州市參議員。趙當選後，由杭州市周市長象賢陪同來看我。他足穿草鞋，身御短褂。外表很文雅，談話也很得體，他一再以未曾受過教育為憾。我說：

「君出身於貧寒之家，又值戰亂之世，沒有受教育，不是君本人的過錯。但是君現雖當選為市參議員，仍不可放棄舊業。否則君即不能為人力車工會之代表。」周市長說：「他人坐車去市參議會開會，君拉車去開會，那才是真正的民主政治，也是杭州市的光榮。」

毅成兄對於公職候選人考試，有新的見解。他說：

此雖為國父遺敎所規定，但考試院成立數十年，卻始終沒有好的辦法。現行所謂檢覈，並未見於遺敎。而且只重視學歷與經歷證件，也不是國父的原意。

因此他主張「公職候選人考試，應在政黨之內，先行試辦。政黨在提名之前，應先舉行考試。不及格者，不予提名」。如果由政府辦，他則主張用命題測驗的方法。他寫有很詳明的辦法，可見其對每一問題，皆曾悉心研究，並皆有確切可行的方案。這也可從他在《政言》一書中，對反共救國、政治反攻、行政改革、行政效率、懲治貪汚、革新政風等等，所提出來的珍貴意見，得到證明。

大家都知道毅成兄對於地方自治，最有研究。他在戰時戰地的浙江省，全面實施先總統蔣公所手訂的新縣制，成績卓著。民國三十八年八月，臺灣省政府設立地方自治研究會，他應聘爲委員。今日臺灣地區所實行的地方自治基本法規，皆係出之於他的手筆。他當年堅持省議員由人民直接選舉、縣市長全部民選、縣市議會得檢查公庫、鄉鎭預算獨立、苗栗設縣等等，皆具有先見之明。

三、法治部分

就法治來說，毅成兄在《法語》一書中，寫得很多。他強調：

一、中國古代，一向注重法治。

二、法治必須自上做起，才能以身作則，推己及人。

三、要促進法治，必先改進現行法律教育的課程和方法。

他曾幾度應教育部之聘，出任法律教育委員會委員，又曾應聘參加修訂大學法律課程的工作。但他在幾十年前所指出的條文主義法律教育，終因格於傳統，至今仍未有太多的改變。他對中學的公民法律教育，也至爲重視，也曾幾次應教育部之聘，擔任中學公民課程修訂的工作。又曾幾次親自編寫公民教科書，並於在金華從政時，自己擔任浙江省立金華中學的教員，以他自己寫的正中書局出版的公民課本，講授公民課。近年他又擔任國立編譯館編輯國中公民與道德課本的主任委員兼總訂正。凡所經過，他在《法語》一書中，皆有詳盡的說明。

此外他更強調一點，即：

「要促成法治，必先使法律與國民情感相結合。」

他在《法語》一書中，也曾對此點，詳加論述。

他在民國二十五年，即主張五權憲法中的司法權，就只是審判權，不包括司法行政。又主張審判應由司法院職掌，司法行政則應屬於行政院。自政府遷臺，他又迭次在中央參與決策，並在總統府行政改革委員會提出此項建議。其中有幾次在中央開會時，我也曾參加，親自聽到他的分析與結論。他在《法語》書中，不只一次地與那些堅持五權憲法不同於三權分立者反覆辯論。法院改隸與審檢分離，終於在民國六十九年七月實現，距他最早提出之時，已經隔了四十四年之久。

為了推行法制，他在書中對我國歷年的司法問題，提出了若干極有價值的檢討與建議。而他在幾十年前所指出來的司法問題，竟有不少點，現在仍然存在。讀者如果加以覆按，必會對我國司法的不長進，一至於此，不勝感慨之至了。

四、人權與自由

就人權與自由來說，他在《政言》與《法語》二書中，也說的很多。他對我國憲法中的各項規定，均有說明。九一八以後，汪精衞任行政院長，汪氏宣稱不抵抗外交。而上海特區地方法院，竟將愛國青年惲蕙芳判罪，他大為憤慨，撰文疾呼：「愛國者無罪。」當時的上海市長竟說：「此後再有此類行動，當執法律以相繩。」毅成兄說：「東三省亡一週矣，我國法律之死亡，更早於東省。上海市長所執者，為中國法律耶？抑為日本法律耶？余為東省哭，余為法律哭。」我們於五十年後，重讀此文，廻思半世紀前的情景，仍有無限的感慨。

五、小　結

毅成兄在本書中所提出的若干主張，也有我所不能苟同的。例如：他主張廢除檢察制度而改採陪審制度；地方審計不屬於監察權，而改屬於地方自治團體的意思機關；公務員懲戒權，由司法院歸於考試院，以期公務員的獎懲之事權，得以統一。

除這兩本書外，毅成兄的專著還有很多。其中有關政治與行政的，如《訓政時期約法》、《制憲日記》、《地方自治與新縣制》、《從詩后到南山路》等等。有關法學的，如《國際私法論》、《中國親屬法概論》、《陪審制度》等。誠如他自己所說，他一生常在工作忙碌責任繁重之中，而他卻能手不釋卷，下筆如飛。他說理則原原本本，論事則明明白白。故對留心或欲研究近五十年來我國政治與法律之重大問題者，毅成兄的大作，應有參考的很大價值。

七十年七月二十日

「白頭宮女」話陶公

黎晉偉

香港之有「國民黨報紙」，是由清末民初由「四大寇」之一陳少白主辦的《中國日報》，但那是屬於「國民黨人」的報，不是「黨中央」辦的報。但《中國日報》歷時不長，亦已停刊。直至抗戰初期，上海、廣州相繼淪陷，廣東省主席吳鐵城調任爲國民黨「海外部長」，爲了加強抗戰宣傳，請准中央，辦一張直屬黨報，即《國民日報》，此即《香港時報》之前身。現在有些人把《國民日報》誤爲《中央日報》，非也。

《國民日報》的首任社長是現任臺北總統府國策顧問的陶百川先生。陶百公是浙江紹興人，畢業於上海私立法學院，上海淪陷前，曾任市黨部委員、國民參政員，及《晨報》主筆等職。他之受知於吳鐵老，是因鐵老任上海市長時，兼警備司令，百公曾任警備司令部的軍法處長。在任內，破獲一宗走私販毒案，被捕人犯與杜月笙有關，杜月笙派人說項，願以金條若干爲酬，了結此案，百公拒不接受，因此大爲鐵老賞識，故有後來《國民日報》社長之聘，而鐵老則自兼董事長。

我之晉身新聞界，係由那個時候開始，我與百公原本互不認識，只因我當時經常投稿《國民日報》，每有稿寄去，兩三天便見刊出，如是者約兩三個月，一日，百公有函給我，說「有事奉商」，約我到中環「擺花街」的報社相見，到時方知，他是徵求我做《國民日報》的編輯，我當時正失業，便一口答應。後來也才知，我投稿的文章，所以快速見報，是每一篇都由百公親自審閱，親自發稿，如此一個勵精圖治又留心人才的報紙社長，我相信，現在已經少之又少了。

當時的《國民日報》，有兩個人頗堪一述，一是主筆王新命，每晚九時左右回報館，拿著一份晚報，看完要聞之後動筆寫社論，寫時搖頭擺腦，十足所謂「老學究」作風。新翁未任《國民日報》主筆前，曾任上海某大學教授，那時，有所謂「全盤西化」與「中國本位文化」之論戰，有「十教授」發表聯合宣言，駁斥「全盤西化」之說，新翁是十教授簽名人之一。他的文章滔滔雄辯，說服力強，他的社論，約於晚上十二時交稿，而百公亦必須待看過他的社論後才下班。如百公對他的社論有不同之意見，他亦必爭持甚力，充分顯示甚尊重自己「主」筆之權威。新翁僱有一個粵籍女傭，其初是主僕關係，其後則効王湘綺與周媽的故事，結爲夫婦。香港淪陷時，我已轉任「中宣部駐港辦事處」之祕書（主任爲鄧友德，掩護機構爲「中國文化服務社」，在大道中設有門市部），對新翁生活狀況不詳，但知臺灣光復後，他回去臺北任《中央日報》之主筆，在臺灣終老。

另一個是翻譯嚴既澄，既澄原來任北平（當時之稱）《華北晚報》總編輯，也兼任過大學教授，亦爲「商務」譯過幾本書，亦能寫「詞」，中、英根抵皆極好，北平淪陷後避難來港，《國民日報》公開徵聘翻譯，不必面試，只要譯就當日《南華早報》社論，便可作取捨的標準。既澄如言應徵，百公一見其履歷，大喜，立即約見，擬加聘用。但當時《國民日報》之翻譯薪水，約每月港幣六十元，既澄嫌待遇菲薄，不願就聘，百公將情告知鐵老，認爲如此人才，不能失之交臂。時「海外部」的總辦事處設於中環「亞細亞行」的三樓，門外掛上「榮記」招牌，以商行形式，掩人耳目。「榮記」設有一個「編審委員會」，羅致了許多由大陸避難來港的文化界人士爲委員，屬「救濟」性質，每人月薪約港幣八十元，雖曰「編審」，掛名而已。鐵老乃接受百公建議，加聘既澄爲「編審委員」。百公之重視人才，可見一斑。

後來百公被調返重慶任《中央周刊》社長，不久香港爲日軍攻陷，我亦投奔重慶，追隨百公，任《中央周刊》及《中央日報》之編輯及兼文書組主任，後又因事被調到中宣部之「三民主義研究會」任編輯名義的撰述工作。抗戰勝利時，我因與中宣部之主任祕書鄧友德有舊，被派返港擔任《國民日報》復刊工作爲專任主筆之職務。我當時只有二十九歲，如此年輕的「部派主筆」，似乎尚無先例。

復刊後的《國民日報》，先後有兩任社長，前任是張湖生，後任是潘公弼，公弼以前在上海曾任《時事新報》的主筆，後又任經理，被稱爲辦報的「全才」，陳布雷未受知於蔣委員長之前，亦曾任該報主筆，與潘公弼有共事之雅，此爲公弼日後得任爲《國民日報》社長的原因。但復刊後之《國民日報》「生不逢時」，隨著大陸局勢逆轉而一蹶不振，終以經濟接濟斷絕，不得不宣告關門。之後，幾經各方協商奔走，才有《香港時報》之誕生。

《國民日報》之易名爲《香港時報》，估計與我的一份「建議書」大有關係，事緣蔣總統被迫下野，讓位與李宗仁之後，蔣公仍然是黨總裁，以前的委員長侍從室，亦改稱爲「總裁辦公室」，侍從室以前有一個對外不公開的「宣傳小組」，由陳布雷任主任，後陳布雷自殺，該「宣傳小組」改隸總裁辦公室，由陶希聖接替。我因文章受知於陶希聖先生，乃於《國民日報》關門後，寫了一份「建議書」，寄給陶公，提出香港重辦黨報並須易名之建議。初時陶公未有回應，卻擔任了廣州《中央日報》（前身稱《中山日報》）的名譽社長，我亦因此關係，被召到廣州的《中央日報》任主筆。後來《中央日報》又以經費無著，改隸廣東省府，改稱爲《廣東日報》，社長易爲張北海，而我的主筆職位仍然不變。不久，廣州又告急，我看大陸局勢正如江河日下，只好匆匆返回香港，此時，正值《香港時報》籌備出版，陶希聖再復推薦我任主筆。有一次，許孝炎和我談起《香港時報》創辦的起源，始知和我以前寄給陶公的「建議書」，亦有多少關係。但此中經過，知者不多，孝炎亦已作古，更無對證，信與不信，任憑讀者自決可也。

但《香港時報》之組成，最大原因還不在我的「建議書」，而是當時的上海《中央日報》社長李秋生（李原爲共產黨上海市地委，轉投國民黨後始終不渝，人亦謙謙君子，比許孝炎「老實」得多，初時任總編輯，後來才任社長也），天津《民國日報》社長卜青茂，皆以避難到了香港，而許孝炎在重慶時則曾任「中宣部」副部長，此時不約而同聚首香江，各人皆想「另起爐灶」，作爲國民黨之喉舌，由是一拍卽合，而有《香港時報》之誕生。

但為什麼，我任時報主筆幾個月，便要黯然離職，另尋「高就」呢（轉任《工商日報》主筆），憑我個人推想，亦與該「建議書」有關係，因為該「建議書」由我起草，我入《香港時報》亦出於陶公的推薦，孝老自始便懷疑陶希聖是我的「政治後臺」（其實只不過是文字之交耳），許孝炎表面甚「隨和」，但城府甚深，既對我有疑忌，便亦不能無「防我」之心，因此我之離開《香港時報》，不論原因為何，亦是出於被迫，只能說，唯有「打脫門牙和血吞」而已。

（下略）

農曆甲戌年二月初四日

（附載）陶百川先生略歷

民元前九年出生於浙江省紹興縣。

上海南方大學文學士，上海法科大學法學士，美國哈佛大學進修法律及政治。

民國十三年參加中國國民黨，曾任上海特別市黨部委員、中央宣傳部三民主義研究委員會主任委員、上海特別市參議員、制憲國民大會上海市代表、監察院監察委員、總統府國策顧問、國家統一委員會委員。

在教育界曾任上海市立敬業中學校長，國立暨南大學、中央政治學校（政治大學）及世界新聞專科學校講師。

在新聞界曾任上海《大陸報》譯員、上海《民國日報》編輯、《上海晨報》總主筆、香港《國民日報》社長、《中央日報》總社社長、紐約《華美日報》主筆。

著有《為自由呼號》《為民主呼號》叢書十四册、《政治緊箍咒》等政治四喻四册、《臺灣經驗》叢書四册，及專門著作《三民主義與共產主義》《中國勞動法先聲》等，共計三十三册。

子女五人，任教於大學者三人，從事電腦工程者二人，四人在美，一人在臺。

夫人張素君女士，八十六歲，同住臺北。

「我志未酬人亦苦」

《前瞻》月刊

陶百川先生是浙江紹興縣人，生於西元一九〇二年。根據他的自述（刊登在五十九年八月七日《大華晚報》的「龍門陣」專欄），在小學畢業時，就很有分析和判斷的能力，當時他那正在做「紹興師爺」的父親，就看中這二點，要他跟著「學幕」，以便繼承衣鉢，而不要他和二弟一起去考中學。所幸他的母親堅持一視同仁，於是他和二弟得以一同考入蘇州一所教會學校。

他的求學過程並不順利，在他中學畢業後，母親早逝，父親失業。他和二弟無力升學，兩人都以教書爲生。一年後稍有積蓄，二弟並答應繼續資助他求學，他才得以升讀大學英文系。那時胸中尚無大志，只想教書或向海關找工作；不料北伐的浪潮，把他從英文《大陸報》的翻譯崗位，捲進了國民黨上海市黨部，並且因爲英文對他所從事的黨政工作沒有多大用處，所以他又進入大學讀法律。

不久其任的軍法處長

在他獲得法學士的學位後，淞滬警備司令吳鐵城請他出任司令部的軍法處長。陶先生後來追憶這項任職時寫道，他在受命前也曾聯想到軍閥的大刀隊和所謂的「軍法從事」，而以「文官掛武帥」的吳鐵城勸慰他說：「公門之中好修行。我們如以生道殺人，則法網雖密，軍法雖苛，我們還是能夠平反冤獄，保全許多生命。」於是，他接受任命後，並以「速辦速結，毋枉毋縱」爲座右銘，不寃枉人，但也不肯包庇，而吳鐵城——也從不干涉他的審判。

就這樣，他做了兩年的軍法處長，但還是覺得審判犯人的工作太消極，沒有意思，發現志不在此，仍想教書。而要在大學教書，又非有更高學位不可，於是，他力辭軍職，到美國留學，進入了哈佛大學，潛心攻讀法政，奠定了日後爲人權法治呼號的學術根基。

慷慨赴國難

就在抗戰前夕，陶先生輟學回到了上海，被推爲上海市各界抗敵後援會的祕書長，後隨政府撤退到武漢，應教育部長陳立夫之邀，擔任戰時教育研究委員會的駐會委員，但不久因擔任參政員而辭職。在擔任參政員的七年中，還陸續兼任過香港《國民日報》和重慶《中央日報》的社長。從這些工作中，他瞭解到新聞事業的本質和言論自由的意義，所以，在後來擔任監委時，他知道如何爲出版自由而盡力。

抗戰勝利後，陶先生回到了上海，辭去參政員，改任民選的上海市參議會參議員，在民國三十六年大陸各地籌備立法委員和監察委員選舉時，他除擔任參議員外，還兼任大東書局經理與上海黨政軍會報的祕書長。這三個職務，他認爲都很有意義，也很有興趣，所以根本不想參加立監委員的選舉。後來還是因爲參議會同仁的敦促，他才成了監委侯選人。

「欲把赤手拯元元」

他之所以在立監委員中寧願選監委，是基於對立監委員兩種職務的比較和了解，而太平天國猛將石達開的兩句詩：「只因蒼天尙瞶瞶，欲把赤手拯元元。」對他也發生了啓示作用和推動力量。

根據他自己的敍述，在當時的心路歷程是這樣的。因爲那時國家正在危急之秋，上海竟有這樣的耳語：「守法者死，違法者富，玩法者貴，毀法者富而且貴」，而且有人竟引證事實，認爲不能不信以爲眞。他很憂急，「欲把赤手拯元元」。而以立監委員兩者相較，在糾正和制裁違法失職方面，監察委員可望有較大的作爲和貢獻，於是就選擇了監察工作。

寧鳴而死，爲凶之防

做了幾年監察委員之後，陶先生發出了由衷的感慨。他發覺監委遠比參政員難做。參政員的主要任務，是結合各黨各派和社會賢達的力量，支持政府對日抗戰，沒有糾彈權和審計權，不會得罪人。監委則是「風霜之任」，主要任務在糾彈違法失職的官吏，稽察和審核財政收支，檢舉不忠不法的行爲，批評時政和糾正政府的行政措施，凡此都是招怨惹禍的工作，常得罪於巨室。

雖然如此，他還是我行我素，甘願背起知識分子的十字架，以會「咬」會「叫」的看門狗自居，不願做那「伈伈俔俔、善伺人意」，而又「庸庸多厚福，處處受愛憐」的叭兒狗。但他又深深知道，一己的力量有限，所以期待健全的反對黨出現，充分發揮監察的功能，使在朝黨提高警覺，不致腐化，永保青春。

徘徊在脫黨的邊緣

陶先生在二十歲時就加入國民黨，後來曾擔任過黨的文宣幹部，也是一位資深且忠貞的黨員，卻因爲擔任了職司風憲的監察委員，在黨部的意旨與監察院的意旨之間，黨的要求與國家的要求之間，黨紀與國法之間，人情與良心之間，不得不頻頻作痛苦的抉擇。他清楚的知道：選擇前者，便可左右逢源，而選擇後者，難免要冒開除黨籍的危險。例如，民國四十六年十二月，他和九位監委共同提案，彈劾同黨的行政院長俞鴻鈞，使黨中央大感不快，而他又被認爲是主要分子，因此瀕臨被整肅的邊緣。

有了這次情何以堪的教訓，陶先生曾經祈禱自己能有高度的政治智慧和藝術，在聽話的黨員和盡職的監委有時不能一致的夾縫中，並行不悖。但是他也明白，魚與熊掌，有時不能得兼，如遇到這種情況，他認爲：「義之所在，黨員不可不爭於黨」，而堅決主張應以國家利益爲標準，以本人的良心判斷爲依歸。

我志未酬人亦苦

陶百川先生認爲：一個好的監察委員，應有兩方面的條件。在積極方面：必須具備仁愛的心腸、服務的熱忱、和超人的勇氣。在消極方面：不可有汚點或劣跡，不可經營企業或執行業務，不可過奢華的生活，年齡不可太大。

就這些條件來說，除了年齡之外，他可以說是極爲完備。《新聞天地》的卜少夫，就曾經領教過陶先生的清廉刻苦，因而讚嘆道：「孰謂國中無人？」

因爲自感年紀已老，身體欠佳，無法繼續有效地行使職權，在七十二歲那年，陶先生再次於赴美進修時專函請辭監委職務，三年後，卽民國六十六年五月，終於如願以償，請內政部註銷了本可終身擔任的監委資格。同年六月九日，在大家惋息聲中，這位久經政治風霜而又飽嚐寂寞的「現代包靑天」，終於卸去長達三十年的重擔，並立下了一個「自請退休」的範式。

圍剿陶百川——錯誤的題目

卸職以後的陶先生，仍然不放棄鼓吹民主政治的一貫職志，陸續在報章雜誌發表精闢的見解，甚至出席座談會高談濶論，無非是要求更多的新聞言論自由、維護人權法治……等。近年來，他還陸續出版了幾本傳誦至今的好書，包括《臺灣要更好》、《臺灣怎樣能更好》、《臺灣還能更好麼》……，僅僅由這些書的書名，卽可看出他對臺灣前途的深切關懷。民國七十一年二月十六日出版的《政治家》第二十三期，便選他爲封面人物，並且透過胡佛、司馬文武、吳豐山、尤淸等人的訪問來介紹他，大家都恭維他倡導人權法治的成就，甚至以「國寶」稱之。

不料，事隔不久，立委蘇秋鎭根據警總的一份祕密資料，向行政院提出緊急質詢，揭穿了「圍剿陶百川」事件！一時間輿論大譁，紛紛聲援陶先生，要求制止圍剿。他本人則慨嘆道：現在是什麼時候了，而有關單位卻在這個「錯誤的時間」，選了這個「錯誤的題目」，對他發動這種鬥爭，眞令人費解。

結果，涉及圍剿事件的警總政六處處長蕭冠英上校受調職處分，該處另一業務承辦員更受到撤職處分。

其實，「圍剿」事件的發生和結果，無疑是對陶先生的一生作了一次最佳的詮釋和評判。雖然他曾經自歉的表示：說他自己是內疚神明，外慚清議，有負各界的殷切期望，但公道自在人心，而社會輿論所給他的支持與回報，卻是無比的熱烈。很顯然，他多年來的奉獻，已經獲得社會的肯定，在大家的心目中，他永遠值得尊敬。

（附載一）陶百川的風範

《新聞天地》九〇三期

陶百川旅居美國「歸乎不歸」的問題，一直爲海內外國人所注目，按照陶氏去年請假赴美研究的期限，現在已將假期告滿，理應返國銷假，但因前此陶氏有請辭監察委員作長期居美打算的消息，所以深爲國內各方特別是輿論界的關切。惟現據臺北《新生報》的報導稱：陶百川最近已正式寫信給李嗣璁代院長，要求續假十個月至一年。陶氏在信中表示，他已經決定打消辭意，於假滿後返國。不過，他希望在留美期間，監察院停止他應有的公費。《新生報》說：陶委員表示，他這次打消辭意，實在是受國內輿論督促的影響很大，同時他說，幾經研究的結果，監察院沒有接受委員辭職的規定。

在國人渴望陶百川返國銷假的當中，這無疑是個使人獲得安慰的消息，而陶百川委員的風範，亦將更加獲得國人由衷的欽敬。昔唐太宗論魏文貞公曰：人言魏徵鯁直，我獨愛其嫵媚耳。這個「嫵媚」是含有洞識大體，不激不隨，有爲有守的意思。陶百川的請求續假而要求監察院不支公費，庶幾近之。

在這些年來，名公巨卿遠赴美國，滯留不歸的很多，爲甚麼人們都不大關心他們的動向，而獨陶百川是例外呢？在我們可以舉出的理由，一是陶氏在他的監察委員任內，始終立身不苟，忠於職責，已經成了「監察院的象徵」。在人們觀感中，有陶百川在，監察院就有了「重心」，有所寄託，可以維繫監察精神於不墮。殆陶百川一去，監察院就好像空空洞洞，缺少了甚麼似的。這其間，我們可以想出陶百川對他的監察委員盡過多少心力，明白了「羅馬不是一天築成」的道理。其次是現有的立監委員名額不下千數百人，但眞正爲人熟知也無愧其爲「國會議員」的，僅佔少數，而因政府播遷，中央民意代表一時無法改選的結果，這又產生了兩種現象，一種現象是有些委員不大重視本身職務，參加開會與否也視爲無關重要，但如可以利用職權名義而獲得一些私人便宜，則又「多多益善」。這種人，大抵求利不求名，對國家事也好像已經「看透」了的。另一種現象是有些委員熱中於出頭露角，「求名」之心特別強烈，可是受了本身學養所限，儘管經常扮演提議、質詢等角色，結果每每弄巧反拙，怪論連篇，徒然引起國人的反感。而陶百川則突出於這兩者之間，所以時間愈長，人們也就覺得他的言論風采，愈爲其他同流所不及。有此兩點，則陶氏去國之足以深繫人思，亦就十分自然而並不偶然的。

最近傳說監察院就要改選院長，臺北輿論界有些主張，以陶百川委員所負的物望，自應回國參加競選，俾對監察院負起更大的責任。但此次陶氏在致函與李嗣璁代院長時表示，他要續假十月至一年，既不辭職，假內亦不支公費，這原因又是什麼呢？照我們的猜想，這可能就是爲了避免參加「競選院長」這一事，成爲他不得不請求續假的理由。因爲現代政治競選這種玩意，最易產生兩種後果，一是破壞了與同僚之間的友情，無論爲勝爲敗，於公於私，都會得不償失，如此「同室操戈」的競選，顯非陶百川所願。二是爲了取得競選的勝利，不能不對擁護者許下若干諾言，以示投桃報李，但以監察委員論，如果受了這種「人情」束縛，只要人家請求「回幫一次忙」，這就將變成「政治買賣」，後患正不知伊於胡底。陶百川明白監察委員的身分，自然是不敢輕於嘗試的。

秋水伊人，足可風矣。

（附載二）我為什麼敬佩他

王冠倫

我認識陶百公數十年，由衷敬佩者，爲其一貫之：

一、憂時愛國之情操——故能以國家爲重，以國是爲念，表現在近者如中美斷交後返國定居；平時居安亦不忘思危。

二、民主法治之理念——故能秉理想，順潮流；尚自由，崇法紀。表現爲自求進步，自我守法，自我節制；策進政治進步，政治開放，政治團結。

三、道義公正之風格——故有原則，有是非，有分寸，有立場。表現在國外絕不批評國家內政，在國內則不爲野心份子所利用。

四、開明溫和之態度——故能毋固、毋我、毋必；並能不走偏鋒，不趨激情。表現爲對人平易近人，對事崇尚公道，對己克己復禮。

五、表裡如一之德性——故能言行一致，心胸坦蕩，絕不同於一般口是心非之政客。表現在近者如辭監委職之出於責任心。

六、高潔剛勁之志節——故能不爲利誘，不受勢刼；並具有「自反而縮，雖千萬人吾往矣」

之道德勇氣。

（附載三）立足寶島心懷神州放眼天下

中國民主教育基金會

陶百川先生為創建臺灣民主基地，推行政黨政治竭盡智慮之清流。年屆耄耋，仍矻矻奉獻心力，希望以臺灣之民主建樹作中國大陸之催化劑，而達成民主統一之理想。

早年任監察委員期間，站在普通百姓立場，監督政府，糾彈貪墨，維護人權，有陶青天之譽。

為結束「萬年國代」弊政，曾多次建議蔣經國總統開創議會政治新局。蔣經國曾一度接受陶氏建議，提出改選方案，但為國民黨內一部分人所力阻。

因一貫為民請命，批評政府，八十三年曾遭臺灣警備組織極右分子圍剿，但仍巍然屹立。

當民進黨醞釀組黨，朝野對立，險象環生之時，與胡佛、楊國樞、李鴻禧三教授四人合力以「中介人士」身分，約集朝野雙方聚會大力溝通，促成民主之妥協。

參加國家統一委員會，站在維護兩岸人民利益立場，多次提出為兩岸所重視之方案，現行國家統一綱領之制訂，即爲其所建議及規劃。

（附載四）我所認識的監察委員陶百川

有「明星委員」之稱的監察委員陶百川，是這一代憂患文人的典型！他最樂道的古賢是范仲淹，范在爲秀才時，就以天下爲己任，後來在朝爲官，盡言極諫，奮不顧身，因而頗遭挫折。準此以觀陶百川委員，眞是無獨有偶，他的抱負，他的際遇，正是范秀才的二十世紀版。

今天，大家只曉得陶百川是一位才華如海、意氣如雲的民意代表。但是，又有幾人能知道這一塊瓌寶是如何琢磨出來的？時代就像一隻篩子，它不停地搖動顚簸，那些米糠泥沙，經不住幾搖，就從小孔中漏掉，最後，亮晶晶的白米，留在篩上，任憑怎樣搖動，也不會被無情的篩子所淘汰。陶百川就是一粒碩壯晶亮的白米！

陶百川，浙江紹興人。他的父親是一位紹興刑名師爺（師爺有兩種，一種是刑名師爺，一種是錢穀師爺），名氣並不響亮，經常遊幕在外。母親對於父親的職業並不十分贊同，她認爲一個人立身處世必須對得起良心，做刑名師爺，難免不會寃枉一個好人，萬一不幸言中，將如何抹去良心上的黑點？因此，陶百川的父親便在閒暇之時飽覽醫書，正是「不爲良相，當爲良醫」的用心。在陶百川大學畢業前七年，母親故世了，父親悲痛之餘，便在紹興地方掛牌做了儒醫。

貧窮的家境，使得陶百川在八歲的時候才獲得受教育的機會，此後七年的私塾課讀，奠下了國學的根基。

陶百川的弟弟比他聰明，因此更能討得父親的喜愛。在陶百川十七歲那年，他的父親要他輟學跟著學幕，卻把弟弟送進中學。母親對此極力反對：「我們生活雖然清苦，可是只須咬緊牙根，仍能供應二子進中學的。現在，你要把百川留在身邊就是讓他失學，將來他會怨你的。」母親一席話，使陶百川進了蘇州萃英中學。這是一個重要的轉捩點，否則，今天的陶百川也許只是一個「等因奉此」的師爺而已！

一個土頭土腦不識ＡＢＣ的鄉村少年，在中學裡所面臨的第一層苦惱就是英文，當時教育界的風氣，高小已開始教授英語，陶百川已是中學生了，竟然一個字母不識。於是，他日以繼夜地苦讀英文，到了第二年，他的英文作文已躍至全班第一了。這件事顯示出陶百川的剛毅本質，惟有剛毅，才不致怯懦畏葸，才不致突遭頓挫，立刻改絃易轍，半途而廢。這種和勇敢相隨而來的文雅高貴的美德，乃是日後陶百川輝煌事業的原動力。

民國十二年，陶百川進入上海南方大學，主修英文，兼攻政治。由於一篇題爲「公正」的英文作文，使陶百川受到教務主任夏晉麟之激賞（夏氏後來擔任我國駐聯合國常任代表，退休後由蔣廷黻繼任）。在他就讀南方大學之同時，復在上海法科大學攻讀法律。五年之內，他取得了文學士和法學士的名銜。

跨出校門，承夏晉麟師之推薦，陶百川在上海英文《大陸報》的主筆室獲得一個編譯的職位，這是他記者生涯之開端。直到今日，他對新聞事業仍舊保持著永恆的興趣。

民國十六年，國民革命軍以破竹之勢到達上海，反對帝國主義的聲浪響徹雲霄，這位二十五歲的愛國青年乃毅然轉入國民黨的機關報《民國日報》，擔任助理編輯。他的一位中學老師陳德徵適爲該報主筆，復兼國民黨上海市黨部的宣傳部長，他對這位年輕人倚重異常。在陶百川進入《民國日報》的第三天，就被網羅入市黨部任助理幹事。陳德徵交給陶百川的第一件差事，乃是勘測全上海市的交通要道，以便製作壁上標語牌，陶百川撐著一把雨傘，不眠不休地工作了五天，圓滿達成任務。他的苦幹所得之報酬是整個市黨部同仁之尊敬以及七年之內連升八級的紀錄——由助理幹事而幹事、總幹事、科長、祕書、候補委員、正式委員、常務委員。

三十二歲時，陶百川受上海警備司令吳鐵城之邀出任上海軍法處長，管轄的案子包括政治犯、紅丸嗎啡案、盜匪案、軍人犯罪案。這是一個「肥缺」。我願舉一個例子以說明這位軍法處長的「愚蠢」：上海電影界大亨嚴春堂，涉嫌紅丸嗎啡而被逮捕，嚴的妻子拿著一串鑰匙求見上海聞人杜月笙：「這串鑰匙可以開啓嚴春堂所有的保險箱，珍珠瑪瑙，黃金美鈔，應有盡有，只要你答應救出嚴春堂，我願獻上全部財寶。」杜月笙答道：「陶處長是一位君子，他絕不會臨財苟且的！我不能爲你說情，你也不必再找關係，靜靜地聽候判決吧。陶處長辦案的座右銘是速辦速決，毋枉毋縱，我堅信他對你的丈夫必定會有公平的判決！」這個故事說明，陶百川對於賄賂的誘惑，不是考慮拿不拿的問題，而是根本沒有人敢向他行賄！這種拒人於千里之外的作風，使他永遠不會發財，也令他永遠保持「清白之身」。

民國二十四年，陶百川辭卸軍法處長職務，進入美國哈佛大學進修。爲了是否應攻讀碩士學位，陶百川曾煞費思量：倘若爲了學位，他必須加選法語、德語，此舉勢將消耗許多珍貴時間。最後，他決定不讀學位，而就個人興趣所在，自由地選讀了許多有關法律、政治的課程，使他獲得了眞正的充實。

陶百川回國不久，神聖的抗戰揭開序幕。國民政府爲了集思廣益，團結全國力量，以利抗戰建國，爰於二十七年四月在漢口組織國民參政會。參加參政會的，有地區的代表和各黨各派的負責人。陶百川膺選爲代表上海市的參政員。

參政會的員額爲二百名，全國的碩彥精英，靡不網羅。八年的參政會，使陶百川得到了最佳的觀摩和訓練，他今天的勇於批評的氣概，就是參政會薰陶的結果。有一次，陶百川曾對我說：「參政會有什麼精神可以發生深遠的影響呢？有人會指出團結，有人會指出民主，有人會指出戰鬥，而我則以爲是批評的精神。那時訓政尚未結束，抗戰正在進行，而因軍事第一，安全第一，政治固不民主，自由也欠保障。共產黨復利用抗戰擴張地盤。失敗主義者則脫離抗戰，投向敵人。國勢阽危，不言而喻。參政會運用批評的武器，大聲疾呼，向政府爭取民主，向各黨各派呼籲團結，向社會各界號召戰鬥，一時產生了偉大的力量，使團結因而加強，民主因而促進，局勢因而穩定。所以批評縱使不是什麼萬靈丹，但的確可說是有意想不到的效力。」

在陶百川多彩多姿的一生，曾經有一次很好的從政機會：抗戰中期，國民黨為了培植黨的新幹部，發起成立三民主義青年團，在籌備期間，當局圈定了九個常務幹事，均係政壇顯赫之人，如陳立夫、朱家驊、陳誠等是。當時，陳誠是第六戰區司令長官，督戰湖北，無暇參加籌備事務，於是，陶百川得到一個黃金機會，遞補為九巨頭之一，時年三十九歲。

民國三十一年。陶氏出任《中央日報》社長，復兼國民黨黨務委員會的駐會委員，其時中央黨部祕書長係吳鐵城。這種良好的政治因緣，按照常理判斷，他應該是青雲直上的。可是，陶百川的耿介性格卻註定他不能獲致政治的高位！由於一篇社論的影響，使他永遠成為仕版的絕緣體。此事曲折甚多，欲聞其詳，莫如等待陶百川自傳的出版。

參政會結束前的兩個月，上海市參議會成立，陶百川當選為參議員。三十六年行憲，陶百川沒有說過一聲拜託，又順理成章地當選為監察委員。

十八年的監委生涯，證明陶百川是一位了不起的鬥士。他對於監察制度的確立，有不可磨滅的貢獻，至於這些年來的幾個大案子，他更是無役不與，愈挫愈奮。激盪的空氣永遠新鮮，長流的水永遠晶瑩，奮鬥的人生，永遠光明，陶百川的典型，值得國人的效法與珍愛！

十二月三日 臺中

可恥的軍方暗箭可喜的社會正義

《香港鏡報》

鴉兮！時將乖而興忠，人方謂爾多凶。胡不若鳳之時鳴，人不怪兮不驚！

——宋・梅聖俞

五月初的一天淸晨，在新店河邊，一位滿頭銀髮、年達八旬的老人像往常一樣，同老伴携手散步，但他的步伐看來有些沈重。他的眼神是如此憂鬱，儘管竭力自我化解，人們還是看得出他的心境很不平靜。

「現在是甚麼時候了？爲什麼偏偏在這錯誤的時間，選了這個錯誤的題目？」

「可恥的暗箭！可憐的老人！可歎的官員！」

在臺北，這是被一些人稱爲「憂國哀時的君子」，而被另一種人指爲「討好反動分子」，「罪無可逭」的國民黨元老陶百川先生，在得悉臺灣「警備總部」有人發動圍剿他的消息之後，作出的激憤之言。

陶百川其人

陶百川是浙江紹興人，一九〇二年生，早年畢業於上海法科大學和南方大學，曾任國民黨上海市黨部祕書、總幹事、常務委員、「國民參政會」參政員、三青團常務幹事、中央通訊社社長、《中央周刊》社社長、「監察院」監察委員等職，現居「國策顧問」地位。著有《三民主義與世界主義》、《叮嚀文集》、《知識分子的十字架》、《臺灣要更好》、《監察制度新發展》、《政治安全瓣》、《人權呼應》、《爲人權法治呼號》等書二十餘本。一九六四～一九七七年間，陶百川多次赴美歐遊歷考察，寫了不少政論文章。近幾年來，也不時發表文章，其中有一些對國民黨有關當政者提出了批評。特別是對於「言論、出版自由」、「人權」問題，多次爲文呼籲，主張取消「臺灣地區戒嚴時期出版物管制辦法」。他推崇宋代名臣范仲淹「寧鳴而死，不默而生」的精神，以「書生報國無他道，只把筆錐當寶刀」自命，基於維護臺灣國民黨當局，屢陳「清議」，盡言極諫。但是當權者甚爲反感，賜給他「言僞而辯，似是而非」，「攻訐黨政措施不當」，「其心可誅」等等一大堆帽子，於是而有「警總」策劃的圍剿事件的發生。

圍剿原因

臺灣當權者對陶百川早有微言。導致這次圍剿事件，則是陶百川近期的兩篇文章。一是一九七九年十月六日的〈請善處言論自由以促進步並維祥和〉（見臺灣《聯合報》同年十月七日，另見陶百川著《政治安全瓣》第三～八頁），二是一九八二年三月二十三日的〈禁書有正道，奈何用牛刀〉（見三月二十四日《自立晚報》和三月二十五日《民衆日報》）。在前一篇文章中，陶百川提出「必須用法律而不可用行政命令或軍事命令以管理言論及其出版品（報紙、刊物和書籍）。這個法律，就是出版法」。認爲毋需「動用爲中外人士所詬病的特別法令包括戒嚴法及其軍事命令」。根據戒嚴法第十一條規定「戒嚴地區內最高司令長官……得……取締言論、講學、新聞、雜誌、圖書、告白、標語暨其他出版品之認爲與軍事有妨害者」，陶百川指出，「說得爽直一點，戒嚴司令長官得取締的出版品，依照上引戒嚴法第十一條，謹以『認爲與軍事有妨害者』爲限。對於其他違法的出版品，我很懷疑他有取締之權」。這就觸犯了最高軍事當局，難怪「警總」文件痛斥「此段文字甚有挑撥煽動作用」，並聲稱最高司令長官「認爲與軍事有妨害者」的範圍「無所不通」，要囊括一切了。

在〈禁書有正道，奈何用牛刀〉文中，陶百川對「警總」動輒引用戒嚴法查禁書刊的措施，表示不滿。他說，去年「警備總部」發現《政治家》半月刊第十二、十三期的社論有「不妥之處」，便派員命令修改重印」。他認爲這種事應由法院裁判，而不宜由軍事單位獨斷獨行。他對於「警總」常以「混淆視聽，足以影響民心士氣」，「挑撥政府與人民感情」等爲由查禁刊物，認爲是理由空泛，於法無據，這些都和「與軍事有妨害」扯不上關係。他提出，應依出版法重建言論自由、出版自由和新聞自由的正常法治軌道，並建立書刊檢查的仲裁制度，不要再隨便以十餘字的評語「入人於罪」。「不要再輕用將軍們及其軍事機關的權威了……應也不必再勞動將軍們使用牛刀去管制小鷄了！」

圍剿文件

這次圍剿陶百川事件，事發前已有人私下傳聞，直到五月三日「立法委員」蘇秋鎭拿出眞憑實據向「行政院」提出緊急書面質詢，才得到證實。蘇秋鎭在質詢中說：日前「警總」文化工作單位在三軍俱樂部，以如何圍剿整修陶百川等爲題舉行座談會，並當場各別分配攻擊資料予與會人士，給予優厚的稿酬，佈置全面進行圍剿整修陶百川先生等事宜。他拿出一位曾經參與上述座談會的人士所提供的「駁斥陶百川先生攻訐警總文化審檢工作座談會」文件，證明確有其事。

「警總」在上述文件中，指責陶百川「向來討好國內外反動分子」，「藉機攻訐黨政措施不當」，「蓄意曲解法令」，「用心惡毒，實爲親痛仇快」，並列舉陶百川前述兩文，逐條批判，指其「爲敵人開路，其心可誅」，「詆譭警總」，「罪無可逭」等等。特別是這份文件還有這麼一節：「《政治家》二十五期刊載〈揭開警總的神祕外衣〉一文，立委洪昭男談『如何改革警總』，黃天福稱『要求警總縮小其職權』，印證蘇秋鎭於立法院質詢中主張『撤銷警備總部』，與費希平力主取消『戒嚴法』、『戒嚴令』，再配合陶百川於報紙發表攻訐警總及『出版物管制辦法』之言論，足證本案並非孤立事件，而係有計畫之陰謀活動，殊堪重視。」

極大的震盪

這一消息首先由《自立晚報》在五月三日下午刊出，立即轟動臺北，引起社會上的極大震盪。各界人士不滿「警總」所作所爲，紛紛致電或親赴陶百川住宅拜訪，對他表示慰問。「警總」則聲稱並未開會圍剿陶百川，而是「交換意見」。當事人之一的洪昭男極爲憤怒，五月四日，他向「行政院」提出緊急質詢：「該座談會的機密資料已明明白白的一字不漏的排進了立法院的公文書裡面，假也假不了，誰有此種通天本事來僞造警總開會的文書呢？……警總爲什麼要急急加以否認？」「我身爲國民黨籍立委，稍作言論亦卽被扣以陰謀分子，則一般升斗小民若對於警總略有微詞，是否卽爲大逆不道而應扣以危害國家安全或叛亂之大帽！」「簡直欲加之罪，何患無辭！」他還在立院徵求其他委員聯署提案，要求警總派人到院說明事件的原委，聯署者有康寧祥、黃煌雄、黃天福、鄭余鎮、張德銘、李公權、高語和、梁許秋菊等二十人，足夠法定人數。

在文化界，在知識分子中，震動尤烈。一時議論紛紛，傳聞頗多。有人說，二十五年前卽一九五六年，當時的「國防部總政治部」主管人曾以代名「周國光」發表「向毒素思想總攻擊」的極機密文件（特字第九十九號），率領文化打手圍剿雷震主辦的《自由中國》，隨後又公開發行小冊子，進一步「殺伐」，今天又有策劃圍剿陶百川事件，這是否另一次「殺伐」的先聲？這次事件是否仍是這批人及其嫡系後繼者所爲?大有「談虎色變」之慨。東吳大學教授黃爾璇談到這次事件時說,「像文件所用的詞彙,簡直就像法院的判決書,是想置人於死地的一種說詞,令人閱之慄然不已。」臺灣大學教授張忠棟說,對陶百川的任何圍剿,徒亂人心。

四出安撫息事寧人

在一片譴責聲中,臺灣國民黨當局急謀對策,除嚴厲控制新聞傳播系統外,各有關負責人四出活動,極力安撫,謀求「息事寧人」。五月六日,國民黨中常委會議上討論這次事件時,祕書長蔣彥士爲洪昭男說好話,稱洪不是「陰謀分子」。蔣彥士、梁孝煌(國民黨組工會主任)等人還約見洪昭男,並安排洪同警備總司令陳守山聚談,「廣泛交換意見」,終於獲至三項諒解。事後洪昭男稱不再堅持二十名委員聯署的提案。「國防部長」宋長志則到「立法院」報告,說「警總」並未「發動圍剿」陶百川,而是對陶文「部分文化界人士有不同看法,警總業務人員曾參與事前接觸有關人員的意見,整理一份未經核定的資料,在一次餐敍中,提供與會人員研究參考」。五月十二日,宋長志又到「立法院」進而聲稱,該文件對外不負責任,希望不要繼續傳播、宣揚,還宣稱「警總的任務正是要防範匪的各種陰謀活動」,「希望大家一起來維護警總的權威形象」。五月十三日,「行政院」書面答覆「立委」蘇秋鎮的質詢中,也強調「警總職責日形重要」,還說已飭「警總」派人向陶百川致歉,並將有關人員議處,現已獲陶諒解。

事情到此好像結束了，其實不然。五月十三日，「監委」尤清在「監察院」院會中提案，要求調查「警總」有關人員有無違法擅權，「臺灣地區戒嚴時期出版物管制辦法」有無違憲違法，「警總」有無侵害人民之出版新聞及言論自由等問題，經過一小時半的討論，尤清提案雖未被通過，但從中可以看出一些人對當局處理這次圍剿事件的不滿了。

人們疑惑人們思慮

其實，問題並不那麼簡單。人們疑惑，人們思慮：爲什麼在蔣經國頑疾纏身、臺灣經濟前景不好、對外屢遭挫折、內部社會風氣敗壞、若干重大離奇案件久未偵破的時間空間條件下，還發生圍剿陶百川事件呢？這究竟是誰在指使和控制？他們究竟要幹什麼？那些到處奔騰的人爲何如此之放肆？爲什麼一些人不把「憲法」、「法律」放在眼裡？究竟什麼是「忠貞」的標準？對此的根本歧見何在？誰可認定誰的「忠貞」有問題，還是沒有問題呢？……凡此，一時都難有明白的答案。

五月中旬臺北的天氣時陰時雨，有些沈悶。十多天過去了，老人經過一陣震盪，雖然思緒萬端，倒還顯得平靜。昔屈原曰：

> 吾聞作忠以造怨兮，忽謂之過言。
> 九折臂而成醫兮，吾至今而知其信然。

信然！

一九八二年五月二十五日　香港

從圍剿陶百川到解聘黃爾璇

東方望

煮豆燃豆萁　豆在釜中泣
本是同根生　相煎何太急
——曹植的〈七步詩〉

我寫本文的動機與靈感是基於這幾點沈思：

一、國父孫中山先生革命建國的理想是，要完成一個以憲法為基礎而實行民主政治的中華民國。不料把政權轉移給袁世凱之後，辛亥革命的成果，幾乎被這個背叛民國、帝制自為的國賊所摧毀。所以國父在逝世前留下這兩句遺言：「革命尚未成功，同志仍須努力！」要怎樣努力才不會勞而無功呢？應如明代大儒黃宗羲所說的，必須要「置天下於天下」，絕不可「置天下於筐篋」。也就是《禮記·禮運篇》所說的，要天下為「公」，不要天下為「私」。

二、抗日戰爭勝利後，中共在大陸上反成了贏家。先總統蔣公痛定思痛，決定以臺澎金馬為反共復國的基地，生聚教訓。生前諄諄告誡，強調團結，並提出「不是敵人，就是同志」的口號。換句話說，必須要「化敵為友」，絕不可「化友為敵」。可嘆的是，近年來的政治情況演變，似乎對「化敵為友」則力有未逮；對「化友為敵」則勢不可當。

三、歷史教訓我們：拿法家的那套手段去治國，等於「玩火」，「玩火」的結果是，極容易導致「自焚」。因為法家的特質是「刻薄寡恩」，唯一的長處是能迎合著統治結構的特權者爭寵獻媚，總是把人不當人，專門利用人性的弱點，積年累月去研究如何鬥爭別人，整肅異己。但法家最後也難逃凶終隙末、玩火自焚的命運，禍了國家，也害了自己。商鞅、韓非、李斯、趙高之徒，堪稱玩弄權術的絕代高手，結果是誰也無法自保。等而下之，如權臣、外戚、宦官、特務，就更不足齒數了！

四、有位很受尊敬的長者和臺大教授張忠棟談到當前的國事，曾直截了當地指出：「今天的問題，在於政治的老化，社會的腐化，學術界的軟化。」並對學術界的軟化，更加強語氣痛斥曰：「士大夫之無恥，是為國恥。」不過話說回來，今天有「識」之士的所以軟化，也是有「勢」之士憑藉政治權力，不斷以威脅、恐嚇、及公開侮辱所造成的。如「違反國策」啦，「動搖人心」啦，為「共匪張目」啦，「與臺獨勾結」啦，試問在這些大帽子的不斷高壓下，有「識」之士，又能有幾個敢於鼓起道德勇氣，發揮批判精神，而不昧著良心說假話，而不希風仰旨去歌功頌德？

五、再舉一個近例：菲律賓駐華亞洲交易中心主任羅慕斯九月十四日上午在中非雙方宣布復航後，興奮地向該中心的職員們說：「這是一次愉快的降落」（Happy Landing）。當然，菲國當局要片面裁定停航就停航，要主動批准復航就復航；我國有關方面則一切逆來順受，什麼國家外交尊嚴，什麼條約對等權利，都可輕易擱在一邊，完全忍氣吞聲，唯菲國之「馬」首是瞻。請問：他們「討了便宜還賣乖」，怎麼會不「愉快」呢？至於我國的新聞傳播媒體，已習慣了奉命唯謹，除了照單全收，「表示欣慰」外，誰又敢說半個「不」字？

陶百川先生高年碩德，在今天臺灣的黨國名流中，是我眞正敬重的一位前輩。我之所以眞正敬重他，一不是因爲他曾做過監察院的監察委員，二不是因爲他乃現任總統府的國策顧問。而是：一、仰慕他做監察委員則守正不阿，嫉惡如讎，專打老虎，不拍蒼蠅，更不會去踩螞蟻的那種高風亮節；二、欽佩他任國策顧問則謇謇諤諤，仁以爲己任，言其所當言，言其所不忍不言，所謂「居廟堂之高則憂其君，處江湖之遠則思其民」的那種憂患意識，和「寧鳴而死，不默而生」的那種忠貞抱負。

我也曾從反方向替陶百川先生設想過：

假如他在監察委員任內，少拍拍蒼蠅，多踩踩螞蟻，而絕不去老虎嘴上拔毛，甚至學學韓愈〈爭臣論〉裡的諫議大夫陽子，「視政之得失，若越人視秦人之肥瘠，忽焉不加喜戚於其心。」

反正天塌下來總有高個兒頂著，管什麼監察權的「無力感」，笑罵由人，萬年國會的監察委員照幹不誤，除死方休，爲什麼要「辭職」？

又假如他在國策顧問任內，儘可不顧不問，不問不顧，來個「國家事，管他娘，叉叉麻將！」豈不輕鬆？萬一上面有「問」，他也可以只「顧」報喜而不報憂，豈不乖巧？至於寫文章，談國事，只提「臺灣好」就夠了，何必畫蛇添足，提什麼「臺灣要更好」！

再假如討論「牛刀」問題，不錯，它的本能是用來殺牛的，但有「勢」之士如果硬要用來殺雞，也頗合「物盡其用」的邏輯，爲什麼要大驚小怪？須知今天臺灣大材小用的事例太多了，何況「嗜殺」者別說用它來殺雞，同時也高興用它來殺人。又何苦硬要在「用牛刀」的命題上加「奈何」二字！雖然遣詞委婉，但在殺手們「圍剿」的攻勢下，卻肯定是「其心可誅」而「罪無可逭」的，這就難怪陶百川先生要被「圍剿」了！

陶百川先生不是執政黨的「幫閒」，也不是中華民國政府的「祿蠹」，而是能夠爲國家民族的前途操危慮患，朝乾夕惕的孤臣孽子，怎麼肯從「天下爲私」的反方向設想而大開民主的倒車呢！因此，「圍剿」事件，雖然在形式上已告一段落，但餘波盪漾，暗潮洶湧，一批「惟恐天下不亂」而眞正志切「幫閒」的角色，猶恐「化友爲敵」之不力，所以又掀起一陣「聲討」的風波。如果不信，請看《時報雜誌》一八八期「政治圈」中的這段新聞：

國策顧問陶百川近日成為「中華民國反共復國大聯盟」聲討的對象。「大聯盟」近日在臺北舉行國是會議，會中通過的意見之一是：如果陶百川在今年十月以前，不發表有利於國家民族的言行，將「號召海內外詩人公開聲討」。與會者並表示，要公開要求開除陶百川國籍及中國國民黨黨籍。

我不認識上學期末了突遭東吳大學解聘的政治系教授黃爾璇，我和他眞正是「素昧平生」。但綜合報載的新聞和評論，我對黃教授因受到教學及研究以外的政治因素而被褫奪了工作權，極表不平；我對大學校園的學術自由、獨立思考、以及現代社會邁入多元化的價值判斷、認知觀念，會在「政治掛帥」的壓力下遭到不明不白的歪曲、摧殘，聯想到今天學術界的軟化與墮落，尤覺失望和痛心！

現在我把報載新聞和評論、以及東吳大學學生與各大學教授接受記者訪問所發表的意見，擇要析列如左：

．東吳大學文學院長和政治系學生都說黃教授不錯，有見解，有原則，對學生有親和力。這麼一位好教授竟不容於學校當局，眞是天道寧論！

．除非觸犯法律或叛亂，否則不能因個人的政治見解而受到歧視或差別待遇。希望有關方面能給黃教授復職，而且不應再有類似事件發生，否則對學術自由是一大損害。

・過去臺大哲學系有好幾位教授被解聘或不續聘；政大教授柴松林最近也差一點不被續聘，這些事實指出了在中華民國七十年代的大學教授之職業沒有保障，這是在文明社會沒有的現象。

・東吳大學解聘黃教授是因他在「圍剿」陶百川事件中曾對政府有所批評，如果所傳是事實，那就是十分不幸的事件。圍剿陶百川本來就是政治陷害，有人出來講話，還表示這個社會留著幾分正義公理；如果現在一定要把講話的人整掉，則忠良喪盡，善類不存，國家社會受到的損失，將難以彌補。

孟子說得痛切：「以天下與人易，爲天下得人難。」陶百川先生年底能不能回國？黃爾璇教授馬上能不能復職？截至本文發稿時止，還在未定之天。最後，我謹在這裡也痛切獻言：如果眞心誠意要「以三民主義統一中國」，必須認清前進的大方向，乃是一心一德的「化敵爲友」，而不是要離心離德的「化友爲敵」。

記著：「本是同根生，相煎何太急？」

一九八三年九月十八日　脫稿於忘歸樓

良心人說良心話

呂秀蓮

在我們的人生經驗當中，極饑餓時忽獲一塊糖食的滿足感；極黑暗裡突然閃出一點亮光所鼓舞起來的希望，都是彌足珍貴的，尤其在濁世洶洶中，偶遇仗義直言眞君子，簡直如獲人間的至寶。

一九八五年三月二十八日，筆者結束長達一千九百三十三天的牢獄之災，獲釋出來。有一天，我到永和李鴻禧教授家裡，見到了胡佛、楊國樞與張忠棟諸位教授，久別重逢，自是悲喜交集，盡在不言中，他們對我的大難不死特別感到喜出望外。從交談中，我獲知一則鮮爲外人所知，卻感人肺腑的故事。

據說情治單位在策動高雄事件時，曾作了幾番沙盤演練，也預擬好幾份「黑名單」，從最起碼要逮捕的人數，到最如意算盤的「淸黨」計劃，包括檜斃美麗島人士當中的「六名」——其中之一是筆者。消息走漏之後，有自由主義學者之稱的胡佛教授認爲人命關天，立卽揮毫振筆，向蔣經國寫了一封陳情書，力諫其刀下留人，然後交與其他幾位同具人道精神與道德勇氣的教授共同簽署，漏夜託人送到總統官邸。與此同時，他亦寫好遺書，準備萬一蔣經國惱羞成怒來個「賜死」，他便殉道求仁。

這四位教授堪稱仁人、君子、勇士，而除了李教授之外，其餘三人皆所謂「外省人」，但他們基於知識分子的良心，與救人第一的愛心，甘冒大不韙，其人格的高超，勇氣的卓絕，令人（尤其有救命之恩的筆者）油然生敬！比諸前節所述，各個臺籍政客爲輸誠表態而喪盡天良的丑言醜行，眞有霄壤之別。可惜那封信的內容不得而知，但相信必是一封感天地、泣鬼神的至情至性之作，因爲蔣經國並未惱羞成怒，而所有的被告們也都倖免於死。據說他們也曾把信交給《中國時報》，因太敏感致未發表。

另外一位仗義執言、高風亮節的眞君子是陶百川先生，陶公原爲監察委員，在監察院糾舉、彈劾、辦案，鉅細靡遺，鐵案如山，人稱現代「包青天」。他因反對終身職監察委員有失民主眞義，早在民國六十年初即率先辭職，樹下絕無僅有的民主風範。高雄事件發生時，他以總統府國策顧問之尊，先後給蔣經國寫過十二封信，提出他對此一事件的法律見解、政治影響和處理的意見，結果觸怒情治單位，非但在軍法大審期間拒絕陶公到場旁聽（當時旁聽席共有一百二十位之多），而且在事件結束之後，還「陰謀」批鬥他。幸因事機不密，爲《中國時報》首先獲悉，乃大加報導而引起公憤，警總見眾怒難犯，終於罷手。然而這對於公忠體國爲萬民所愛戴的陶公來說，眞是情何以堪！情治單位的跋扈囂張，於此可見一斑。

究竟陶公跟蔣經國都說了些什麼呢？根據他在《困勉強狷八十年》自述一書第十九章〈佈道

市義所爲何來〉第二節〈高雄事件妥籌善後〉透露：

「我在第一封信中提出我和吳三連先生對該案的疑問和意見。它說：

昨天上午吳三連先生和我兩人在《自立晚報》館晤談高雄不幸事件和逮捕案。我們二人曾就下列三個問題加以研究：

一、高雄不幸事件是暴行還是暴動？是衝突還是叛亂？判斷一個刑案，看犯行，也須看犯意，不知被捕的人是否有叛亂的犯意？

二、警總從前逮捕××，當天就把叛亂證據和盤托出，後來也依它判刑。逮捕××也是如此。但這次逮捕十四人後當天中午發表的聲明，僅說他們涉及暴行、暴力或暴亂，而未提及叛亂，與以前兩案的說法大不相同。人犯十四人雖關在警總，但又並不指明，而把它說成『有關機關』。

這可能有兩種解釋：

甲說：根本沒有叛亂證據，姑先加以逮捕，慢慢蒐集，所以一時無可奉告。

乙說：預留彈性，以便善後，例如送交法院審理。

可是晚間廣播，則說他們是叛亂犯了。但因迄今未如以前兩案那樣宣布叛亂證據，使人仍不能無疑。

三、中壢事件焚燬警所，搶劫兵器，情節遠較高雄事件嚴重，但未辦成叛亂，人犯都由警總改送法院訊辦。高雄事件是否也將那樣處理？

以上三個問題，我們二人都不敢妄斷，但覺得很重要，而且很迫切，有迅行了解的必要。於是商定先由吳先生往訪中央黨部蔣祕書長以決定是否須見蔣總統。」

同節他又敍述另外一封信所作的建議：

——叛亂罪有特殊條件，不可輕易認定，必須意圖（這「意圖」二字非常重要）破壞國體或竊據國土或以非法的方法變更國憲，顚覆政府而著手實行者，或通謀外國意圖使其與本國開戰或將本國土地改屬該國者，方爲叛徒。如無叛亂事證，而僅犯普通罪刑，則可依妨害公務罪、妨害秩序罪、公共危險罪、傷害罪、妨害自由罪或毀棄損壞罪等追訴，則都應移送法院審判和懲治，而不應受軍事審判。

——對警備總部羈押中涉嫌叛亂的該案嫌疑人犯，應迅作下列處分：

一、罪嫌不足者予以釋放；

二、觸犯普通刑法者移送法院偵辦；

三、事有可恕或情有可原而有感化必要者交付感化；

四、罪證顯著者依法審判，但處刑不宜太重。

陶公早年留學哈佛大學法學院，他的法學素養與道德良心促使他依法、論理、順情，向最高當局知無不言，言無不盡，善盡其「國策顧問」的職責。在同章第三節〈外人之言歷史之鑑〉

中，他甚至想到援引歷史聖賢故事以力諫蔣經國：

《三國志．諸葛亮傳》記載：亮知土酋孟獲深得民心，但反對蜀漢。亮乃出兵把他擒來，問他服不服，他說他誤中亮計，不服。亮放他回去，約他再戰，又把他生擒，但他仍不服，亮又放他再戰。這樣七擒七縱，獲遂拜服說：「公天威也，南人不復反矣。」於是諸葛亮乃無後顧之憂，而能專力討伐曹操。

我又想起吳三桂勾結滿人的故事。從吳的降清而後又反清，可知他本來也有民族思想，只因李自成擄了他的愛妾陳圓圓，他遂在防地山海關，開關迎接滿軍助他擊敗李自成而鑄成大錯。而且可惜原因很小——只是「衝冠一怒爲紅顏」而已。

於是我不避冒瀆，又向政府當局進言，指出我們今天大敵當前，不可在內部製造新的吳三桂；我們要學習諸葛亮的謀略，既示威又示恩而卒使南人臣服。

那麼，陶公如此佈道市義，所爲何來呢？他如是自道：

「我所以那樣重視該案，而爲那批人犯說話，不是爲了他們的利益，因爲我與他們根本毫無私交。信不信由你，但我深信政府當局經查證後已經相信，我生平與黃信介、姚嘉文和林義雄相見僅一次，與張俊宏和陳菊兩次，與呂秀蓮因同爲哈佛校友則有三次，與林弘宣和施明德及其他數十人且從未晤面。

我所以不計同志們的誤會而放膽執言（但我並不公開主張），純粹是因爲深怕我們在中共和臺獨虎視眈眈之下重蹈吳三桂『衝冠一怒爲紅顏』（陳圓圓）的覆轍。不幸現在果然有點應驗了。」

陶公的出發點全在一個「愛」字——愛民、愛國，而且他愛的基點是法理情，是公理和正義，這對於蓄意製造冤獄，整肅異己的別有用心者來說，自然是「壞」了他們的「好事」，從而懷恨在心，俟機報復，幸而未果，這正是一頁中國傳統宮廷政治中忠奸對抗的翻版。

特立危行無悔無懼

《美國論壇報》

臺灣國民黨當局與黨外的對立日趨尖銳，今年五月，一度接近「沸騰的臨界點」。後經國民黨「中央政策會」副祕書長梁肅戎聯同黃光平、蕭天讚與黨外首腦尤清、康寧祥、費希平、張俊雄、江鵬堅、謝長廷、游錫堃等人進行了一次眾所矚目的餐敍溝通，獲致包括同意「公證會」及其分會之設立，但對其名稱及是否登記「有待繼續磋商」的結論，緊張對立的情勢才得以暫時紓緩。

這次被臺灣輿論稱爲「最具建設性政治對話」的黨內外溝通，幕後的主要牽線者，就是陶百川。

三。陶百川是資深的國民黨員。早在四十多年前的抗日戰爭期間，陶百川擔任國民黨參政會的參政員，就在國民黨黨團中從事溝通協調的工作。當時，他的工作對象包括非國民黨參政員王雲五、沈鈞儒、史良、鄒韜奮、黃炎培等人。抗日戰爭勝利後，陶百川也曾奉國民黨的徵召與其他黨派人士聯絡溝通。可能受當年與各黨派溝通協調的經歷所影響，陶百川至今仍認爲「朝野雙方，和爲上策」。對於臺灣的政情，他在四年前就說道：「中國國民黨現在一黨獨大，確是事實，而『獨大』的若干流弊，也確實使人擔心。」又說：「人民如果組成政黨，則如散沙與水和水泥拌和起來成爲混凝土，便能產生新而大的力量。」由此看來，他是傾向於認爲臺灣應容許存在新的政治力量。

數十年來，陶百川歷任國民黨參政會參政員、制憲國民大會代表、上海《大陸報》譯員、《民國日報》編輯、《晨報》總主筆、香港《國民日報》社長、重慶《中央日報》總社社長、監察院監察委員。但他對國民黨並不事事贊同，尤其在臺灣擔任監察委員期間，陶百川曾提出不少彈劾案與糾正案，如對行政院長俞鴻鈞的彈劾案，以及爲雷震案向行政院提出糾正案，都曾轟動一時。也因此，他得罪了不少國民黨權貴，在國民黨內備受壓力，屢遭攻擊，迫得作出「痛苦的選擇」，辭去監察委員之職。他在給一位友人的信中曾寫道：「弟任監委，四面受敵，內外應戰，卒致焦頭爛額，彈盡援絕。當時已不能應付，今後更何能支撐。」他就是因爲難以支撐而被迫辭職的。

國民黨當局在陶百川辭去監委之職後，給他一個「國策顧問」的虛銜。但他「寧鳴而死，不默而生」的作風未改，常在報章雜誌發表文章，評論臺灣政事。一九八二年他在臺灣《聯合報》和《自立晚報》先後發表了〈請善處言論以促進步而維祥和〉、〈禁書有正道，奈何用牛刀〉兩篇政論文章，呼籲放寬言論自由和出版自由。出發點雖爲臺灣國民黨當局好，卻被臺灣有關單位認爲「爲敵開路，其心可誅」。警備總部政戰單位便發動「全面圍剿陶百川」，飭令各報刊大量刊載「圍剿」文章，實行羣起而攻。

陶百川在遭受「圍剿」之後，離開臺灣去美國住了一段日子。今年春天，他重返臺灣，正值國民黨當局與黨外的對立日趨尖銳，「情勢已到高雄事件的邊緣」。但臺灣島內外的政治情勢已今非昔比，國民黨當局如重施當年故技，恃強鎮壓黨外，島內外的反應勢將比當年強烈，甚至可能出現動亂之局，對國民黨造成更大的不利。

蔣經國盱衡利害之後，決定採取懷柔之策，提出與黨外溝通。據臺灣《自立晚報》披露，陶百川回返臺灣，「即蒙最高當局特別召見，請其促成黨內外的溝通，以紓緩緊張的對立情勢」。於是陶百川遂同臺灣著名學者胡佛、楊國樞、李鴻禧負起國民黨與黨外溝通的牽線者之責。但他們的工作常「遭受挫折和攻擊」。陶百川在《自立晚報》發表的文章就指出，國民黨內部存在著一股力量，「反對中央黨部與黨外的溝通」；而「我們四人無拳無勢，那有改變形勢的力量呢！」唯有盡我棉力，以求無愧於心而已。

陶百川不默而生

卜少夫問
陶百川答

時　間　八十三年一月二日上午十時

地　點　新店中央新村

被訪問者　陶百川（總統府國策顧問）

訪問者　卜少夫　胡桐

陶百川是位「寧鳴而死」之人。

陶百川也更願「不默而生」。

他今年高齡九十二，已出版有數百萬字的言論文集，直到八十二年底，還不斷在臺灣兩大報發表時論，〈中國國民黨往何處去〉一文，就是最近在《聯合報》發表的。

他在監察院時，是一位爲人所敬畏的風霜之士。

他辭離監察院，擔任國策顧問，並未停止他的建言與評隲時政。

他是個有聲音的人。

五十年前，在重慶，我曾兩度在他手下工作；

他任《中央日報》社長，邀我任採訪主任；

（他因我採訪之新聞遭殃，我亦離職。）

他轉任《中央週刊》社社長，復邀我任總編輯。

他有識才之慧，我有知遇之感。

五十年來，雖往還不多，但聲息相通，互有存問。

八十一年，我有撰寫《二十世紀人》計劃，他是我的書中對象之一，曾先去一函說明，後再去一函徵詢訪問時間，不料他竟只給我一短箋，殊爲失望。從我與他之關係，即使當時不便，也應該有「容後圖之」的彈性餘地，但此短箋並無此語，我曾反覆思考，大概八十二年初那段時期，他一定有極不愜意之事，所以我也就將訪問他一事壓後，我想時間會來解開一些糾結的。

八十二年年尾，我伴天白去臺北作例行性體檢，利用這一段時期，計畫訪問尚未來訪問的三人：陳立夫、林則彬、陶百川。都很順利完成。

十二月三十一日電話聯絡，並未碰釘子，約好於新年一月二日上午，在中央新村他的寓所見面。（以下是訪問實錄）

卜：談到政治現狀，譬如說郝柏村最近在中常會對提前改選總統的發言，他認爲是違憲……。

陶：就是所謂六年任期不能提前直選，是不是這一點？

卜：是，你覺得這一意見怎麼樣？

處分新同盟會成員

陶：我覺得很好。關於這個《自由時報》有頭條報導說，郝柏村是因為外面傳說中央黨部要處分新同盟會的成員，包括郝柏村在內，要處分，不僅是林憲同……。

卜：林憲同、馮滬祥。

陶：不僅是他們，連梁肅戎、郝柏村、許歷農都在內，說都在考慮要處分。《自由時報》，頭條。

我曾經告訴蔣彥士祕書長，並請他報告總統，說是否應該注意一下。我想蔣祕書長會報告總統，我也想總統現在行事說話也不像以前，會比較……平靜一點。

卜：低調一點。

陶：嗯。所以我希望——當然不會是我進言的關係——希望這件事情雙方有一個瞭解，不能再吵。

你看，現在各種指標：政治、經濟、社會、教育的囉，尤其立法院、國大等，都顯出有敗像。我想，他們慢慢地都有了這一感覺。你的《新聞天地》當然也發揮了很大的效能啦，你也要多說說話。

一念之差造成祥和

卜：陶公，他們把我當作非主流派的呀，好像我是反李的人。我老實說，去年郝柏村沒有講話以前和林洋港也沒有說要競選總統以前，立法院那個新黨也沒有成立以前，那個階段我曾同幾個朋友講，現在只有一個人的一念之差，就可以造成我們整個社會的祥和，那就是李總統現在再站出來公開說「我決不連任」。「不管是否提前選舉我決不再任、不再競選」。這是其一。另外，他可以講「林洋港先生他是本土人物，而且氣質、才華各方面都不錯，又自基層出來，他是我們國民黨的一個人才，我願意支持他，擁護他出來做總統。」坦白說，這樣一來，可以證明當年經國先生選擇他並沒有錯，他在歷史上一定有地位。我的朋友說，「少夫呀，你太天眞。陶百川先生曾送了一本書給他，叫做《權力遊戲》，權力使人昏迷，權力使人跋扈，享受權力時間長了以後，不肯放的。」陶公，說眞的，那時候他如果肯那樣做——就是現在也不算遲——我絕對讚揚他。但是現在他不再講不連任的話了，他決不講了，他就含糊了，對不對？很明顯的，要提前、要直選，其心態路人皆知。雖然現在「國大」裡他的人很多，不過我告訴你，他以後遭遇的困難、麻煩、頭痛的事會更多，沒有那麼簡單的。

陶：你是說李總統？

卜：對。你看今天的政治情況，哪像從前？而很多作法是自己毀了自己的公信力、自己毀了自己的公權力，像立法院前兩天強行通過三法案那樣子搞法，你看看！

陶：其實何必呢，慢慢的又有什麼關係呢，連一天的時間都不給人家，都要爭，這個眞是……。

卜：又譬如說，新同盟會、新黨，都是國民黨逼出來的，又何必呢？所以我說，陶先生，儘管無效，你還是要說，這也是你一向的態度。言，一定要建言，聽不聽由他。因爲你的身分地位不同，他對你還沒有那個。

陶：（笑）沒有。

卜：是啊，不像有很多人根本不理。林洋港和他本來也很好的，現在林洋港的感覺是他沒有說話的餘地，講話都盡聽他講，你要講什麼他就手一擺，不讓你講下去。一個人，不能接受別人的意見，這是什麼情況！

現在是要修憲了。我記得當年制憲的時候，你也在南京，你參加的。可是現在我們的憲法是有點支離破碎了。先看監察院，你曾是監察委員，現在監察院變成什麼樣子？你說，監察制度是什麼？

陶：嗯，那的確是最大的敗筆，修憲的最大最大的敗筆。

卜：監察委員變成了由總統委任的打手了。

陶：而且監察委員的言論免責權都被剝奪了。本來民意代表包括縣議員，他們的言論自由是有保障的，是不必負責的。現在修憲明文規定取消這一條，是最大敗筆。以後有監察委員彈劾或指責哪一個官員違法瀆職，人家可以立刻告他，法院可以傳訊他。現在的一般議員還有這個權，反而對監察委員，修憲時把它撤消了。

卜：立法委員還有言論免責權。

陶：立法院還有這個權，這個眞是……（笑）。

卜：你看他的步驟，是先提前直選，再縮短總統任期。

陶：縮短爲四年，這四年自然是非他莫屬，而他要再連四年，這可能性也不是沒有。哎，李總統蠻會搞政治的，不簡單。（笑）

卜：他把以前蔣經國壞的地方，搞權術等種種毛病學了，蔣經國好的地方沒有學。這個人不簡單。

陶：不過爲了培養自己實力、造就一股聲勢，他也非要有點突破的做法不可的。

卜：不過做人又何必如此勞心、苦心孤詣……我想連睡覺他都睡不穩。而且我想，在他下面，除掉那一個小圈子，他有沒有對他忠心耿耿的人、有沒有智囊。他有沒有去相信別人？他不要以爲培植了連戰或什麼什麼人，人家是否有百分之一百聽他的話。我想在若干方面，連戰不一定會聽他的話。所以我們中國人過去搞政治一定要以德服人，而以勢服人來培養人，危險得很。

路上摔倒三次

卜：陶公，我們換話題。你現在眞的是閉門不出嗎？

陶：眞的。是我近年身體不好，鼻炎，這三個月別的不說，體重掉了十公斤，最近半個月才慢慢穩定。十公斤不是小事情，相當嚴重了。

卜：是。

陶：我在路上也摔倒過三次。

卜：我內人也摔了一跤，醫生驗出腦部有一根血管，管平衡的，有了點問題，走路不能平衡，就摔了。你是不是覺得腿軟？

陶：不，是腦。有時我會突然睡著，不知道怎樣睡著的，不過立刻會醒過來。

卜：在外面嗎？

陶：在外面路上呀！有次走過馬路，幸而內人和我一起，她扶著我。又有一次在「六合市場」馬路邊，昏睡下去連假牙都斷掉了，眼鏡也破了，所以，晚上我是絕對不出去。這次你老兄說是你來看我，我是如釋重負，否則應該是我去看你的。你倒是氣色很好，體重也控制得很好。

卜：我今年八十五，我是宣統元年的，比你小一點。

陶：我是九十二了。現在總算睡眠、飲食還很好，就是鼻炎，影響視力、聽力，我相信一定也影響腦筋。

卜：那你現在是看看電視、看看報紙、寫點日記？

陶：是，日記也寫得簡單。不過你的刊物，我是從頭一篇看到最後你的日記。

卜：我這本刊物，明年出版也進五十年了……。

陶：我眞非常抱歉，你這一期出版紀念，有好些朋友寫詩寫詞，我是糊塗，忘記了。

卜：我沒有來麻煩你。

陶：我還是不對的。

卜：我預備出版滿了五十年就收檔了。連續辦了五十年，也是很辛苦的事。

中國建設統一促進會

陶：太辛苦了。

卜：這刊物解決不了我的生活問題，還在辦下去，其實也是我的興趣和嗜好。

陶：不過這也是你的一種貢獻，你不要妄自菲薄。

卜：最近常有人來看你嗎？

陶：很少。

卜：監察院的老朋友也很少了，恐怕只有六、七個人？

陶：有一個最活躍的叫酆景福，九十五歲，他還好得很，他有部車子，這也方便不少。

卜：你們還有沒有聚會？

陶：有，一個月一次，叫做這個中國建設統一促進會，都是退職或辭職的民意代表。

卜：這個統促會什麼人在主持？

陶：主委有三個人，國大代表是陳建中，立法院是趙自齊，監察院是酆景福，這會成立兩年了，這次改選，他們都連任。

老五看你怕上報

卜：那你每月一次參加了幾次？

陶：我差不多每次都參加。此地住著莫萱元，他有車子，帶我一起去。這裡叫計程車當然也可以，總是麻煩。

卜：好像于衡也住在這裡。

陶：是以前不少人都住這兒，現在走的走了，有些人到美國去依親生活了。

卜：你的孩子呢？

陶：老五住在此地，他到香港你請他吃飯，我有次告訴他卜伯伯來了臺灣，他要看你，又怕你在《新聞天地》上登他的新聞。

卜：他怕什麼呢？怕上報？

陶：所以我也怪他。（大笑）

卜：陶先生，你大陸有去過嗎？

陶：沒有，我是不想去。以前鄧穎超在的時候，他們有邀請我。這有幾個關係，她是周恩來的太太，我同周恩來同鄉，也熟，更重要的是大家當年在重慶「參政會」裡面，當時雖然黨派不同，但我也有政府交給我一點使命要和共產黨溝通，我就透過她，所以特別熟。她幾次托人帶訊要我去，我都謝了。

卜：那是從前的事？

認識的共產黨都死了

陶：不，是在此地的事。有一次「政治作戰部」的人來整我，說我是邵力子第二，勾通共產黨，弄得我很苦。鄧穎超就托人來說，歡迎我到大陸去。那個時候我沒有去，現在我認識的幾個共產黨朋友都死了，所以也沒有這……。

卜：周恩來先去世，鄧後來也過世了，那總是七八十年代的事了吧。

陶：對，鄧可能感到對我們幾個老朋友要有點照顧，她那時擔任……

卜：全國政協副主席。

陶：對。

卜：不過你不能只因爲人的關係，也要看看家鄉嘛。

陶：家鄉直系的親人已沒有了。不久前，汪道涵托人來請陳立夫先生和我去大陸看看、談談。我問立夫先生，他說現在雙方這樣僵，沒有什麼好談的，所以也沒有去的必要。立夫先生既不想去，我也就不去想了。

卜：立夫先生還好吧？

陶：好得很，九十五歲了。他本來住天母，現在住士林附近。士林，你知道嗎？

卜：是。

「自由人」聚餐會

陶：昨天開國紀念，他們通知我，我本來應該去的，因爲頭昏，臨時沒有去。今天看新聞照片，立夫先生在，我還以爲他去美國了。他有本自傳英文本，美國史丹福大學胡佛研究所幫他出版，他最近爲這本書大概要去。我最近沒見到他，本來我們有個聚餐會，我有兩個月沒去了。

卜：就只你和立夫先生？

陶：不，十二個人，你如常在臺北也應該參加的，是《自由人》雜誌的關係。後來一個個凋零，就剩我一個人。當時走一個人就補一個人，不過補的人與《自由人》就沒有甚麼關係了，立夫先生也是其中之一。

卜：說起《自由人》，最初我是總幹事呢！陶先生，我要說，大陸你還是可以回去看看，並不因爲共產黨中有老朋友才去看他。陶先生要看的是大陸現在的情況。說起來，我來了，你統戰我，難道我到你那裡，我不會統戰你嗎？

陶：我倒不是怕這個。第一是立夫先生所說的，沒有什麼可以談的，第二是懶。以我狀況，再過半年更不作此想了。

卜：怎麼呢？

八十五與七十五

陶：身體不行了。我在八十五歲時感到身體和七十五歲時沒甚麼兩樣，八十六歲後就一年不如一年了。

卜：你現在有什麼人幫你料理家事嗎？

陶：我們兩夫妻都自己來。兒子住在忠孝東路四段，一星期來二、三次，看看我們，帶些吃的來。我的經濟能力當然可以請佣人，但是我們兩夫婦這種生活慣了，假如有第三者在，反而不習慣。

卜：哎，怎麼這樣想，絕對要有個人來幫忙照顧。不然風燭殘年，怎麼行？

陶：是，兒子是急著要請人，我們總是要他慢一點再說。

卜：你的自信心太強，什麼都要自己來做，一直都是這樣的。

陶：是的，是的。

卜：餘年是很要緊的，要多保重。我啊，只想活到九十歲，還有五年。我活著，就活得很有信心，到九十歲對自己可以有交代。你呀，陶先生，你也應該覺得很滿足了，無負此生，可以說無負此生。

陶：是的，無負此生。

卜：你這一生，沒有對不起人、沒有做害國害民的事、沒有做……。

陶：那只有貢獻了。

卜：你留下那麼多東西！我們還常懷念那個時候的監察院，于右任老先生的那個時候。現在的那些……。

陶：我一點都不責怪他們，因爲這個工作，風霜之任，不能期於一般人，非常不容易做，尤其現在的環境，這樣子出身的監察委員，又怎麼能有多大作爲！

陶百川先生的心聲正聲和雷聲

張冠生

陶百川先生以九十二歲的高齡，老而彌堅，近十年來做事和寫作，較諸八十歲以前出版他的回憶錄正集《困勉強狷八十年》的時候更多和更勇毅。陶先生不是好事之徒，實在是因這十多年來，國家多故，社會不安，他不得不發出心聲、正聲和雷聲，以善盡知識分子的責任。所以在他全集三十三冊中，篇幅以本書爲最多。但是陶先生深知言多易失，懇請讀者予以指正。

傑出民主人士贈獎典禮盛況

陸大聲

菊人：

一年一度，由中國民主教育基金會主辦的傑出民主人士頒獎禮四月二十五日在舊金山舉行，盛況空前。單以晚宴說，有二十桌人之多，作爲主人的黃雨川伉儷忙得笑呵呵。陶百川先生兒孫欣逢陶公九十大壽，三代人齊集，更增加了和樂的氣氛。

關於評獎過程，《百姓》二五七期曾有報導，但代表海峽三岸得獎的，以什麼條件勝出則未說明。頒獎典禮中我受命代表評審委員講話，著重介紹了得獎者。

陶百川先生是以天下爲己任的中國知識分子的楷模，立足寶島，胸懷神州，放眼天下，他對推動臺灣民主政治，四十多年來從未稍懈。由於爲民請命，批評政府，曾遭圍剿而不改初衷。臺灣國統會成立後，陶公成了國統會的精神領袖，貢獻良多。他懷著強烈的使命感，說該說的話，做該做的事，盡該盡的心。他過去就曾被提名傑出民主人士，這次以最高票當選。

吳弘達先生一九五七年在中國大陸因批評蘇聯出兵鎭壓匈牙利人民革命而被劃爲右派，經歷了十九年的勞改歲月。正如劉賓雁說的，「在中國這都算不上稀奇」，令人驚奇的是他怎能寫出《勞改——中國的古拉格》這本書。而吳在去年又創造了一個奇蹟。他携同臺灣籍的妻子重返大陸，深入虎穴，走訪了二十個勞改營，巧妙地把犯人生產出國產品的情況錄下像來，公諸天下。他得傑出民主人士獎，可謂實至名歸。

香港民主同盟去年在香港第一次直選中取得了輝煌的勝利。同時使親共的候選人全軍盡沒，這是很了不起的。直接影響香港的民主前途，對大陸人民爭取民主也是巨大的鼓舞。他們的勝利是通過團隊的集體努力而達致的，所以基金會決定頒發團體獎。代表港同盟領獎的何俊仁副主席在港同盟取得大勝的直選之戰中，發揮了運籌帷幄的作用。

當天由民主教育基金會會長黃雨川向陶公頒獎，百川、雨川兩川相匯，民主潮流，川流不息。由我代表向吳弘達頒獎，基金會考慮到我和吳弘達不僅有「同派之雅」，且以一個坐牢二十二年的向勞改十九年的頒獎，爲中共的人權紀錄留下歷史的一筆。東濱是香港有名的政論家，由他代表頒獎給港同盟，另具一番意義。

晚宴時，我被安排陪陶公伉儷與王惕吾的女公子王效蘭同席而坐。在宣佈拍賣「自由女神像」雕塑品時，王效蘭不慌不忙地說：「我出兩千五，買了送給陶師母。」全場報以熱烈掌聲。

八十一年五月十五日

中國民主道路遙遠

《世界日報》

總統府國策顧問陶百川三十一日以英國大文豪狄更斯的話形容港臺大陸的未來，「這是一個最好的時代，這也是一個最壞的時代。」「我們正在走向天堂，我們也在走向地獄。」

因接受「一九九一年度中國傑出民主人士」頒獎，陶百川偕夫人張素君由臺灣經夏威夷飛抵舊金山。九秩高齡的陶百川鶴髮童顏、精神矍鑠，思路敏捷。

陶百川說，中國歷史悠久，文明開化早，但缺少民主。「英國民主有七百年歷史，美國民主也有兩百年歷史，中國民主只有五年歷史。」

他指出，故總統蔣經國在五年前開始開放黨禁和報禁，解除戒嚴。「因而現在李登輝總統可以宣佈停止動員戡亂時期，廢除臨時條款，老的中央民意代表退職，選舉新的國民大會代表。」「希望現在開始一個月之內完成憲政改革。」

談到立法院打架時，陶百川說，「有人因此對民主政治很失望，我也有同感，但這是民主化過程中難免的過渡現象。樂觀地看，應該不至於有很大的問題，希望這個過渡現象很快過去。但大家不繼續注意，不繼續努力，也可能變成洪水猛獸。假如因此引起更大的內憂外患，那麼將來也不能說沒有危險。」

陶百川談到中國的民主和統一，認爲是正在走向天堂，也有可能走向地獄。「臺灣民主只有五年歷史，大陸還沒有開始。」結合港臺大陸一起看，陶百川認爲中國民主的道路仍舊相當遙遠。

陶百川表示，四月二十五日頒獎儀式之後的國是座談會上，他將詳談民主和統一。

八十一年五月十六日

（附載一）陶百川胡不歸！

沈戈鋒

人材衰靡方當慮，士氣崢嶸未可非；
萬事不如公論久，諸賢莫與衆心違。

——陸放翁

本月二日臺北報上載有：監察委員陶百川「最近忽然心血來潮，意欲辭去監察委員，寄居美國，爲中外各報寫外交通訊。」這個消息，在臺北政治圈與高級知識分子之間，引起了很大的注意，據說當天卽有不少人向監察院方面探詢，並要求予以證實。

監察院方面雖未給予證實，但次日的《聯合報》又報導說：陶百川將辭去監察委員，在美國定居，從事記者生涯；當天下午的《大華晚報》亦有同樣的報導，不過行文用字，比較保留，沒有《聯合報》說得那樣的肯定。

陶百川是去年五月二十一日出國的；行前在一個偶然的場合裡，我曾經問他：「外間有人說你不會回來，你能不能告訴我到底回不回來？」他回答說：「我懷疑我對國家有什麼用處，但我一定回來，請轉告關心我的朋友。」

倦勤之念頗堅

他的這些話，現在還在我的耳邊盪漾；使我很難相信報上的報導會是事實。但是經過我幾天來的多方求證，陶百川確有「倦勤」的意思，雖然他還沒有正式向監察院提出辭職，但在致友好的信函中，一再談到這個問題，而且態度似是越來越堅定；所以有一位監察委員判斷說：除非政府更進一步表現出「求才若渴」的態度，或者由當局去電促請，他回來的可能性，只有百分之一二。

陶百川這個人，可以算得上是一位標準的監察委員；他不僅具有清楚的頭腦，強烈的責任感，而且更有古御史那種「威武不屈」「犯顏直諫」的精神。

他常常把他自已比作「看門狗」，他說：「看門狗」大多頗明大義，故有「義犬」之稱，所以即使見惡見恨於家人，它還是我行我素，善盡看門的責任，看到惡人進來，還是叫個不停。一個忠實的監察委員，也是如此，他雖會因糾彈大官而不見諒於巨室，然求仁得仁，他不怨天尤人。

不願學作鳳凰

他勉勵他的同仁要「寧鳴而死，不默而生」。他說：范仲淹做秀才時，就以天下爲己任，後來上書諫諍，致遭貶謫；他的好友梅聖俞做了一首〈靈鳥賦〉，勸他要學鳳凰，不要作烏鴉。梅說：「鳳兮不時而鳴，烏啞啞兮招唾罵于里閭。烏兮！時將乖而獻忠，人反謂爾多凶……胡不若鳳之時鳴，人不怪兮不驚！」可是人各有志，范仲淹是「寧鳴而死，不默而生」。因此，他認爲：看門的狗，報凶的烏，以天下爲己任的知識分子，以糾彈和批評爲職責的監察委員，都須有范仲淹的精神。

像這樣一位情願「寧鳴而死」的監察委員，照理說他是不會輕易放棄憲法賦予他的職責，而不回到祖國來盡其「看門狗」的責任的。然而，現在他竟有「辭去監察委員，在美定居，從事記者生涯」的意思，這到底又是爲了什麼？

這個原因，據某監察委員的推斷，可能與彈劾四法官案有關。但我認爲事情絕不止如此單純，因爲監察院過去提出的幾個較大的糾彈案，如「俞鴻鈞案」、「楊繼曾案」、「陶玉田案」、「電力加價案」以及治安機關刑訊貪汚瀆職的檢察官「王鎭案」等，陶百川幾乎是無役不與，而且所得到的結果，也未使他完全滿意，但他並未產生消極之意，仍然勇往直前，毫無怨尤。

江御史的前車

不過彈劾四法官案，是他最重視最關心的一個案子，他爲著這個案子，化了不少心血，也引來不少痲煩，他自己就說：「清季侍御江春霖彈劾兩位總督，寫了六個疏狀；我們這次彈劾兩位推事，寫了六個文書。江侍御的彈劾案因爲慈禧包庇被彈劾人，江侍御被免職飭回原籍，全體御史雖上疏抗爭，但是沒有結果。我們這次雖遭『圍剿』，但是輿論都同情我們，監察院的委員大體上也支持我們，所以我們幸未傷亡。」

然而陶百川自己雖然「幸未傷亡」，但是曾使他遭受「圍剿」的這個案，於他去國八個月以來，公務員懲戒委員會才議決給蔣伯邢、陳思永（臺灣高等法院推事）分別以記過及申誡的處分；而他曾經寫了六個文書的最高法院推事兼庭長陳綱及推事廖源泉，都沒有受到任何處分。換言之，陶百川的六個文書，都未傷到他們的毫髮。這個處理結果，據說陶百川很不滿意，他認為當局這種作法有欠公允。因此，如說這個案子與陶百川「意欲辭去監察委員」之「意欲」，毫無一點關係，似難置信。

不過，這不是主要的原因，最多只能說是一個導火線，眞正的原因，可能還是與他自己所說的「養狗政策」有關。

狗運竟不亨通

陶百川在四十三年七月發表的一篇文章中說：「最近報載美國聯邦郵政總長發表談話，說看門狗是美國郵差的大敵，因爲去年他們在分送郵件時，被它咬傷了六千人之多。郵局主張郵差可佩帶和使放阿摩尼亞手槍加以嚇阻，但爲專家所反對，郵局現擬邀請家犬俱樂部和防止虐待動物協會的代表，及動物心理學家等，集會研擬兩全辦法。聞專家們建議郵差可穿鐵絲網製的綁腿，而不得對狗虐待云云。」

他說：「對於家犬咬人事的處理，美國人尚且這樣地鄭重，我們自更不難想見他們對於政治上的批評和反對，是會怎樣尊重和容忍；所以直聲滿國中，而政府乃不得不力求進步。美國的月亮誠不較好於中國的，可是美國的看門狗，無論家犬和國犬，卻比我們的『狗運亨通』。在這舉國競尚『美（國）化』的時候，請把我們的『養狗政策』和『狗生哲學』也來『美化』一下如何？」

上面這一段話，雖然是他由「一個監察委員的狗生哲學」而引伸下來的，但其中含意，是不難理解的；而他之所以「意欲」辭去監察委員，在「狗運亨通」的美國定居，也就可知一二了。

筆者與陶百川是在四十九年認識的，在此以前，我雖然早就知道他的大名，讀過他的文章，看過他的彈章，但並未見過面。那時我任職臺北某報，擔任採訪監察院新聞。我到監察院的第一天所拜訪的第一個人就是他。記得那天他坐在監察院的圖書資料室，埋頭抄摘資料，我遞給他一張名片，他立卽放下工作，站起來緊緊地和我握手。他問我有沒有什麼需要他幫助，我說沒有，只是來看看你。他說不敢當，新聞記者是監察院的朋友，如有什麼事，隨時打電話給他。接著他給我寫下了他的電話號碼及住址。

大約過了一個禮拜，我因新聞上的事情，在晚上給他打電話，我還沒有來得及通名報姓，他就說出了我的名字。由這件小事，就可以看出他記憶力之強，與重視新聞記者的職責。

風範坦誠和藹

此後我們時有來往，在私人場合裡，他給了我像嚴師般的指導；在公共的場合裡，他的一舉一動都成了我的新聞題材。可是我很少向他打聽過什麼「內幕新聞」，也很少向他索取過什麼「祕密資料」，因爲我知道他的處境，不願以這些不屬他職責份內的事，去增加他的負擔。

五年多的歲月，他給予我的印象是坦誠，和藹，毫無一點架子；他很會講話，一件小事從他的口裡講出來，都能引人注意。但是，他不論在什麼場合發言，都是條理分明，內容充實；所以新聞記者有時爲了等他發言，情願枯坐幾個鐘頭，而他之所以成爲「明星監察委員」，原因也就在此。

這位「明星監察委員」，對新聞記者特別關切，新聞記者也無不對他表示尊敬；有時記者們在採訪上遭遇了什麼困擾或委曲，大家都跑去向他訴說，他總是溫言慰勉。他常常說，監察委員的原始身分，就是新聞記者，監察機關和新聞界，有著相同的立場，負著相同的使命，自當桴鼓相應，同舟共濟。他又說，監察委員根據中國的傳統道理，要「風聞言事」，這所謂「風聞」就是報導，「言事」就是批評，監察院的糾正案，糾彈案，都是報導和批評，自當力求忠實，不矇蔽政府，不欺騙人民。新聞記者也應如此，應該忠於報導和批評，卽使觸犯了當局的惱怒，也不要顧慮。

處事秉持公正

「公正」應該是陶百川的最大長處，他在監察院的發言，並不是完全都是正確的，但其出發點絕對是「公」，這一點，凡是認識他的人都會承認的，甚至有一位對他有點私人成見的監察委員，私下也表示他對陶百川的公正，絕不懷疑。

「人權法治」是陶百川追求的理想，凡是有損人權，有違法治的事，他一定起來說話。過去十多年來，他爲人權法治所作的呼號，不下數十萬言，所提出的糾彈案亦有數十件。他說，人權雖與生俱來，而非法律所製造或授予，然人權卻有待及有恃於法治的保障。在「君要臣死，不得不死」的時代，人權是沒有保障的。

他認爲現代的法治，除了「法律之前，人人平等」和「法律之內，人人自由」之外，還應具備兩個要素：一是「法律之中，人人照顧」，這就是說，法律不僅是統治者控制人民的工具，而且尤應照顧全體人民的自由和權利。二是「法律之下，人人低頭」，也就是「法律至上」。他說，在法治之下，人的意旨，要遷就法律的規定，武力也要向法律低頭，「秀才遇見兵」，不再「有理說不清」，命令不得抵觸法律，法律的效力甚至優於道德，自更優於人情。

操守永資欽式

從這個思想出發，所以他對「刑求」非常重視，記得前年他調查臺北地方法院檢察官王鎭遭受治安機關刑訊一案的時候，有人曾勸他不要去找這個麻煩，因爲刑訊王鎭的機關是不大好碰的。可是他嚴詞拒絕了，他認爲這個案子是「人權法治的一次重大考驗」，不管遭遇什麼困難，一定要查個水落石出。結果，他以八天的時間，日夜不休地把這個案子調查清楚，公諸於世，使是非得以大白。

這位名滿中外的監察委員，個人操守，是沒有一點可以給人批評的。他常說別人可以馬虎一點，他卻不能，否則，他就必須先把他的口封住。

他很能吃苦，生活尤爲簡樸；他的家住在中和鄉，每天到監察院去都是擠公共汽車，不分晴雨；他家裡的陳設，根本就配不上他的地位；記得有一天我去他家，看到客廳的沙發都已破爛，情不自禁地問他爲何不換一換，他說沒有關係，我已習慣了，新的反而不舒服。他身上穿的，長年都是那一兩套陳舊不堪的西服；他手上提著的，經常都是那一個據說已有二十幾年歷史的皮包。有一年監察院總檢討會的時候，我去採訪新聞，那時天已寒冷，像我這種三十幾歲的人，都已穿上大衣，但他仍然是一套西裝，我看到他似乎很冷，散會後就走過去對他說：「陶先生，今天很冷，你怎麼不穿大衣呢？」他說：「我的一件大衣給我的兒子穿到美國去了，還沒有買，不過我不冷。」他說這話時，呼呼的北風吹翻了他那花白的頭髮，他打了一個寒顫。第二天就聽說他病了。

臺北《聯合報》的「黑白集」，曾以「陶百川時代」來讚譽這位受人敬愛的監察委員；假如他不再回國，我懷疑「陶百川時代」將會隨之而終止。

（附載二）臺灣再找不到這種風範的大老了

司馬文武

陶百川九十紀念文集今年出版，這幾十本書是他爲臺灣民主法治而奮鬥的歷史紀錄，其中不少文章，都是當年在強大的壓力和惡劣的政治氣氛之下所發表的。

當年他對當權者那種叮嚀再叮嚀，苦口婆心的勸諫，反而使他變成國民黨的邊際人。他在內疚神明，外慚清議之下辭掉監委，此舉對當時的國民黨而言，不只是一種反抗，甚至是一種背叛。因爲他無意中也羞辱了全體的老法統。

他在蔣家父子時代，爲了早日解除戒嚴體制，建立民主法治，不只寫下數百萬言，而且他親身不顧危險，熱心參與民主運動。在黨外人士風聲鶴唳，草木驚心之際，他勇於伸出援手，這種義氣與熱腸，使當時的民主香火受到莫大的鼓舞，才有了今天的規模。

但他註定是一位不合時宜的人物，以前的國民黨認為他是民主人士，今天的民主人士懷疑他是急統派，學術界認為他的政治性太強，政界人士認為他是書空咄咄的文人。當臺灣漸漸走上民主道路，人權法治觀念漸變為國民常識後，他開始規劃臺灣的前途，對中國統一問題發表不少文章。但這些文章發表得越多，他在臺灣社會的聲望反而越下降。他仍然孤獨地在堅持他的理想，不過，以前他對抗的是一個高壓統治，現在對抗的則是一個媚俗的社會。

他對中國統一的構想，當然值得公評，但他一向反對為統一而統一，他一生均奉獻在民主法治上面，當然不可能為了中國統一而犧牲臺灣的民主法治。

這種問題早已變成高度情緒性問題，陶公被誣為急統派也不必意外，但許多人每天談統獨，把整個社會搞得歇斯底里，自己嚇自己，實在太荒謬。

陶公一生傲骨，最受不了對他人格的侮辱，不論辭監委、辭國策顧問、辭國統委員，都是為了維護他的人格與氣節。這種風範的大老，臺灣再也找不到了。

在臺北聽陶百川一席談

曾德成

八月八日上午，颱風「道格」尚未吹離臺灣，九十三歲高齡的陶百川先生，在夫人攙扶下，冒著大風雨來應約。「風雨故人來」，我與陶老先生素未謀面，而更深感於先輩建立的名望和結下的情誼，促成這次相聚。

陶老先生提起，當年他在香港辦《國民日報》，那是《香港時報》的前身，館址設在中區擺花街一幢三層高的樓房裡。創刊的一天，當時往來於渝、港之間的《大公報》總編輯張季鸞先生親往道賀。陶百川憶述說：「當天出報以後，我已上樓睡覺了，獲告訴張先生到訪，我趕緊起來迎接。張先生還表示很重視我們報紙那天刊登的第一條新聞，那是我通過葉楚傖先生安排的一篇蔣委員長的答問，專爲配合創刊而發的。張季鸞先生說看過『中央社』也沒有這些內容，是《國民日報》的獨家報導了。」

創造協商統一條件

我們在聚會上談及臺峽兩岸關係，陶老先生從衣袋裡拿出他的一篇近作相贈，表示主張開放

「三通」。臺灣當局起草「國統綱領」時，陶百川作爲「國統委員會」委員，提議寫「初階、中階、高階」三個步驟，後來文件上改提「近程、中程、遠程」。陶百川說，「至今處理兩岸關係還是停留在『近程階段』，有幾個問題無法克服。我主張超越『近程』，馬上進入『中程』。『中程』可以做的事情很多，如開放『三通』，共同開發東南沿海地區，推動高層人士互訪等，以創造協商統一的有利條件。也可以把『近程』未完成的工作結合起來辦。這樣，統一才有路可走。」

監察院尚何能監察

陶百川還引述孫中山先生於民國十二年面對軍閥內戰局面而發表的一篇宣言，裡面說到：「……在統一未完成以前，四派暫時畫疆自守，各不相侵，內部之事，各不干預，先守和平之約，以企統一之成。」

談到臺灣島內政情，陶百川不諱言對不久前的所謂「修憲」很不以爲然。他指出：這「修憲」是在李登輝主持下「修」的，難免有多少地方是替他打算，所以有人批評這是「一人修憲」、「一黨修憲」。

陶百川舉例說，像「監察院」現在變爲準司法機關，已不是監察院了；監察委員現在完全由「總統」提名，雖然說還有彈劾權，但必須要有過半數的監察委員提案、經四分之三的委員通過，於是事實上彈劾「總統」已成爲不可能。

爲讀者辦報

陶百川老人憶舊，講述他過去多年爲國民黨辦報，爲「總統」辦報，大半個世紀下來，有什麼心得可以傳於新聞界後輩呢？他說：「一句話，應該爲讀者辦報，不要爲自己、爲老闆辦報。」

陶百川全集

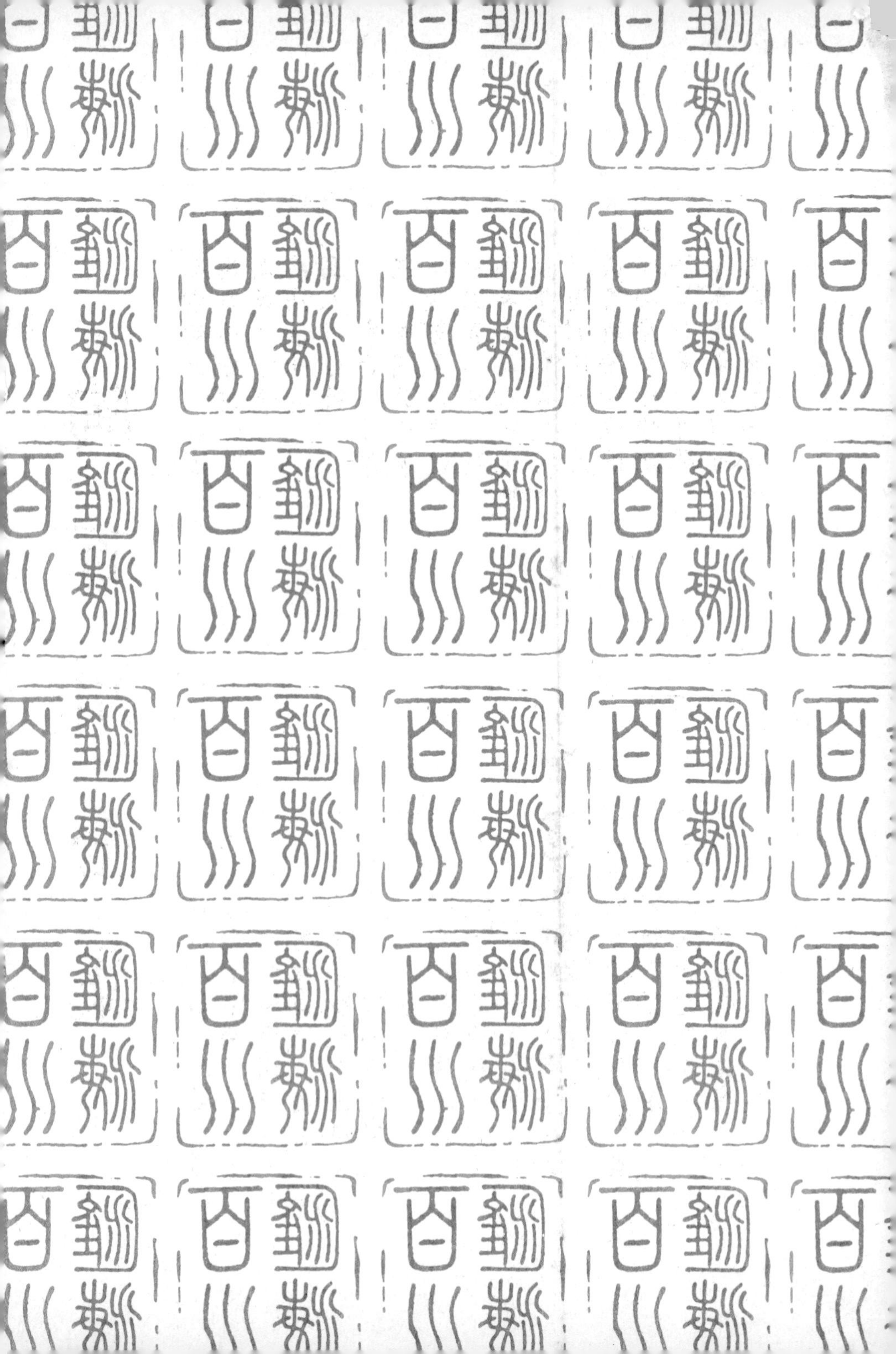